高等院校经济管理类主干课系列教材

U0645853

政治经济学（马克思经济学原理）

POLITICAL ECONOMICS

杨继国 主　编

丁长发 副主编

厦门大学出版社
XIAMEN UNIVERSITY PRESS
国家一级出版社
全国百佳图书出版单位

前　言

　　本书可供高等学校经济和管理类各专业作为"政治经济学"课程的通用教材。

　　厦门大学经济学系历来注重马克思主义经济学的教学与研究,也重视马克思主义经济学教材的编写工作。世纪之交,厦门大学经济学系接受了教育部下达的"面向21世纪经济学类专业人才素质及培养模式研究"的课题,同时,也为了适应我系的"国家经济学基础人才培育基地"建设的需要,编写出版了一系列相关教材。其中,涉及"政治经济学(资本主义部分)"的教材出版了两本:一本是刘熙均教授主编的《政治经济学》(资本主义部分),至2003年共修订出版了三版;另一本是由李秉濬教授主编的《马克思经济学》,2001年出版以来使用至今。

　　这两本教材各有特色。前一本遵循通常的"政治经济学(资本主义部分)"的编写体例,是以马克思《资本论》和列宁《帝国主义论》为蓝本编写的。后一本则以《马克思经济学》命名,内容以《资本论》的原理为基础,将"帝国主义"的相关内容分散到相关各处,不单独成章。具体说,是在资本积累、资本集中章节去谈论生产集中和垄断;在生产价格、平均利润章节中去讨论垄断价格和垄断利润;在借贷资本章节的银行资本理论中讨论银行集中、银行垄断和金融资本;从国家的经济职能及其总资本家性质去研究国家垄断资本主义;另外,将马克思"六册计划"中的第五、六册两部分内容合并,作为该书最后一章,定题为"对外贸易和世界市场"。

　　以《马克思经济学》命名"政治经济学"教材,是厦门大学经济学系的首创。之所以要以《马克思经济学》作为书名,是要避免"寻章摘句式地随意引述马克思语录以佐证编著者自由发挥的观点"的偏向,完整地遵循马克思的思路和逻辑,依循马克思的理论、观点和预示,沿其思想轨迹和逻辑去概括其经济理论体系。即传达马克思原本的思想。对于马克思没有述及或来不及述及的资本主义新问题,也尽量沿其相关结论去继续,而不是无限延伸。

《马克思经济学》的使用已有 10 余年,尽管使用效果和师生们的反映良好,但仍应根据使用的情况进行修订。由于原主编早已退休,参编人员大多数也已不在经济学系工作,因此,在秉承《马克思经济学》的基本编写原则,即以《资本论》为蓝本,忠实马克思的逻辑和方法的基础上,根据多年使用该教材的实际情况,考虑马克思经济学教学研究的新要求,及资本主义发展新情况,我们决定重新编写该教材,综合前两本教材的长处,并以《政治经济学》(马克思经济学原理)命名。援用"马克思经济学"名称,表明对《马克思经济学》的继承;加上"原理"表明本书更加强调对马克思经济学的基本原理的阐释。考虑到大家的习惯称呼,我们决定仍然以《政治经济学》作为书名,并将"马克思经济学原理"作为副题。正文中凡是使用"马克思经济学"的地方均与"政治经济学(马克思经济学原理)"相通,不再注明。内容上,比之《马克思经济学》,《政治经济学》(马克思经济学原理)有两个重大变化:一是原分散在相关章节的有关"帝国主义"的内容不再进入本书,使用本教材的教师,可根据资本主义在世纪之交发生的重大变化,与时俱进地补充相关案例,本教材集中论述《资本论》的基本原理;二是,原有根据"六册计划"编写的末章"对外贸易和世界市场"删除,这主要是考虑到马克思"六册计划"涉及的内容太多,体系过于庞大,又没有成熟范本,不好把握。此外,本书还考虑了如下原则:(1)吸收马克思经济学研究最新成果,根据《资本论》的最新翻译版本,即《马克思恩格斯全集》第二版①来编写;(2)在忠实于《资本论》原理的基础上,尽量反映资本主义发展新变化,决定将"经济危机"单独成章,根据《资本论》基本原理和方法阐释资本主义经济危机的根源、类型、变化,尤其分析了刚刚发生的"虚拟经济危机"。

本书的编写和出版得到厦门大学经济学院院长洪永淼教授,以及经济学系有关领导的大力支持。赖小琼教授负责本书的策划和组织出版工作,丁长发副教授负责计划的具体实施。具体分工如下:杨继国负责第一章、第

---

① 由于《马克思恩格斯全集》第二版尚未出齐,本书以已出版部分编辑的《马克思恩格斯文集》相关内容为依据。

六章、第十一章的编写,其中第六章根据《马克思经济学》(李秉濬教授主编)相关章节改写。其他章节的编写者依次为赵建、赖小琼、丁长发、林民书、郑若娟、张传国、任力、刘连支。全书由杨继国负责统稿。

　　本书无论是编写体例或是内容,都继承保留了经济学系历代政治经济学教研室教学研究的成果,编写时参考借鉴了经济学系以前编写出版的几个版本的精华,尤其是《马克思经济学》(李秉濬教授主编)某些章节,部分章节是原书作者在原有相关章节基础上修订增删而成的。同时,本书还参考借鉴了国内新近出版的其他版本《政治经济学》,在此一并致谢。由于时间紧迫,及编者水平所限,书中一定还存在不少疏漏和不足,敬请读者批评指正。

编者

2014 年 8 月

目 录

第一章　导论

　　本书之马克思经济学,即马克思主义政治经济学的资本主义部分。在新古典经济学之前,现在称为"经济学"的学科,就叫政治经济学。马克思主义经济学沿用了政治经济学学科名称,似乎政治经济学成了马克思主义经济学的专有名称。马克思经济学是马克思主义三个组成部分的重要内容,又是马克思主义哲学思想的具体运用,因而也是科学社会主义的重要理论依据之一。

第一节　马克思经济学的产生

　　任何一门学科都有其产生发展的历史过程。马克思经济学产生之前,经济学的发展已经经历了漫长的过程。为了更好地理解马克思经济学,必须明确其产生的历史背景、思想渊源和形成过程。

一、经济与经济学

　　经济学,顾名思义是研究经济的学问。经济由英文中 economy[economy一词源自古希腊语 oikonomia(家政术)]翻译而来。经济学一词由英语 economics 翻译而来,词源为 οἶκος,意思是家庭、家族、财产权,本意为家族管理或是政府的管理。在西方,最早使用"经济"一词的是古希腊的色诺芬(约公元前 430—前 354)。他在其著作《经济论》中把奴隶主阶级对奴隶生产活动的组织和管理称为"oikovouia"。中文"经济"一词实为日本人取自我国

古汉语词汇翻译的结果。清朝末期,日本人接受、吸收、宣传西方文化,将
"economics"一词译为"经济"。一些留日学生将此传入中国,成为经济学科
的固定术语。

在中国,经济一词在公元4世纪初东晋时代就正式使用了,本是"经
邦"、"经国"和"济世"、"济民"之意,乃"经世济民"等词的综合和简化,含有
"治国平天下"的意思。其在中国古代文化和古代文学中是一个非常大的概
念,充满了丰富的人文思想和社会内涵,与经济学的含义并不一致。因此,
清末学人先后将economics译为"计学"、"生计学"、"理财学"、"轻重学"等。

其实,产生于中国古代的"轻重"之术更接近于西方的经济学。即是说,
"轻重术"乃中国本土的古典经济学。其内容在先秦典籍《管子》"轻重"十六
篇之中。其思想涵盖价格理论、货币理论、分配理论、贸易理论、财政理论、
宏观调控理论与方法等,是系统的经济理论,不是零星的经济思想。其中许
多理论和经济政策现在仍不失其启示和指导意义。中国古典经济学之所以
产生在先秦时代,是因为中国的商品经济不但发源早,而且先秦时就比较发
达。今天的市场经济虽不同于古代的商品经济,但古代的历史文化无疑深
刻影响着现代的发展,从这个意义上说,根植于中国历史和文化的中国古典
经济理论比西方经济思想更适合现在的中国。中国古典经济学的方法论基
于中国文化的天道思想,即阴阳辩证法;而马克思经济学的方法论基础是唯
物辩证法与历史唯物主义。二者在研究方法方面有共通之处。如果能结合
中国古典经济理论学习研究马克思经济学,不但能为丰富和发展马克思经
济学提供新的理论素材,还能为马克思经济学中国化提供新的思路。

在西方,自从色诺芬提出"经济"概念以来,在重商主义时期和古典经济
学时期一直将研究经济的学问称为"政治经济学";在古典经济学结束后,英
国经济学家W.S.杰文斯在他的《政治经济学理论》1879年第二版"序言"
中,明确提出应当用"经济学"代替"政治经济学",认为单一词比双合词更为
简单明确;去掉"政治"一词,也更符合学科研究的对象和主旨。1890年
A.马歇尔出版了他的《经济学原理》,第一次正式用"经济学"取代了"政治
经济学"这一学科名称。由于现代经济学发展出许多分支,形成了一个庞大
的经济学体系,如果单称经济学的话,是在政治经济学或者更广的层面来考
虑经济,因而我们仍然可以把经济学与政治经济学视为同义语。

二、政治经济学

政治经济学中的"政治"（politics）一词，源于希腊文的 politikos，含有"社会的"、"国家的"、"城市的"等多种意思；"政治经济学"的提法始于 17 世纪法国重商主义者 A.蒙克莱田在 1615 年出版的《献给国王和王后的政治经济学》一书，蒙克莱田使用"政治经济学"一词，其目的是说他所论述的经济问题已经超出了自然经济的范畴。此后，"政治经济学"一词才逐渐被经济学家们的经济著作所使用。19 世纪中叶问世的马克思经济学也理所当然地使用"政治经济学"一词。政治经济学概念的提出，与政治经济学作为学科的建立，是不同时期的事情。重商主义时期的"政治经济学"，局限于研究流通领域的个别经济现象，没有形成为独立的真正的经济学科。作为学科的政治经济学体系的建立，始于 1776 年出版的亚当·斯密的《国民财富的性质和原因研究》。

经济理论是随着商品经济的产生和发展而产生和发展的。资本主义原始积累时期产生了重商主义。17 世纪中叶以后，资本主义制度在英国、法国等确立，资本主义工场手工业逐渐发展成为工业生产的主要形式。资产阶级为了同封建势力斗争，需要从理论上说明资本主义生产、分配的规律，论证资本主义生产的优越性。于是产生了以亚当·斯密和大卫·李嘉图为主要代表的资产阶级古典政治经济学。政治经济学研究的重点开始转向生产领域和包括流通领域在内的社会再生产过程。政治经济学作为一门独立的科学形成，并发展成为专门研究经济现象和经济规律的理论科学。政治经济学的发展也经历了不同的历史阶段，出现了种种不同的经济学说。

18 世纪末到 19 世纪初，资本主义生产逐渐由工场手工业向机器大工业过渡，无产阶级与资产阶级之间的斗争不断发展，直接威胁着资产阶级。1825 年经济危机的爆发，使资本主义制度的矛盾日益显露出来。面对这种形势，资产阶级更加需要的是对资本主义制度的辩护。适应这种需要，产生了庸俗政治经济学。庸俗经济学者抛弃了古典政治经济学中的许多科学成分，致力于抹煞阶级利益的对立，用各种各样的辩护理论来维护资产阶级利益。19 世纪 30 年代以后，在资产阶级经济学领域，庸俗经济学逐渐取代了古典政治经济学。

19 世纪 60 至 70 年代,随着资本主义矛盾的加深,以生产过剩为标志的经济危机周期性出现,古典政治经济学逐渐不能满足资本主义的需要,古典政治经济学思想解体,出现了所谓的"边际革命",最终在 19 世纪末形成了新的经济学范式——新古典经济学。与此同时,工人阶级与资本家阶级的矛盾斗争促使马克思经济学的诞生。从此,政治经济学一分为二,形成了两大完全不同的经济学体系。

新古典经济学为了追求所谓的"科学性",将数学作为主要分析工具,将经济学发展成为一个"静态系统",抛弃了古典经济学的阶级分析法和将历史、社会制度、道德伦理纳入经济学研究的努力。这导致了经济学的根本缺陷,不能动态地、整体地理解资本主义经济,抹杀了资本主义的矛盾,对复杂的权力、社会结构、组织行为及文化实践的理解也不能深入,很难全面理解经济行为。因此自 20 世纪 60 年代起,西方经济学界悄然兴起了一股新政治经济学潮流。但值得注意的是,新政治经济学(new political economy)虽然想对古典政治经济学研究方法进行复兴,但它既不同于古典资产阶级政治经济学,也不同于马克思主义政治经济学,它侧重于利用现代经济分析方法和工具来考察政治对于经济的影响及其重要性。

三、马克思经济学

(一)马克思经济学产生的历史背景

马克思经济学创立于 19 世纪中叶。此时,资本主义经济已发展到机器大工业时期,资本主义生产方式在西欧先进国家和美国占了统治地位,资本主义的基本矛盾——生产社会化和资本主义私有制之间的矛盾日益暴露。无产阶级的队伍日益壮大,作为独立的政治力量登上历史舞台。无产阶级反对资产阶级的斗争需要有自己的理论作指导。

(二)马克思经济学产生的理论背景

古典经济学家的资产阶级立场决定了他们不可能客观科学地揭示资本主义经济规律。相反,随着资本主义矛盾的加深,为了掩盖矛盾,后来的古典经济学家开始制造"和谐"理论,如英国西尼尔的节欲论、美国加雷的利益协调论、法国巴师夏的和谐经济论等,宣告古典经济学破产,沦为"庸俗经济学"。后来,古典经济学分裂为无产阶级的马克思经济学和资产阶级的新古典经济学。

(三)马克思经济学产生的现实背景

创立无产阶级的理论,首先需要科学认识资本主义。这需要从揭示资本主义社会经济运动的规律入手,科学阐释资本主义生产方式形成、发展和趋于瓦解的过程,以及资本主义经济运行中必然产生的各种矛盾和弊病。这一任务历史地落到了马克思和恩格斯的肩上。他们用辩证唯物主义和历史唯物主义的世界观和方法论研究资本主义经济,克服了古典政治经济学的弊端,纠正了古典经济学的错误;在全面深入研究了古典的、庸俗的、小资产阶级的、空想社会主义的绝大部分经济学著作,收集和研究了关于资本主义发展历史的大量文献和资料,深入地分析了资本主义的经济结构,揭示了它的真实运动过程的基础上,批判地继承了古典政治经济学和空想社会主义的研究成果中的科学因素,使政治经济学成为真正的科学,使经济学也发生了根本变革。

(四)《资本论》:马克思经济学诞生

马克思经济学原理集中包括在《资本论》中。《资本论》的创作始于19世纪40年代初。1867年出版了第一卷,第二、三卷是在马克思去世后由恩格斯帮助整理出版的,耗费了马克思半个世纪的智慧与心血。马克思经济学在研究对象问题上廓清了贯穿于资产阶级经济学中的迷乱,阐明了政治经济学研究的不是物,而是人与人之间的关系,即物质资料的生产关系,在阶级社会里归结为阶级关系——虽然生产关系总是同物结合着,并且表现为物的关系。马克思经济学首次创立了科学的劳动价值论,及以此为基础的剩余价值学说,深刻揭示了资本主义内在矛盾及资本主义产生、发展和消亡的必然客观规律。

第二节　马克思经济学的研究对象

任何一门科学都要有明确的研究对象。研究对象是区别一门科学与其他科学的分界线。由于各自研究对象的不同,就有不同性质的科学出现,如哲学、文学、历史学、数学、物理学、化学、生物学、经济学等都是以其不同的研究对象而相区别的,因此,明确地界定马克思经济学的研究对象,对于正确把握这门科学具有重要意义。

一、马克思经济学的研究对象是资本主义生产关系

关于马克思经济学的研究对象,学界存在分歧。一般认为,马克思经济学的研究对象是生产关系。但也有观点认为是"生产方式"。依据是马克思自己在《资本论》第一卷第一版"序言"中的表述:"我要在本书研究的,是资本主义生产方式以及和它相适应的生产关系和交换关系。"①马克思的这句话看似说马克思经济学的研究对象是生产方式,而不是生产关系。但仔细分析则不然。

首先,生产方式不等于资本主义生产方式。前者是一般概念,后者是特称概念,只是众多生产方式的一种。马克思讲的是资本主义,不含其他社会形态。马克思在"序言"中的这句话有两层含义:(1)只研究资本主义生产方式,即只研究资本主义的经济,不涉及其他。也即是说马克思经济学是"狭义政治经济学",不是"广义政治经济学"。(2)在资本主义社会形态中,研究对象是与之适应的生产关系和交换关系。这里,生产关系和交换关系是包含生产、交换、分配和消费四个环节组成的有机统一体的"生产关系"的具体内容,即狭义生产关系加交换关系。分配和消费包含其中:生产同时是消费,交换过程也是分配过程和消费过程。生产之前,先有生产条件的分配;购买生产资料的过程就是对商品中生产资料的消费过程;购买劳动力的过程同时也是劳动者生活资料的分配过程、流通和消费过程。劳动者的消费构成资本主义生产的一个必需的环节,它是劳动力商品生产的过程。因此,马克思经济学的研究对象是资本主义的生产关系。生产、交换、分配和消费四个环节是个有机统一体,其中,生产决定其他环节;不能把它们割裂开来,当成并列的关系。

其次,生产方式是生产力与生产关系的统一体。如果研究对象是生产方式,已经包含了生产关系,为何要再提生产关系和交换关系呢?说研究对象是生产方式和生产关系,违背思维逻辑。显然,理解为研究资本主义生产方式下的生产关系,才符合逻辑。

---

① 《马克思恩格斯文集》第5卷,人民出版社2009年版,第8页。

最后,生产方式中含有三种关系:人与人的关系、人与物的关系和物与物的关系。其中,人与物的关系是人与人的关系的"物化"形式,人与人的关系是人与物的关系的本质内容。所以,三种关系实质上只有两种:人的关系与物的关系。物的关系属于自然科学研究的范畴,人的关系属于社会科学研究的范畴。经济活动是人类的一种特殊的、但是基本的社会活动,因而经济学属于社会科学范畴。生产方式中的生产力属于物的关系,属于自然科学中"工艺学"的研究范畴。从商品属性分析,生产力的"凝结"与商品的使用价值相关,而不与商品的价值相关。"商品的使用价值为商品学这门学科提供材料"①。商品学属于"自然科学",不属于经济学。

综上所述,马克思经济学的研究对象既不是生产方式,也不是生产力,而是资本主义生产关系。

二、物质资料的生产是生产关系的出发点

物质资料的生产是政治经济学研究的出发点。物质资料的生产是人类社会存在与发展的基础。人们要生存,就要吃饭、穿衣、住房,就需要各种生活用品,就必须进行物资资料的生产。虽然人们除了物质生活需要,还有精神生活需要,但只有先满足了物质需要,才谈得上精神产品的生产和消费。因此,物质资料的生产是基础,生产关系的基础是物资资料的生产。马克思经济学研究的生产关系首先是物质资料生产关系。物质资料的生产和再生产过程包括生产、交换、分配、消费四个环节,这四个环节的总体就构成社会生产关系。

物资资料的生产是人作用于自然界的物质变换过程,是人类作为主体,对自然客体的劳动过程。生产过程必须具备三个主客观条件:劳动、劳动对象、劳动资料。这就是生产三要素。

劳动是指劳动者运用自己的体力和脑力改变自然使之适合人类需要的活动,或者可以说是劳动力的支出,也可以说是人的脑力和体力的耗费。这一要素是进行生产的主观条件和能动要素。劳动对象是指被劳动加工的一切东西。劳动对象可以分为两类:一类是自然界原来就有的东西,如,原始

---

① 《马克思恩格斯文集》第 5 卷,人民出版社 2009 年版,第 48 页。

森林中的树木,地下埋藏的矿产等;另一类是已被人们加工过的东西,这一类也叫原材料,如织布厂用的棉纱,化工厂用的催化剂等。劳动资料也叫劳动手段,是指人们在劳动过程中,用来改造劳动对象的一切物质资料和物质条件。即除劳动对象以外的一切物质条件。它包括生产工具、生产建筑物、道路、河流、仓库等。在劳动资料中,起主导作用的是生产工具。生产工具的发展水平,是人类控制自然能力的尺度,是社会生产力发展水平的物质标志。从上述三要素,我们可以看出,任何一个生产过程,都是人使用劳动资料,对劳动对象进行加工的过程。劳动资料和劳动对象,我们把它们统称为生产资料,它是进行生产的客观条件。

三、生产关系、生产方式与上层建筑

所谓生产关系,就是指人们在物质资料生产过程中结成的相互关系。生产关系也叫经济关系,它是一切社会关系中最基本的关系。马克思指出,人们"只有以一定方式共同活动和相互交换其活动,才能进行生产"①。因此,生产在任何时候、任何条件下都是社会的生产,人们只有首先发生相互之间的联系,而后才能同自然界发生联系。在阶级社会中,生产关系则表现为阶级关系。

生产关系的形成源于人类在改造自然的过程中,不能单个人进行,而必须以群体的形式来进行,脱离社会群体的人无法生存。也就是说,人是社会的人,物质资料的生产是社会的生产。人在从事社会生产时不仅要与自然发生关系,而且人与人相互之间会结成一定的社会关系。生产关系是基础,是特定的社会关系。而且不同社会形态有不同的生产关系。马克思经济学研究的只是资本主义特殊的生产关系。

不论什么样的生产,都包括着相互联系、不可分割的两个方面:人和自然的关系与人和人的关系。人和自然的关系构成社会的生产力,它表明人类改造自然已经达到的程度;人与人的关系构成社会的生产关系,它表明人们在社会生产中的地位、交换关系和产品的分配关系。生产力与生产关系的统一体构成一定的生产方式:生产力是生产方式的物质内容,生产关系是

---

① 《马克思恩格斯文集》第1卷,人民出版社2009年版,第724页。

生产方式的社会形式。生产力和生产关系是辩证的对立统一关系。其中，生产力的发展状况决定生产关系的性质。生产力是不断发展变动的。当生产力发展到生产关系这个社会形式不能容纳的时候，要求对生产方式进行变革。生产关系一经确定，就对生产力的发展起促进或者阻碍作用。

一定社会一定发展阶段的生产力所决定的生产关系的总和构成该社会的经济基础。经济基础主要包括生产资料所有制、生产中人与人之间的关系和分配关系三个方面。其中生产资料所有制形式是生产关系的基础，它决定了生产关系的性质。

建立在该经济基础之上的意识形态以及与其相适应的制度、组织和设施，在阶级社会主要指政治法律制度和设施，构成该社会的上层建筑。经济基础和上层建筑是辩证关系。经济基础决定上层建筑，上层建筑反映经济基础。上层建筑的反作用主要表现在：(1)有什么样的经济基础就有什么样的上层建筑，经济基础决定上层建筑的基本内容和性质；(2)经济基础的变化决定上层建筑的变化和发展方向。上层建筑一旦产生即反作用于经济基础，就能为经济基础服务，帮助经济基础的形成、巩固和发展。或者表现为一种阻碍经济基础发展的力量，当它为落后的经济基础服务时，它就成为阻碍生产力发展，阻碍社会前进的落后的力量。这时，经济基础要求对上层建筑进行变革。

由于生产力对生产关系的决定作用和上层建筑对生产关系进而对生产力的反作用，马克思经济学不能孤立地研究资本主义生产关系，而必须结合生产力和上层建筑来研究生产关系。

第三节　马克思经济学的任务

人类的一切劳动都是有目的的活动。科学研究是一项重要的脑力劳动，自然有其特定的研究目的。科学研究的任务在于揭示研究客体的客观规律性，目的是为主体服务。在资本主义社会，即使自然科学的生产力也被纳入资本的生产力，因而最终为资本服务。作为经济科学的马克思经济学的任务，就是要揭示资本主义的基本经济规律，并将其运用于实践以达到为工人阶级服务的目的。

一、马克思经济学的任务是揭示经济规律

客观世界其表现纷繁复杂,看似杂乱无章,但它的运行遵循着其自身特有的规则。这些规则就是规律,它是隐藏在表象后面的事物本质的必然联系,需要我们运用科学方法去探索才会发现。马克思指出,"本书的最终目的就是揭示现代社会的经济运动规律"①。这里现代社会就是资本主义社会。在社会经济发展过程中呈现出来的是各种各样的经济现象,在社会经济现象的各种联系中间,既有外在的非本质的联系,又有内在的本质的联系。只有那些内在的本质的联系才对经济现象的发展和变化起着决定的作用。经济现象这些内在的本质的必然联系,就是经济规律。马克思经济学虽然研究的是资本主义生产关系,重点在于揭示资本主义商品经济规律,但资本主义商品经济是商品经济发展的一个阶段,在研究资本主义经济规律的同时也揭示了商品经济的一般规律。

二、经济规律的性质

(一)客观性

经济规律的客观性,是指经济规律不以人们的意志为转移,独立存在于我们的意识之外。不管你是否相信或者承认,经济规律都在一定的经济条件下产生并发生作用。它既不能被创造,也不能被消灭,只能被遵循。任何人,违背了或是企图臆造任何经济规律,都会无一例外地遭到其无情的惩罚。

(二)历史性和相对性

首先,经济规律只在一定的历史阶段发生作用,随经济条件的变化而变化。其次,经济规律作用的实施必须有人的活动参与其中,由于人们认识、利用经济规律的能力有限,从而使经济规律作用的发挥受到了限制。

(三)可知性

经济规律是客观存在的,又是看不见摸不着的,但却是可以被人们认识

---

① 《马克思恩格斯文集》第5卷,人民出版社2009年版,第10页。

和利用的。人有主观能动性,虽然不能任意"消灭"规律或"创造"规律,但可以认识和掌握规律,利用规律来为社会谋福利。一旦人们认识了客观规律,就能有效地发挥主观能动性,按客观规律办事,成为客观规律的主人。马克思经济学的任务就是揭示客观经济规律,为人们认识和解决市场经济问题提供依据和方法。

(四)层次性

经济规律不是单一的,而是由作用范围大小不同、作用时间长短有异、重要程度有主有次的一系列规律组成的一个有层次的规律体系。

三、经济规律的类型

(一)经济规律按作用历史长短来划分

经济规律体系按作用历史长短分为四类:(1)在一切社会经济形态中起作用的共有经济规律,它表现各个社会经济形态发展过程中经济现象的某些共同的本质联系。如生产关系一定要适合生产力状况的规律。(2)在几个社会经济形态中起作用的共有经济规律,它表现几个社会经济形态中存在的某种经济现象的共同的本质联系。例如价值规律。(3)在某一社会形态中起作用的特有经济规律,如竞争和生产无政府状态规律是资本主义社会经济形态的特有经济规律之一,而有计划按比例发展规律则是社会主义、共产主义社会的特有经济规律之一。(4)在某一社会形态的一定阶段起作用的特有经济规律。例如,按劳分配是社会主义社会即共产主义社会第一阶段的特有经济规律,按需分配是共产主义社会第二阶段的特有经济规律。

(二)基本经济规律

基本经济规律是指决定某一社会生产的本质及其发展的主要方面、主要过程和根本方向的经济规律。在每一特定的社会经济形态下,都有一个基本经济规律,该社会其他经济规律作用的范围和程度,都要服从基本经济规律的要求,受基本经济规律的制约。基本经济规律体现了一个特定社会经济形态的生产目的和实现这一生产目的的手段,以及两者之间的内在联系。不同的社会经济形态,有不同的基本经济规律。资本主义社会基本经济规律是剩余价值规律,它决定了资本主义的生产目的是剩余价值最大化,实现这一目的的手段是延长劳动时间、提高劳动强度、改进技术、提高劳动生产率等。这一基本经济规律决定着资本主义的矛盾和冲突,导致了周期性经济危机,决定着资本主义的发展和灭亡。

(三)根本经济规律

根本经济规律是指包括基本经济规律在内的一切经济规律都要受制于它的经济规律,实际上就是"共有经济规律",即生产关系一定要适合生产力状况的规律。它是历史唯物主义的基本内容。因此,这一客观规律的主观思维形式就构成了马克思经济学的"元方法"(见第四节)。

第四节　马克思经济学的研究方法

马克思经济学的研究方法具有特殊的重要性质。它是马克思经济学活的灵魂。掌握马克思经济学的研究方法是正确理解马克思经济学的关键,从某种角度说,掌握马克思经济学的研究方法比掌握马克思经济学理论本身更重要。没有弄懂马克思经济学方法时学的只是马克思经济学"知识",有可能成为僵死的教条,这样的知识体系也无从发展。一个不发展的马克思理论不是真正的马克思理论,因为它违背马克思的唯物辩证法。

一、研究方法的实质

一般认为,研究方法是指在研究中发现新现象、新事物,或提出新理论、新观点,揭示事物内在规律的工具和手段。这里仅仅把方法定义为研究工具是不够的,还需要有使用"工具"的方法。社会科学中,研究方法同时是一定的世界观和思维方式的运用。科学的方法是一定的世界观、认识论和思维方式的有机统一。我们的研究对象无不是客观存在的宇宙发展演化的具体形式,而宇宙及其具体演化物的发展无不遵循自身规律。理论研究的目的就是去揭示这些规律。那么如何才能准确揭示这些规律呢?需要正确的研究方法。那什么是正确的研究方法呢?

虽然不同的学科有不同的方法,不同的研究对象和研究目的需要不同的方法,尤其是社会科学与自然科学需要不同的方法——经济学研究中有混淆二者方法的情况,比如试图用实验的方法研究经济学——但绝不是说它们毫无共同之处。相反,它们必须遵循一些共同原则才能建立科学的理论。无论研究什么,研究者首先必须对客观世界和研究对象的运行以及它们的相互关系有正确的认识,还要有正确的逻辑思维形式。

所谓正确的逻辑思维形式,就是研究对象自身运动规则的主观反映。可见,科学的研究方法的实质,不外乎忠实于客观,模拟研究对象的产生、发展和消亡的规则和过程的思维过程。一切事物都存在于人的意识之外,无不遵循对立统一根本规律辩证地运动。一切事物从诞生起,总是从简单到复杂、从单一个体到有层次的系统不断地演进。因此,马克思经济学的研究方法以历史唯物主义为基础,以辩证逻辑作为思维形式,以合适的分析工具作为手段。

二、研究方法体系

随着人类认识活动的不断深入,人们在运用科学方法对作为认识客体的客观世界和人类社会进行探索的同时,也对科学方法本身进行探索,使科学研究方法日臻完善,并形成一个科学研究方法体系。经济学方法也是如此。由于不同学科只不过分别从不同侧面研究同一个世界,不同的自然现象和社会现象都遵循某些共同的基本运行规律,所以,不同学科可以有共同或相似的基本研究方法;不同学科的研究客体各有侧重,因而具体的研究方法又因学科不同而异;即使同一学科,因研究的目的不同,要着重解决的问题不同,也可能运用不同的具体研究方法或分析工具。经济学方法是由哲学基础、逻辑形式和分析工具组成的一个完整有机体系。

(一)经济学方法的哲学基础

哲学揭示的是宇宙间一切事物产生和运动的基本规律,当然社会经济运行也遵循这些基本规律。因此,哲学基础本质上也是方法,而且是最根本、最本质的方法,称之为"元方法",它是主体所持的世界观在经济理论研究方面的反映。一般说来,人类的一切认识活动都受一定世界观的支配和制约,所以,"元方法"是一切理性活动的共同方法论。"元方法"是逻辑思维形式和分析工具的基础,它决定了研究方法体系的性质,进而决定了基于该方法的理论体系的性质。它是位于理论"底层"的"无形"方法。哲学中互相对立的两种世界观和方法论——唯物辩证法和唯心主义形而上学——分别表现为马克思经济学和西方经济学的"元方法"。其中,马克思经济学又以历史唯物主义和唯物辩证法为"元方法",即马克思经济学的方法论基础是唯物辩证法和历史唯物主义。

(二)逻辑思维方法

逻辑思维方法主要有抽象法、归纳法、演绎法、综合法、比较法和历史法等。逻辑思维方法分为形式逻辑方法和辩证逻辑方法。二者的主要区别在于,形式逻辑是一种静态思维方式,而辩证逻辑是一种动态整体思维方式。运用形式逻辑时,这些逻辑思维方法都可以独立运用进行推理和论证。而运用辩证逻辑时,这里的任何一个方法都不能独立运用,一定是"对立统一"的一对范畴一起出现。比如:抽象与具体的统一,逻辑与历史的统一,分析与综合的统一,本质与现象的统一,质与量的统一,内容与形式的统一,静态与动态的统一,如此等等。辩证逻辑方法是马克思经济学特有的方法,是历史唯物主义和唯物辩证法在经济学研究中的具体运用。不过形式逻辑方法和辩证逻辑方法不是完全对立的方法,形式逻辑事实上是辩证逻辑的一个"静态"特例。因此,马克思经济学并不违背形式逻辑,但不仅仅停留于形式逻辑。

(三)分析工具

分析工具是达成逻辑思维结果的具体手段,是"有形"的方法。同样的工具可以用以达成不同的目的;不同的工具也可以达成同样的目的。分析工具并不反映不同理论的性质。不同的科学可以使用相同的分析工具,不同性质的经济理论也可以使用相同的分析工具。但有时不同的分析工具有不同的运用范围,所以究竟使用什么分析工具应该视具体情况而定,不要片面地追求形式美观和"时髦"。分析工具有数学、数据统计、计量模型、图形、图表、案例等。其中,每一类工具可能含好几种"子工具"。上述分析工具基本上都属于"广义"的数学方法。一般而言,数学工具只能揭示经济中量的规定,而质的规定必须借助逻辑思维方法。诸如系统论、控制论、信息论、协同论、耗散结构论等可以借来分析宏观经济系统及调控问题。对于研究马克思经济学而言,应该进行工具创新,更新分析工具箱;可以大胆借用包括西方经济学分析工具在内的各种新工具,但是借用的任何分析工具都必须适用于表达马克思经济学的"元方法"和"辩证逻辑思维方法"。

三、马克思经济学主要逻辑方法

"元方法"已在上一小节介绍了,而分析工具是根据需要不断变化的,且不为马克思经济学所独有,所以,这一小节只重点介绍几个马克思经济学特有的逻辑方法。

(一)几个主要方法

1.确定逻辑起点

逻辑起点是一个理论体系的起始范畴。虽然逻辑起点是理论的第一个范畴,但并非第一个范畴就能构成逻辑起点。从第一个范畴开始,运用特定逻辑形式推理论证,构建一个由这个起点范畴派生出的层次不同的子范畴体系,这些子范畴分别从纵向和横向两个方向结成一个相互辩证联系的整体。马克思经济学的商品范畴就是这样的范畴,因而它是马克思经济学的逻辑起点。如果不是这样联系的一系列范畴中的第一个,就不能称之为逻辑起点。

如何确定逻辑起点呢?由于理论是对研究对象的模拟,研究对象后一个发展阶段的现象都是前一个阶段发展的派生,所以确定逻辑起点的方法就是看哪个范畴符合这两条标准:(1)逻辑起点就是历史的起点,是研究客体诞生的第一个形态。比如,商品经济诞生的第一个形态就是商品。(2)这个范畴包含整个理论体系所有范畴的基本矛盾信息。因为后面的范畴都是它生出的,自然包含其"基因"。比如,马克思经济学中所有范畴都包含使用价值与价值这对矛盾的变体。

2.抽象与具体的统一

又叫"科学抽象法",由研究方法和叙述方法两个环节组成。研究方法是从具体到抽象,叙述方法是从抽象到具体。这里,前一个"具体"是指现实的具体,即未经理性认识的现实表象;后一个"具体"是指理论具体,是经过了科学思维后现实具体的概念化理性形式。

从具体到抽象的过程,就是透过纷繁复杂的表象寻找表象间的本质联系,包括横向联系和纵向联系。纵向联系是指时间上前后相继并有某种隶属关系的事物之间的相互影响、制约和作用。这种联系揭示了事物由低级向高级、由简单到复杂的发展历程,或展示不同等级和层次的事物的某一方面的关系。横向联系是指空间上处于并列状态的事物之间的相互影响、制约和作用。具体到抽象的路径是寻找"纵向联系",这种联系类似于"母子关系":寻找多个孩子的父母,寻找同一家族的共同祖先。这里,子孙是"具体",祖先是"抽象"。当找到了家族的"始祖",这个研究过程也就结束了。

接下来进入第二环节:从抽象到具体。就是把第一阶段研究的结果叙述出来,叙述过程就是理论创建的过程,载体就是理论论文或者著作。这跟编写家谱类似。编写家谱前先捋清发展的脉络,找准祖宗,这就是研究过程;从编写家谱开始,就进入了叙述过程。叙述的具体方法,就是从"始祖"开始,展现这个家族的发展历史,展现祖生父、父生子、子生孙的过程。在马克思经济学中,商品是商品经济家族的"始祖"(逻辑起点),其他的所有范畴都是它的子子孙孙。

3.逻辑与历史的统一

逻辑的方法是在研究社会经济现象时所采用的思维推理法,即依照思想逻辑的进程,按照经济范畴的逻辑联系,从比较简单的经济关系和经济范畴,逐步上升到比较复杂的具体的经济关系和经济范畴,阐明社会经济现象产生、发展的进程和规律。

历史方法则是在研究社会经济现象时,按照它的历史发展的实际进程来研究经济现象和经济发展过程。

马克思经济学的研究必须采取逻辑和历史相一致的方法。既不能单纯地使用历史的方法,因为历史常常是跳跃式的、曲折前进的,如果必须处处跟着它,那就势必不仅会注意许多无关紧要的材料,而且也会常常打断思想的进程;也不能单独使用逻辑方法,因为不能保证逻辑符合"事实"。历史从哪里开始,思想进程就应从哪里开始。而思想进程的进一步发展,不过是历史过程在抽象的理论形式上的反映。这种反映是经过修正的,不是源源本本的反映,原原本本的反映就不是逻辑。

逻辑的进程与历史的进程基本上是一致的。从商品出发来研究资本主义经济关系的产生,就是逻辑和历史相一致的方法的应用。从历史上看,原始社会末期产生了商品交换关系,后来随着商品交换的发展产生了货币,商品和货币在奴隶社会、封建社会都存在,只是到了封建社会末期,当商品经济有了较高程度的发展,劳动力成为商品时,货币才转化为资本,从而产生了资本主义经济关系。循着由商品到货币再到资本的进程展开的逻辑分

"商品——货币——资本"的马克思经济学体系类似。

（4）逻辑与历史统一。"阴阳太极八卦图"是一个遵循"二进制"数学规律[①]、符合阴阳对立统一辩证法规律、一分为二的逻辑体系，但这个体系同时描述的是事物创生、发展变化的历史过程。太极是逻辑起点，同时也是历史起点，是逻辑与历史的统一。商品是太极，既是逻辑起点又是历史起点，证明这个"图示"可以用作这个研究方法的模型。

同一图示同时是多种方法的模型，这一事实说明，马克思经济学方法体系实则是一个方法的不同派生形式，是同一对象不同侧面的描述。

第五节　马克思经济学的性质与意义

一、马克思经济学的性质

1.实践性

马克思经济学本质上是一门实践的科学。其科学性，就是建立在它的阶级性和实践性的坚实基础上的。马克思经济学的创立正是为了无产阶级革命实践的需要，它具有科学性也是因为其来源于实践，并接受实践检验，在实践中发展。马克思经济学的实践性体现在四个方面：（1）理论为实践服务，不是为了理论而理论。革命年代为工人阶级革命斗争服务，现在为社会主义经济建设和树立社会主义价值观服务。（2）实践检验。实践检验分为现实实践检验和理论实践检验。基本理论正确与否有些不能从短期的实践检验验证，必须经过长期的历史实践验证。短期的现实实践验证可能导致经验主义和实用主义。"实证"是一种特殊的实践检验，但它主要局限于短期静态的表象之间联系的验证，因而是一种不完善的实践检验。（3）理论与

---

① 将阴爻"－－"定义为"0"，阳爻"－"定义为"1"，则八卦体系是一个标准的"二进制"数学体系：从"坤"开始，至"乾"，卦象是从下往上看，"☷、☶、☵、☴、☳、☲、☱、☰"，分别为"000,001,010,011,100,101,110,111"；代表"十进制"的"0,1,2,3,4,5,·6,7"；按照这个"二进制"规律，可以继续演化出"64 卦"的剩余部分，即"8－63 卦"，乃至 64 卦之后的任何卦。

实践结合。马克思经济学必须与其运用国的特殊历史文化和现实结合,主要运用其基本原理和方法,其指导作用才能有效发挥,否则会变成教条主义。(4)在实践中丰富和发展。马克思经济学不是不变的教条,它需要在实践中不断丰富和发展才能保持其生命力。这要求我们在坚持其基本原理和方法的前提下,根据国际国内的新形势、新变化和资本主义的新发展丰富和发展马克思经济学思想宝库,并将其中国化。

2.阶级性

社会科学尽管也号称"科学",但是由于其研究对象是人类社会,因而其与自然科学存在本质差别。作为马克思经济学研究对象的生产关系,本质上就是人们的物质利益关系。在阶级社会或阶级世界,表现为阶级利益的对立和差别。经济学研究的结论涉及不同利益集团的切身利益,有可能影响到某些集团的利益,也有可能被某些集团利用。代表不同阶级利益的经济学家从不同的立场、观点、身份和利益出发,选择不同的研究角度和方法,对社会经济现象和经济关系就有不同的认识和解释。他们为自己的阶级创立的经济理论,是各个不同阶级的经济利益在理论上的表现。由于政治经济学所研究的材料的这种特殊性,在阶级社会里从不存在超阶级的政治经济学。马克思不但证明其他经济理论有阶级性,还公开承认自己的理论也不例外。但马克思经济学的阶级性是以科学性为基础的。这是一种科学的坦诚,也表明了共产主义者襟怀坦荡大公无私的品质。

3.历史性

经济理论是对已经发生的经济事实的总结,呈现当时的时代特性。这种时代特性就是其历史性。马克思经济学的历史性说明其真理的相对性,不能把它绝对化。马克思经济学的历史性是由研究对象的历史性决定的。研究对象是个不断发展的历史过程,描述这一过程的马克思经济学自然具有了历史性。表现在两个方面:(1)理论结论的历史局限性。马克思经济学虽然是科学,但不是绝对真理;不具相对性的绝对真理也不可能存在。(2)马克思经济理论体系不外是商品经济发展史的本质映射。恩格斯说,"政治经济学本质上是一门历史的科学。它所涉及的是历史性的经常变化的材料;它首先研究生产和交换的每一个发展阶段的特殊规律"①。

---

① 《马克思恩格斯文集》第 9 卷,人民出版社 2009 年版,第 153~154 页。

4.开放性

经济理论是一个逻辑系统。系统有开放系统和封闭系统两种类型。开放系统是动态系统,是永远处在运动、发展和变化中的系统;封闭系统属于静态系统,没有质的变化。理论系统的封闭与开放性取决于研究方法。历史的、动态的研究方法构建开放的理论系统,静态的、短期的研究方法构建封闭的理论系统。马克思经济学运用历史与逻辑统一的动态方法,是个发展的、演化的理论体系,决定其理论的开放性。马克思经济理论客观描述研究对象起源及发展变化过程和规则,由于其研究对象即生产关系随生产力的变化而处于不断发展变化之中,因而理论需要随新变化而进化。马克思经济学的开放性说明:(1)马克思经济学需要随现实不断创新,不能固步自封,且系统本身提供了创新的可能;(2)理解马克思经济学要注意创建时的历史背景,不能抽象理解、主观主义;(3)运用马克思经济学需要以当时的条件为转移,不能教条主义。

5.科学性与阶级性的统一

马克思经济学无疑是科学,虽然它有阶级性。但这一点不会得到所有人认可。因为,判断理论是否科学的标准各有不同。比如,现在有人用是否有数学模型、是否有实证来作为判断标准。实际上,数学和计量实证都只是分析工具,其本身并不能保证理论的科学性。现代西方科学的范式通常是:做出前提假定——建立模型——形式逻辑推理论证——得出结论——实证验证。他们把不符合这套范式的理论统统判为"不科学"。其实,这套范式并不能保障理论的科学性。我们认为,判定理论是否科学的标准只能是看其是否正确揭示了研究对象的客观规律,并是否得到了历史实践的检验。实践证明,马克思经济学准确揭示了资本主义经济运行的客观规律,因而是科学,尽管它不符合上述范式。

马克思经济学的科学性首先体现在研究方法上。马克思剔除德国古典哲学唯心论和形而上学的杂质,汲取其唯物论和辩证法的合理内核,创立了崭新的唯物辩证法这一科学方法论,为解剖任何事物,从而也为解剖社会生产方式提供了锐利的方法和手段。马克思经济学说在唯物辩证法的方法论基础上确立了唯物史观,把社会经济制度的存在、发展和更替,建立在生产力和生产关系对立统一运动的关系上,使之成为有客观规律可循的科学。其次,体现在科学对待前人的成果上。马克思经济学说批判、继承了英国古典政治经济学的合理内核,创立了科学的劳动价值论、剩余价值理论,发现了资本主义基本经济规律及其相关的经济规律体系,把资本主义社会经济制度产生、发展和最终过渡到社会主义社会经济制度的客观必然性,作了淋漓尽致的论述。同时,在科学眼光所能达到的范围内,对未来的社会主义、共产主义社会的基本模式,作了科学的预测。这样,就使经济学能够摆脱形形色色的偏见和束缚,成为一门完整、成熟、严密和系统的科学。

经济规律本身并没有阶级性,但是在阶级社会中认识和利用经济规律是带有阶级性的。马克思经济学所揭示的理论是与无产阶级的阶级利益和阶级发展前景相一致的,因此,是代表无产阶级的经济学说,又称无产阶级政治经济学。我们说马克思经济学具有无产阶级性,并不是指它带有本阶级的偏见和私利去创立和宣传自己的经济学说,而是说这种学说所阐明的颠扑不破的真理,揭示的社会经济的发展方向,同无产阶级乃至全体人民的阶级地位和阶级利益正好相一致。而无产阶级在全体人民当中,由于它的经济地位与社会化大生产最紧密相联,决定了它是最先进的阶级,因此,它在认识、接受和利用社会经济发展规律和进行社会制度变革以及领导建设社会主义、共产主义社会等方面,最富有革命的彻底性。它不会因为自己的阶级私利而放弃人民大众的利益,而是顺着经济规律所示的发展方向去进行社会实践和经济实践。这使马克思经济学说的科学性与无产阶级的根本利益、担负的革命和建设的历史使命一致起来。

一些人否认马克思主义的科学性,是因为马克思揭示的科学原理与其世界观尤其是与其利益相冲突,比如揭示资本家剥削秘密的剩余价值理论、揭示劳资冲突的阶级斗争理论、揭示资本主义灭亡的社会规律等等。这些人为了本阶级的利益制造与科学相悖的理论,比如为了掩盖资本主义矛盾而闭目塞听制造"经济和谐论";为了不受节制和不择手段地赚取利润,就制造"自利就是利他论",主张绝对自由主义。

一些持"偏见"的人,看到马克思发现和揭示了人类社会有阶级和阶级斗争,就认为是马克思制造了人类社会的阶级和阶级斗争,其思维逻辑就像看到科学家发现和揭示了癌症和人能得癌症,就认为是科学家制造了癌症和让人得癌症一样。这岂不是极为荒唐的吗?

二、马克思经济学的意义

马克思经济学既是革命的理论,又是科学的经济理论,同时又是正确的方法体系,还是日常生活活的思维工具。马克思经济理论也是为弱者服务的理论,在一个国家内部,它为处于弱势地位的劳动者阶级服务;在国际环境中,它同样也是为弱国服务的。中国作为一个处于竞争弱势地位的发展中大国,接受包括马克思经济学在内的马克思主义的指导,有助于提高中国的国际竞争力。因此,无论你是否信仰马克思主义,作为经济学者,有比较才有鉴别,学习了不同体系的经济理论才会拓宽视野、开阔思维,有助于创新思维的形成。所以,无论是为了提高个人素质,还是为了服务社会报效祖国,学习马克思经济学都大有裨益。具体意义有如下几点:

1.学习马克思经济学是认识现代资本主义的需要

马克思经济学是研究资本主义经济运行规律的科学,其揭示的基本原理至今没有过时,虽然当今的资本主义已不同于 100 多年前。更重要的是,马克思的研究方法是认识当今和以后资本主义的利器。认识当代资本主义经济发展的新特点、新趋势,不但有助于知己知彼、百战不殆,还有助于学习借鉴别国的经验教训,使自己少走弯路。

2.学习马克思经济学是认识现实社会主义的需要

共产主义是人类的必然归宿,社会主义是过渡到共产主义的必经阶段。社会主义实践已经在不少国家取得了成功。虽然目前世界社会主义革命和建设遇到了困难,处于低潮,但前途是光明的,波浪式前进是事物发展的规律。学习马克思经济学,掌握经济发展的波浪式、周期性发展规律,能使我们在社会主义事业低潮时不失去信心、不迷失方向,并矫正错误,继续前进。

3.学习马克思经济学是我国社会主义市场经济建设的需要

社会主义市场经济与资本主义市场经济有着本质区别,区别主要在于性质和目的不同,但从运行机制看,二者都遵循一些共同的基本规律。我们可以运用这些规律指导我们的经济建设。更重要的是,马克思经济学方法在用于分析资本主义和社会主义经济时并无不同。因此,我们应该用马克思经济学分析研究并指导我国的社会主义市场经济建设,将马克思经济学确定为我们的"主流经济学"。一些人错误地把西方的主流经济学当成自己的主流经济学,不但张冠李戴,而且无益。由于经济学的阶级性质,西方主流经济学必定是为发达资本主义服务的;由于马克思经济学为弱者、弱国服务的特质,以马克思经济学为基础,结合中国的历史、文化、现实和中国古典经济思想,创建马克思经济学的中国学派,使之成为中国主流经济学,是很有必要的。当然,不应当反对学习西方主流经济学。一是为了知己知彼,二是为了吸收其有益成分。但我们反对照搬。对于马克思经济学而言,一样反对本本主义、教条主义式的照搬。

4.学习马克思经济学是培养科学思维方法的需要

从前面的论述可知,真正科学的思维方法是辩证逻辑思维方法。马克思经济学虽然不专门研究辩证逻辑,但它对辩证逻辑进行了完美的运用。因此,学习马克思经济学,能够培养我们的辩证思维能力。辩证思维能力是一种特殊的抽象思维能力。经济学属于社会科学,社会科学研究不同于自然科学研究,无法采取实验的方法,而主要采用逻辑方法,进一步说,应该采取辩证逻辑方法,又叫作科学抽象法。具备了辩证思维能力,才能发现事物的内在本质联系;掌握了辩证思维方法,思想才不会僵化。这不但是经济学学习研究应该具有的素质和能力,而且也反映出我们其他工作和日常生活应有的智慧和素质。

5.学习马克思经济学是培养共产主义信念,提升自身素质和智慧的需要

马克思经济学是马克思主义的重要组成部分。信仰是人生的精神支柱,没有信仰就会失去生活的目标、生命的意义,有可能导致精神颓废、道德失范。信仰分为两类:一类是对宗教的皈依;另一类是对伟大思想的坚持。共产主义无疑是伟大的思想,而且是科学的思想,是社会的"正能量";于个人而言,是一种高尚的信仰,能提升我们的精神境界,完善我们的人格。学习马克思经济学是达到这一目标的重要途径之一。

综上所述,学习马克思经济学意义重大。但学习马克思经济学像学习其他学科一样需要正确的学习方法。就像经济学有阶级性一样,学习经济学也有个"阶级性"的问题。也就是说,不同立场和世界观的人对马克思经济学会采取不同的态度,导致对马克思经济学有不同的理解。因此,除了一些共同的学习方法外,学习马克思经济学需要特殊的学习方法。

首先,学习者要有共产主义意识,要有辩证唯物主义的世界观,要有无

私的崇高品质。一个满脑子"经济人"、"个人主义"、"自由主义"的人是不能真正学好马克思经济学的。当然不是说要先有了共产主义意识才能学习马克思经济学,而是说在学习马克思经济学的过程中,要有意识地培养自己共产主义的人生观和高尚的道德情操,并学习掌握唯物辩证的思维方法。

其次,要学以致用。要用所学的理论和原理分析现实问题,从现实活生生的例子中去学习和体会马克思经济学的原理和方法。不能满足于背书本,或高谈阔论,或无的放矢。

最后,要立足中国,放眼世界。我们学习的目的首先是为中国服务,将中国放在世界大格局中,运用马克思经济学的理论和方法加以考察,发现并解决中国的经济问题。不但要结合中国现实实际,还要结合中国特殊的历史发展、中国固有的文化特质、中国既有的古典经济思想来学习、研究和发展马克思经济学。

小结

"经济"一词为汉语引进的日文翻译的英文 economy,词源在中国古汉语;古希腊的色诺芬在他的著作《经济论》中首次使用"经济"这一概念。"政治经济学"一词始于 17 世纪法国重商主义者 A.蒙克莱田的《献给国王和王后的政治经济学》一书。1890 年马歇尔在《经济学原理》中去掉"政治",政治经济学成了"经济学"。马克思经济学沿用了政治经济学学科名称。

马克思经济学的研究对象是资本主义的生产关系。目的是揭示资本主义经济规律。经济规律是分层次的。马克思经济学虽然研究的是资本主义经济,但也揭示了人类一般的根本经济规律,即生产关系一定要适合生产力性质的规律;还揭示了商品经济的基本规律,即价值规律。因此,马克思经济学不但能帮助我们认识资本主义,也能指导社会主义市场经济建设;还能培养我们科学的思维方法,高尚的情操,崇高的信仰。

马克思经济学之所以是科学,是因为其使用了科学的研究方法。这个研究方法由辩证唯物的"元方法"、"辩证逻辑思维方法"和"分析工具"组成一个体系。马克思经济学的方法与中国"元典文化"的"阴阳辩证法"相通。马克思经济学方法是马克思经济学活的灵魂。从某种角度说,掌握马克思经济学方法比掌握其理论更重要,因为不掌握马克思经济学方法就不能真正理解马克思经济学的内涵,更谈不上运用马克思经济学。马克思经济学之所以有强大的生命力,是因为它的研究方法是研究对象本身运行逻辑的主观概括,是开放的体系,可以随研究对象的进化而进化。

由于经济学的阶级性,学习者也有个阶级性问题,所以需要学习者要有马克思主义的信仰、共产主义意识、辩证唯物主义的世界观和无私的崇高品质。或者说在学习中要有意识地培养这些品质,否则,就不能掌握和运用马克思经济学。要立足中国,放眼世界,学以致用;要结合中国的文化(含中国古典经济学——轻重学)、历史和现实,学习、研究和发展马克思经济学。

本章内容涉及一些"先修"知识,比如马克思主义哲学、逻辑学、中国古典思想等,应该结合这些知识来学;在研究方法部分,还涉及本书后面才会学到的概念;加上研究方法比较抽象,因而在没有感性认识的前提下难以掌握。鉴于研究方法的重要性,建议在学习后面的正文时,随时回过头来复习研究方法,结合马克思经济学的整个体系和具体内容细心体会,并学会运用。

关键词

经济学 政治经济学 马克思经济学 生产方式 生产关系 经济规律 经济学方法体系 逻辑起点 科学抽象法 逻辑与历史统一 抽象到具体 分析工具

思考题

1.马克思经济学的研究对象是生产关系还是资本主义生产关系?为什么?

2.既然是生产力决定生产关系,那么马克思经济学为何不把生产力作为研究对象?

3.什么是经济规律?资本主义基本经济规律与商品经济基本经济规律

是否应该一致？

4.根本经济规律与基本经济规律有何不同？

5.研究方法的本质是什么？

6.为何逻辑方法要与历史方法统一？

7.试分析老子的"道生一，一生二，二生三，三生万物"包含的方法意义。其中可以分析出哪些方法？

8.应该如何学习马克思经济学？

第二章　　　　　　　　　　**商 品 和 货 币**

　　商品交换从原始社会末期开始出现,到资本主义社会,商品生产和商品交换得到了高度发展。马克思剖析资本主义生产方式是从分析商品开始的。这是因为商品是资本主义社会财富的细胞,是资本主义社会中最普遍最简单的经济现象。商品中的矛盾,隐含着资本主义经济的一切矛盾的胚芽。本章将对商品的属性、决定因素、价值量、价值形式及其发展,货币的本质、职能和流通规律进行分析和说明,阐述马克思的劳动价值论以及商品经济的一般规律。

第一节　商品的二因素与劳动的二重性

　　商品是使用价值和价值的统一体,这是由生产商品的劳动具有具体劳动和抽象劳动二重性所决定的,它们分别表明商品的自然属性和社会属性。商品二因素的矛盾和劳动二重性的矛盾,归根到底是由商品生产的基本矛盾,即私人劳动和社会劳动的矛盾决定的。

一、商品的二因素

　　商品最初看来是一个物品,但并非所有物品都是商品①。就大量交易的情况看,商品是用以交换的劳动产品。通过理论分析,可以发现,商品具有使用价值和价值两个因素,这两个因素集中反映了商品的物质内容和在一定历史条件下所采取的社会形式,后者体现了一定的社会生产关系。

　　使用价值,是指物品的有用性,即物品能够满足人们某种需要的属性。作为商品的物品,也有使用价值,它是商品的自然属性,由物品中的物理、化学、生物等属性所决定。使用价值在一切社会中都存在,它构成社会财富的物质内容,是人类赖以生存和发展的物质基础。它本身不反映人们的社会关系。使用价值是千差万别的,不同的物品具有不同的使用价值;同一种物品还可能具有多方面的使用价值。使用价值可以随着科学技术的发展以及人们经验的不断丰富而逐渐被发现。

　　使用价值是物品成为商品的一个必要条件,或者说,是商品必须具有的一个因素。这是因为,只有对人们有用的物品才可能成为商品,毫无用处的东西没有人需要因而是不可能成为商品的。作为商品的使用价值不是对其生产者而言的,而是对别人、对社会而言的,是一般性的使用价值;同时,它必须通过交换,才能成为现实的社会使用价值。因此,商品使用价值是商品可交换性的物质基础。

　　为了交换,商品不仅必须具有使用价值,而且还必须具有交换价值,就是说,一方面,它必须能够满足人们的某种需要;另一方面,它必须能够用来交换别种物品。这种能用来同别种使用价值相交换的可能性,称为商品的交换价值。从表面上看,交换价值是一种使用价值和另一种使用价值相交

---

　　①　英国古典经济学家李嘉图在《政治经济学及赋税原理》中曾经指出,任何商品都有效用和稀缺性,但是,效用并不决定交换价值,有稀缺性的商品在交易中也是少数。在市场上大量交易的,是可以通过劳动增加的产品,而这些商品才是劳动价值论讨论的对象。言下之意,可以由大量现象揭示规律,而不是从个别例外找规律。这样,如果只是讨论劳动产品作为商品的价值,而不是抽象讨论与劳动不直接相关的物品的价值,那么,就适用劳动价值论来作解释。(无形商品或服务是更高级更复杂的现象,可以由劳动价值论给予解释,但在这里暂不讨论。)

换的量的比例关系。例如,1 只绵羊同 2 把斧子相交换,或同 50 斤大米相交换,这 2 把斧子或 50 斤大米就是 1 只绵羊的交换价值。一个商品的交换价值(大小)由它交换到的另一个商品的数量(多少)来表示。

但是要注意,交换价值作为一个比例,并不直接是商品内在固有的属性,就是说,离开互相交换的不同商品甚至交换本身,并不存在什么交换价值。再从交换比例的决定来看,在表面上,商品的交换比例或交换价值好像是偶然或任意决定的,但仔细考察则不然。首先,不同商品的使用价值不同,无法互相比较,因此使用价值不决定交换价值。其次,具有不同使用价值的不同商品之所以可以按一定的比例相交换,是因为它们之间存在着某种共同的东西。这种共同的东西在质上是相同的,在量上是可以比较的,因此交换价值是对同质事物数量差异的表达,是同质性决定了不同东西可以在量上互相比较。这种同质的东西,就是商品的价值。就商品是劳动产品而言,价值就是凝结在商品中的一般人类劳动。换句话说,比较价值大小,实际上是在比较生产商品所耗费的同质的劳动的大小[①]。可见,价值是物品成为商品的另一个条件(在经济意义上的必要条件),是商品不可或缺的另一个因素。

根据商品的定义,当一切商品都是劳动产品的时候,生产商品就都花费了一定数量的劳动,再把劳动的具体差别去掉,那么,无差别的、可比较的一般人类劳动,就是人们脑力和体力的综合支出。决定商品交换价值的,正是这种无差别的一般人类劳动。正因为不同商品中都凝结了无差别的一般人类劳动,因而它们可以按一定的量的比例相比较(从而可以在量相等时相交换)。用前面的例子,1 只绵羊可以和 2 把斧子相交换,乃是因为生产这 1 只绵羊所耗费的一般人类劳动,同生产 2 把斧子所耗费的一般人类劳动在量上是相等的。商品中凝结的无差别的一般人类劳动,就是商品的价值

---

① 英国古典经济学家亚当·斯密在《国民财富的性质与原因的研究》一书中,曾讨论具有较大使用价值却有较小交换价值的水和具有较小使用价值却有较大交换价值的钻石的价值决定问题。因为看上去使用价值与交换价值不一致,因此被后人称为"水和钻石的悖论"。亚当·斯密当时的原意,是说交换价值不由使用价值决定,而由获取商品的劳动决定。后来,另一些经济学家认为决定交换价值的是"稀缺性"或"边际效用"。但是,"稀缺性"或"边际效用"其实都是某种比例,因此,单纯用比例,要么没有解释决定这些比例的基础,要么就要用其他非劳动因素来充当这个基础。

实体。

一般人类劳动可以形成价值，但它本身并不就是价值，或者，更为准确地说，它本身并不是无条件地直接就被当作价值。只有在商品经济关系下，一般人类劳动才是价值实体，才形成价值。价值是一个社会历史范畴，理解它需要理解它存在的社会历史条件。只有在商品经济条件下，劳动才成为衡量价值的尺度（甚至才有对价值的衡量本身）。因此，劳动形成价值是商品经济关系赋予劳动的一种社会形式，价值体现的是商品生产者之间互相比较劳动和交换劳动的经济关系①。

至此，我们知道了，商品的二因素，一是使用价值，一是价值。

关于商品二因素之间的区别和相互关系（包括价值和交换价值的区别和相互关系），可以理解如下：

商品作为使用价值，在质上是各不相同的，因而在量上也是难以比较的；但商品作为价值则在质上相同，在量上是可以比较的。正是以价值为基础，各种不同的商品才能按一定的比例相交换。理解商品，不仅要把它作为经济现象来理解，更要理解支撑商品经济的社会关系（经济制度）。所以，作为政治经济学研究要点的价值，是商品的社会属性，是商品最为本质的因素。

价值是交换价值的基础和内容，交换价值是价值的表达和表现形式。商品的价值是内在的、抽象的，而交换价值则是外在的、具体的。由于交换价值综合了两个不同的商品，是包含两个因素的一个比例，商品内含价值量的变化不一定同幅度地引起使用价值量的相应变化，因此交换价值可以与价值相一致，即交换价值如实地表现价值；但也有可能交换价值与价值不一致，即交换价值的变化不能如实反映价值的变化。（这种表里一致或不一致的关系，将在后续研究价值量与相对价值量的关系以及价值与价格的关系时，继续讨论。）

商品的使用价值与价值具有统一性，因为它们互相依赖、互为条件、缺一不可。一方面，使用价值是价值的物质承担者。一种物品如果没有使用价值就没有用，即使人们在它上面耗费了劳动也是无效劳动，不能形成价

---

① 在这里当然还是从最基础最本质的意义上说的，其他由此衍生的更为复杂的关系，还有待说明。

值,也就不成其为商品。另一方面,使用价值也必须承担价值,才会作为商品被交换,有用物品才是商品。

商品的使用价值和价值又是互相矛盾的,因为二者也互相排斥、互相对立。一方面,对商品的生产者来说,他生产商品,并不是为了取得使用价值,而是为了取得价值,连他关心商品使用价值,都只是为了如愿获得商品价值才那么做的。另一方面,商品生产者为了取得价值,就必须放弃使用价值,把使用价值让渡出去。这也就意味着,只有二者分离,价值和使用价值才能实现。如果使用价值让渡发生困难,以致商品的价值不能实现,那么使用价值也就不能实现。只有商品交换成功,才能使商品生产者实现商品的价值,他人才能得以消费使用价值,即商品成为社会使用价值,从而使商品二因素的内在矛盾得到解决。

二、生产商品的劳动的二重性

商品为什么存在使用价值和价值两个基本因素,或者说,为什么对商品要从其自然属性和社会属性两个方面来认识? 这说明商品不是一个简单的自然物;商品作为经济现象,还需从商品生产的社会方式来加以理解或解释:商品使用价值和价值的二因素是由生产商品的劳动的二重性决定的。

人类为了生存就需要生产。生产如果不是简单而直接利用自然资源或适应自然,生产就是劳动;生产如果不是个人孤立的行为而是人们之间的分工合作,加之不同的生产资料所有制,生产就是社会生产。

生产商品的劳动,从自然意义上看,其具体形式是各不相同的,即劳动的目的、使用的工具、加工的对象、操作的方法和取得的结果等都不一样,这种在一定具体形式下进行的劳动就是具体劳动。具体劳动创造商品的使用价值。比如,裁缝的劳动和木匠的劳动就是具体劳动,其具体形式不同,生产出来的使用价值也不同。对各种不同的具体劳动予以分门别类,就可以看到所显示的社会分工。具体劳动的种类或社会分工是随着社会生产力的发展、科学技术的进步以及人们需要的改变而不断发展变化的。具体劳动的过程是人们利用和改造自然,使之适合人们的需要的过程。所以,具体劳动反映人与自然的关系,它是人类社会存在和发展的永恒条件。在任何社会,人们都必须从事各种具体劳动,生产各种不同的使用价值,满足人们生活和生产上的各种需要,以维持人类社会的生存和发展。

生产商品的劳动,从社会意义上看,尽管在具体形式上各不相同,但是,无论生产哪种商品,在其中都耗费了人类劳动,即消耗了人的体力和脑力。这种撇开了劳动的特定性质,即撇开了劳动具体形式的无差别的一般人类劳动,就是抽象劳动。抽象劳动创造商品的价值。说商品价值是人类劳动的凝结,指的就是这种抽象劳动的凝结。商品中凝结的抽象劳动是商品中包含的价值的实体。因此,商品价值不是虚拟的东西,而是实实在在存在的。但是,又不能将商品价值理解成一种物质成分,因为价值是社会意义上的,其中没有包含一个自然物质的原子,抽象劳动是价值的唯一源泉。

具体劳动与抽象劳动的关系是:一方面,两者是统一的。商品生产者在进行具体劳动的同时,也就支出了抽象劳动,两者并不是两种独立存在的劳动或分两次完成的劳动。不论在时间上还是在空间上,具体劳动与抽象劳动都是不可分割的,是同一劳动过程的两个方面。没有具体劳动,也就没有抽象劳动,抽象劳动寓于具体劳动之中。抽象劳动是劳动的共性,具体劳动是劳动的个性,因此抽象劳动把彼此不同的各种具体劳动联系起来,也是商品生产者借以相互沟通的桥梁。另一方面,具体劳动与抽象劳动又是矛盾的。具体劳动反映的是人与自然的关系,是劳动的永恒属性,是在一切社会形式中都存在的永恒范畴。抽象劳动反映的是人与人的关系即社会生产关系,是劳动的社会属性。只有在商品经济中,劳动才表现为抽象劳动。在发达的商品经济中,劳动的抽象性或共同性或一般性表现得更充分、更发展,因而是历史范畴。具体劳动能否化为或还原为抽象劳动,取决于商品交换是否成功。如果商品交换不成功,也就意味着生产商品的具体劳动不为社会所承认,具体劳动不能化为或还原为抽象劳动,可见具体劳动与抽象劳动是对立的。如果商品交换成功,则意味着具体劳动为社会所承认和接受,具体劳动就化为或还原为抽象劳动,从而具体劳动与抽象劳动的矛盾得到解决。

劳动二重性理论是马克思的重大贡献,也是理解马克思经济学的枢纽。首先,劳动二重性理论为劳动价值论奠定了坚实的基础。马克思以前的资产阶级古典经济学家创立了劳动价值论,但他们不了解劳动二重性,不了解是抽象劳动而不是具体劳动创造价值。当人们提到生产商品的劳动各不相同为什么却可以互相比较、财富创造为什么与价值创造可能不一致、是什么劳动形成商品价值时,他们不能作出科学的回答。马克思第一次把生产商品的劳动区分为具体劳动和抽象劳动,提出了劳动二重性理论,从而把劳动价值论建立在严密的科学基础上。其次,劳动二重性理论为剩余价值理论奠定了理论基础。马克思以前的资产阶级古典经济学家研究了资本增殖现象,但是却无法在劳动价值论的基础上科学地予以说明。马克思正是运用了劳动二重性理论,论证雇佣劳动者的具体劳动在生产出新的使用价值的同时,转移了旧价值,而抽象劳动则形成了新价值,即被当作资本增殖的部分,因此资本增殖与商品生产、等价交换并不矛盾。马克思科学分析了资本主义生产过程的二重性,区分了资本的不同部分在资本增殖过程中的不同作用,揭示了剩余价值的真正源泉,从而创立了剩余价值理论。再次,劳动二重性理论还为马克思经济学其他一系列理论提供了理论基础。正是从科学的劳动价值论出发,在剩余价值理论的基础上,马克思进一步创立了资本有机构成理论、资本积累理论、资本主义再生产和流通理论、平均利润与生产价格理论以及地租理论等等。

三、商品经济的基本矛盾

商品经济是作为自然经济的对立物而产生和发展起来的。自然经济是一种自给自足的经济。商品经济是一种交换经济。商品经济是一个历史范畴,它萌发于原始社会末期,在奴隶社会和封建社会继续发展,到资本主义社会得到高度发展,甚至到社会主义社会依然存在。自然经济是生产力水平低下和社会分工不发达的产物。商品经济存在和发展的条件有两个:第一,社会分工。各个生产者专门从事某种产品的生产,彼此也都需要对方所生产的产品。社会分工导致了交换的可能和必要。社会分工越发展,需要交换的产品和数量也就越多,对交换的依赖越广越深。第二,生产资料从而劳动产品属于不同的所有者。不同所有者的存在,决定了或反映为不同商品生产者的利益差别;各个所有者权利上的平等性,要求通过对等原则互相交换产品。根据生产产品时所耗费的社会必要劳动时间计量产品的价值并实行等价交换,这样产品就必然表现为商品。

在商品经济中,商品的使用价值与价值的矛盾,生产商品的具体劳动与抽象劳动的矛盾,归根结底是由私人劳动和社会劳动的矛盾决定的。私人劳动和社会劳动的矛盾是商品经济的基本矛盾。

私人劳动和社会劳动的矛盾产生于商品生产的两个条件,即社会分工和私有制。在这种条件下,商品生产者的劳动才具有这样的特点:它既是私人的事情,又带有社会性质和要求。由于社会分工,不同的生产者个人互相依存,自己生产的物品是供应别人的,同时自己需要的物品又依赖于别人提供。他们彼此为对方提供劳动,个别劳动成为社会总劳动的一部分,并一开始就带有社会劳动的性质。但由于私有制,每个生产者都是分散生产、独立经营、自负盈亏的,因此劳动是商品生产者自己的私事,直接表现为私人劳动。生产者的劳动既是私人的又是社会的,私人劳动和社会劳动之间经常发生不一致或矛盾。

私人劳动与社会劳动的矛盾,指的是私人劳动不能够转化为社会劳动从而成为社会总劳动的一个不可缺少的部分的问题。商品生产者投入私人劳动,如果产出不能转化为社会劳动,那么他作为商品生产者就会存在问题;如果所有商品生产者都存在这样的问题,那么整个商品经济就会存在问题。私人劳动和社会劳动的矛盾只有通过商品交换才能解决。商品能够正常交换,要求所生产的商品在质上符合市场的需要,并在价值量上满足社会总劳动分配于该商品生产的要求,也就是使商品生产者的私人劳动在具体形式和价值量上符合社会的要求。只有生产出合格的使用价值,才是有用劳动,并且商品的价值也才能够转化为社会劳动。

处于自发形成的社会分工中的私人劳动,带有很大的盲目性;各自分散、独立经营的商品生产者生产能力和条件及其变化差异较大,单个生产者往往难以做到按社会需要的数量进行生产。于是,私人劳动的自发性与社会劳动的规则性就发生矛盾:若私人劳动在具体操作上达不到社会正常的标准,就在一定程度上成为一种无用劳动,不能为社会所承认,具体劳动无法转化为抽象劳动;具体劳动无用,商品让渡不出去,商品的价值也就无从实现,使用价值与价值的矛盾无法解决。可见,商品二因素的矛盾是劳动二重性的矛盾的表现,最终归因是私人劳动和社会劳动的矛盾。

私人劳动和社会劳动的矛盾,决定着每一个商品生产者的兴衰和命运,决定着整个商品生产的状况和水平,决定着处于商品经济中社会的存在和发展。反过来,如果私人劳动和社会劳动没有矛盾或矛盾得到顺利解决,那么具体劳动与抽象劳动的矛盾就不存在或能得到顺利解决,商品使用价值和价值的矛盾也就不存在或能得到顺利解决。因此,私人劳动和社会劳动的矛盾是商品经济的基本矛盾。

第二节 商品的价值量

商品中包含的价值是劳动,或者说,商品价值的实体是劳动,回答的是价值的质的问题,即商品可交换的基础问题;劳动的大小或多寡,则要回答的是价值的量的规定,即商品相交换的数量比例怎样确定的问题。

一、个别劳动时间和社会必要劳动时间

商品的价值由劳动创造,商品的价值量也就由生产商品所耗费的劳动量决定。衡量劳动量多寡或长短的天然尺度是劳动时间,因此,劳动量由劳动时间来计算,劳动时间则由一定的自然时间单位表示,如小时、日等。劳动价值论认为,商品的价值量决定于生产商品的劳动时间,商品的价值量与生产商品的劳动时间成正比。

但是,由于不同商品生产者生产商品的主观和客观条件不同,生产同一种商品实际耗费的劳动时间即个别劳动时间也就各不相同。那么,是不是说生产条件越低劣或者生产者的劳动熟练程度和劳动强度越低,生产中耗费的劳动时间越多,其商品的价值越大呢? 当然不是。价值的质的规定制约着价值的量的规定,价值是一个社会范畴,价值量也要用社会标准。既然形成商品价值实体的劳动是无差别的一般的人类劳动,无差别的一般的人类劳动其实就含有平均劳动的意思,因此,商品的价值量不能由生产者所耗费的个别劳动时间来决定,而应该由生产某种商品所必需的社会必要劳动时间来决定。

社会必要劳动时间是指在现有的社会正常的生产条件下,在社会平均的劳动熟练程度和劳动强度下制造某种使用价值所需要的劳动时间。这里所说的现有的社会正常的生产条件是指现时某一生产部门内生产大多数产品所具有的生产条件,其中最主要的是劳动工具的情况。例如,织布行业里绝大多数生产者使用机械织布机,只有少数人用手工织布或自动控制织布

机织布,那么,机械织布机就是正常的生产条件。劳动熟练程度可以用劳动者操作的准确性、协调性等观察。劳动强度可以由单位时间或完成一定工作任务所引起的疲劳程度推测。把这些可能影响生产同一产品所耗费的劳动时间计量的非劳动时间因素限定之后,计算生产商品的社会必要劳动时间,就是在现有的社会正常生产条件下,结合社会平均的劳动熟练程度和劳动强度,对某种商品的平均劳动时间来进行考量。此外,需要注意的是,在现实中,社会必要劳动时间是在商品生产者背后,通过市场上无数次的交换活动自发形成和调整的,商品交换过程就是各个个别劳动时间平均化为社会必要劳动时间的过程。在那里,供求关系、市场竞争、价格机制等都是起作用的。

作为劳动价值论的基本原理,社会必要劳动时间的客观规定对商品生产者的命运乃至对整个社会的资源配置是至关重要的。商品生产者生产单位商品的个别劳动时间如果多于社会必要劳动时间,那么,多余的劳动耗费将不被社会所承认,得不到补偿。这就意味着他短期内在市场竞争中必然处于不利地位,长此以往甚至可能破产。反之,如果商品生产者生产单位商品的个别劳动时间少于社会必要劳动时间,那么,他在市场竞争中就必定处于有利地位,其少量的个别劳动时间可以被承认为多量的社会必要劳动时间,累积下去,其经济地位会节节上升。从整个社会来看,社会必要劳动时间的变动对商品经济的发展也是十分重要的。社会必要劳动时间的缩短,意味着部门劳动生产率提高和社会劳动生产力的发展,资源的利用和配置可以得到改善。可以说,商品经济的发展,同社会必要劳动时间缩短是在同一个趋势中实现的。

二、简单劳动和复杂劳动

社会必要劳动时间为商品价值量的确定建立了一个基准,而在衡量商品价值量时还需要考虑一个校准因素,那就是,生产商品的劳动还有简单劳动和复杂劳动的区别,因此,在商品交换中还存在把复杂劳动还原为统一的简单劳动的问题。所谓简单劳动,是指不需要经过专门训练,每一个普通的正常人都能够从事的劳动。所谓复杂劳动,则是指经过专门训练,具有一定技术专长的劳动。简单劳动和复杂劳动的区分,在不同的国家或在同一个国家的不同历史时期是不同的。科学技术比较发达和普及的国家的简单劳动,比科学技术比较落后和稀罕的国家的简单劳动要复杂;随着一个国家科学技术的进步和普及,整个社会简单劳动的标准也会提高,过去的复杂劳动会变成现在的简单劳动。但是,从一定时期的一定国家和地区来看,简单劳动和复杂劳动的差别又是确定的。

简单劳动和复杂劳动在同一劳动时间内所创造的价值量是不相同的。复杂劳动在同一时间内能比简单劳动创造出更多的价值。这是因为复杂劳动力比普通劳动力的形成需要更多的培养和训练,从而这种劳动力支出即劳动,在质量上更高级,脑力和体力消耗的密度更大,在同样长的劳动时间内,可以物化①为更多的价值。由此,在商品交换过程中,复杂劳动要折合为倍加的简单劳动,少量的复杂劳动的产品可以同多量的简单劳动的产品相交换。不过,复杂劳动折合为简单劳动的具体比例,不是由商品生产者计算出来的,而是在较长时期无数次的商品交换中,在生产者背后自发形成的,是一个集体无意识的、反映了科学技术的提高和普及的过程。

由于商品的价值量以简单劳动作为计算单位,因此,准确地说,商品的价值量是由生产该商品的社会必要的简单劳动量决定的。

三、单位商品的价值量与劳动生产率成反比

生产商品的社会必要劳动时间不是一成不变的,它随着劳动生产率的变化而变化。劳动生产率是指劳动者生产某种商品的效率或能力。它可以用两种方法来表示:一是以单位劳动时间内所生产的产品数量来表示,二是以生产单位产品所耗费的劳动时间来表示。劳动生产率水平的高低取决于生产中的各种经济和技术等因素,如劳动者的技术熟练程度、科学技术的发展水平及其在生产中应用的程度、生产过程的社会结合(分工协作、劳动组织、生产管理等)形式、生产资料的质量和效能、自然条件的优劣等。

劳动生产率的变化必然引起商品价值量的变化。从部门②平均劳动生

---

① 物化可以理解为劳动由活动或过程状态转变为静止或结果状态,或者说,由进行时态转变为完成时态。

② 部门是指生产同类商品的全体生产者。

产率和单位商品的价值量的关系看,部门劳动生产率越高,一定劳动时间内所生产的使用价值就越多,从而平均物化到单位商品内的劳动量就减少,单位商品的价值量也就越小;反之,部门劳动生产率越低,单位商品的价值量就越大。从劳动二重性的原理去理解,劳动生产率的提高,指的是具体劳动创造的使用价值的数量增多,但同一过程作为抽象劳动,并没有因此增加劳动时间,因而它形成的价值量当然也就不变;综合起来看,是把不变的抽象劳动分配到更多的使用价值上,换句话说,用增多的使用价值量去除不变的价值量,这样单位使用价值内含的价值量当然减少了。所以,单位商品的价值量与生产该商品的劳动生产率成反比,而与体现在商品中的社会必要劳动时间成正比。

需要注意的是,如果部门平均劳动生产率不变,只是个别生产者的劳动生产率发生变化,那么,尽管单位商品的价值量不变,但是个别生产者所生产的商品的个别价值会不同于社会必要劳动时间代表的商品的社会价值;尽管单位商品的价值量与生产商品的劳动生产率成反比,但个别生产者还是会努力提高劳动生产率。这是因为,商品的价值量决定于社会必要劳动时间,而社会必要劳动时间取决于部门平均劳动生产率,不取决于个别生产者的劳动生产率。因此,当个别生产者劳动生产率提高时,他所生产的商品的个别价值会低于该部门的社会必要劳动时间所决定的社会价值,同时又可以按社会价值去与其他商品进行等价交换,实际获得更多利益或至少在竞争中处于优越的地位;反之亦然。所以,基于价值规律作用的客观存在和对自身利益的考虑,劳动生产率的高低,对于商品生产者是至关重要的,商品生产者自然会主动关心自身的劳动生产率。

第三节　价值形式的发展

商品的价值是商品的社会属性,因此,在单个孤立的商品上,它的价值是看不见、摸不着的。只有在它与另一种商品相交换时,才能将其价值和价值量通过交换价值而间接地或相对地表现出来。价值的相对表现方式,称为价值形式。现在,一切商品的价值和价值量都用货币及其数量来表示,这是价值形式长期发展的结果。伴随着商品交换的发展,历史上曾经出现过以下价值形式:简单的个别的或偶然的价值形式、总和的或扩大的价值形式、一般的价值形式和货币形式。

一、简单的、个别的或偶然的价值形式

价值形式的发展过程,是同商品交换的发展过程相适应的。简单的价值形式是与最初的物物交换相适应的,是两种商品之间偶然交换的最简单的价值表现关系。最初出现在原始部落之间的商品交换,只是将稍有剩余的产品拿来交换,带有偶然的性质。与这种偶然的交换相适应,一件商品的价值只是偶然地简单地表现在和它相交换的另一种商品上,这种价值表现形式,就叫作简单的、个别的或偶然的价值形式,可以用下列等式表示:

1 只绵羊=2 把斧子(读作:1 只绵羊值 2 把斧子)

这种价值形式虽然简单,但价值形式的一般的质的规定性和量的比例关系都包含在其中了。在这种价值形式中,互相交换的两种商品处于不同的地位,起着不同的作用:价值被表现的商品,处于相对价值形式的地位;表现价值的商品,处于等价形式的地位。上例中绵羊处于相对价值形式的地位;斧子作为表现绵羊价值的材料,起着等价物的作用,处于等价形式的地位。

相对价值形式和等价形式是价值形式的两极,二者是对立统一的关系。一方面,它们互相依赖、互为条件、缺一不可。没有等价形式,缺少价值表现材料,就没有相对价值形式;同样,没有相对价值形式,不需要表现价值的对象,也就无所谓等价形式。另一方面,它们又是互相对立、互相排斥、意义各异的。等式两极在同一价值形式中处于不同的地位,起着不同的作用。同一种商品不能既处于相对价值形式上,又处于等价形式上。任何商品都不会自己同自己相交换,也不能用自己来表现自己的价值。同一价值形式的两端,只能是不同的商品,价值被表现与表现价值是二者必居其一的。

以上分析的是相对价值形式和等价形式的相互关系。下面分别考察相对价值形式和等价形式。

先考察相对价值形式。在例示的等式中,绵羊是处于相对价值形式的商品,主动要求表现自己的价值,它的价值也的确通过与等价物斧子的交换

而得到相对表现。绵羊和斧子这两种不同的商品之所以能够在数量上相互比较并按一定的比例相交换,是因为绵羊和斧子这两种商品都具有价值这种共同的质的规定,都凝结了抽象劳动这种共同的价值内容。没有这种共同的质的内容,它们便不能发生交换关系。所以,绵羊和斧子的交换关系,本质上是一种价值关系。处于相对价值形式的绵羊的价值,是通过处于等价形式的斧子的使用价值相对地表现出来的,而不是通过斧子的价值表现出来,因为斧子的价值内在于斧子之中,也是无从知道的。需要指出的是,这里所说的斧子的使用价值,不是指它那种砍伐功能的使用价值,而是指它的自然形态,以致可以简便地说绵羊的价值像斧子,斧子是绵羊价值的化身。

从量的方面来分析相对价值形式,考察相对价值的数量变化规律,需要区别价值量和相对价值量。价值量是指凝结在商品中的社会必要劳动量,它客观地存在于商品之中,是商品的内在价值量。相对价值量,是指一个商品能够实现的价值量,也就是在商品交换中用等价物的使用价值量所表现出来的价值量,即交换价值量。在例示中,可以简明地说1只绵羊的价值相当于2把斧子。内在价值量是相对价值量的基础,相对价值量是内在价值量的外在表现形式。内在价值量及其变化取决于社会必要劳动量及其变化,而相对价值量及其变化则取决于相交换的两种商品的价值量的对比关系及其变化。相对价值量的变化可以归纳为以下四种情况:

第一,如果处于等价形式的商品斧子的价值量不变,则绵羊的相对价值量的变动与绵羊自己的价值量变动成正比。

第二,如果处于相对价值形式的商品绵羊的价值量不变,处于等价形式的商品斧子的价值量发生变动,则绵羊的相对价值量的变动与斧子的价值量的变动成反比。

第三,如果处于相对价值形式的商品绵羊的价值量和处于等价形式的商品斧子的价值量按相同方向和相同比例发生变动,则商品绵羊的相对价值量不变。

第四,如果处于相对价值形式的商品绵羊的价值量和处于等价形式的商品斧子的价值量,按照同一方向的不同比例、相反方向的不同比例和相反方向的同比例发生变动,则绵羊的相对价值量的变动可以根据上述三种情况推算。

可见,一个商品的价值量的实际变动,不能明确地如实地反映在相对价值量上。商品价值量的变动与这个商品的相对价值量的变动可以一致,也可以不一致。因此,虽然价值形式或交换价值是价值的表现形式,但价值的变动与交换价值的变动并不完全一致。上述除了第一种情况外,相对价值量的变动都不能如实反映处于相对价值形式上的商品的价值量的变动。这正是价值通过外在表现所具有的局限性。

现在考察等价形式。一个商品的等价形式就是它能作为价值替身而与另一个商品直接交换的形式,也就是说,处于等价形式的商品,当作价值的表现材料,能直接用自身的使用价值来表现与它相交换的商品的价值。处于等价形式的商品之所以能够直接与另一种商品相交换,是因为它本身被当作价值的化身而存在,是等价物。需要注意的是,处于等价形式的商品自身的价值在这里并没有表现出来,等价物表示的是另一个和它相交换的商品的价值。处于等价形式的商品具有以下特点:

第一,使用价值成为价值的表现形式。在1只绵羊＝2把斧子的简单价值形式中,处于等价形式的商品(斧子)用自身的物的形式表现别的商品(绵羊)的价值,也就是用自己的使用价值代表价值,以自己的使用价值量代表价值量。使用价值成了价值的表现形式。

第二,具体劳动成为抽象劳动的表现形式。在1只绵羊＝2把斧子的简单价值形式中,处于等价形式的商品(斧子)本来是具体劳动的产品,但当它处于等价形式,成为表现别的商品(绵羊)价值的材料时,生产这种商品(斧子)的具体劳动就成为抽象劳动的表现形式。

第三,私人劳动成为社会劳动的表现形式。在1只绵羊＝2把斧子的简单价值形式中,处于等价形式的商品(斧子)本是商品生产者私人劳动的产物,但是,当这种商品处于等价形式充当等价物时,它的具体劳动成为抽象劳动的化身,可以直接同生产别的商品(绵羊)的劳动相交换,因此,生产这种商品(斧子)的私人劳动就成为社会劳动的直接形式。

简单的或偶然的价值形式使商品内在的使用价值和价值的矛盾变成了两个商品的外部对立。处于相对价值形式的商品,只是直接当作使用价值而存在,它的价值要通过另一个商品表现出来;处于等价形式的商品,只是直接当作价值而存在,它的使用价值变成了表现另一个商品的价值的材料。所以,商品的简单的价值形式,其实就是商品内在矛盾的简单表现形式。

简单的或偶然的价值形式只是价值形式的胚胎形式,它表现价值的质和量都是不完全不充分的。这是因为,在简单的或偶然的价值形式中,一种商品还只是简单地、偶然地与另一种商品相交换,一种商品的价值还只是偶然地表现在个别商品上,因而还看不出价值在所有商品上的一致性,价值在质上的无差别性还没有得到充分的揭示或展现,同时,也还看不出一种商品的价值能否在量上与所有其他商品相比较。

二、总和的、扩大的价值形式

随着第一次社会大分工的出现和社会生产力的进一步发展,剩余产品增加了,商品交换逐渐扩大并成为较为经常的现象,比如,出现了集市。这时,某种商品不再是偶然地与另一种商品相交换,而是经常地和许多种其他商品相交换。比如,绵羊不仅和斧子相交换,也可以和粮食、布匹、盐、黄金等等商品相交换。于是,简单的价值形式就发展为扩大的价值形式,即一种商品的价值已经不是偶然地在个别商品上表现出来,而是经常地通过其他一系列商品表现出来。这种价值形式可用下面的等式表示:

$$
1\text{ 只绵羊}\begin{cases}
=2\text{ 把斧子;或}\\
=80\text{ 斤谷子;或}\\
=15\text{ 尺布;或}\\
=1\text{ 克黄金;或}\\
=\text{一定量的其他商品}
\end{cases}
$$

这个价值形式实际上是许多个简单价值形式的总和,所以也叫作总和的价值形式。上列等式只是商品绵羊的价值表现系列。其实,在多种商品的大量或经常交换中,每一种商品如果处于相对价值形式,都有各自的价值表现系列。就是说,每一种商品都可以代替绵羊的位置而处于等式的左端。

在扩大的价值形式中,一种商品(绵羊)的价值是通过一系列其他商品表现出来的,其他商品都成为绵羊价值的表现材料。这时,商品的价值作为无差别的人类劳动的凝结这一特点第一次展现出来了。同时,由于交换已经常态化,各种商品互相交换的量的比例也就逐渐和它们所包含的劳动量的比例更加接近。也就是说,交换过程使得商品的价值量能够更加正确地反映出来了。

在扩大的价值形式中,商品价值的表现虽然比在简单价值形式中表现得更加充分,但仍然存在着缺点,主要是各种商品都有各自的价值表现形式,即没有一种统一的价值表现形式,这就使商品交换经常发生困难,不能适应商品生产者多方面社会联系的要求。例如,有绵羊的人想要粮食,有粮食的人却需要布而不需要绵羊,有布的人需要盐而不需要粮食。此时,若有盐的人刚好需要绵羊,那么,有绵羊的人就可以先把绵羊换成盐,再用盐换成布,再用布换成粮食。几经周折,才使有绵羊的人换到自己所需要的商品,绵羊的价值才最终得到实现。如果有盐的人也不需要绵羊,困难就会更大一些。这种因使用价值不匹配而导致价值实现困难的情况,反映了物物直接交换的局限性,是商品使用价值和价值矛盾深化的表现。

三、一般的价值形式

随着商品生产和商品交换的发展,进入交换的商品越来越多,乃至形成地方的或区域的相对稳定的市场,总和的或扩大的价值形式的缺点也就越来越明显,商品交换的困难越来越大。适应商品交换进一步发展的需要,总和的或扩大的价值形式逐渐发展为一般的价值形式。

在一般价值形式中,一切商品的价值都统一地表现在从商品集体中分离出来充当一般等价物的某一种商品上。这种价值形式可以用下列等式来表示:

$$
\left.
\begin{array}{r}
2\ \text{把斧子} = \\
80\ \text{斤谷子} = \\
15\ \text{尺布} = \\
1\ \text{克黄金} = \\
\text{一定量的其他商品} =
\end{array}
\right\}\ 1\ \text{只绵羊}
$$

从表面上看,一般价值形式好像仅仅是扩大价值形式的颠倒;其实,这不是简单的等式颠倒,它反映的是价值形式发展有了质的变化。在扩大的价值形式中,一种商品有许多不同的等价物,没有一种统一的等价物;在一般价值形式中,出现了从商品世界中分离出来专门充当等价物的商品,成为一般等价物,变成了社会劳动的唯一体现者。这时,一切商品把一种商品排除在相对价值形式以外,作为统一的等价物。一切商品都可以与它相比较,在质上和量上来表现它们各自的价值。因而,商品价值的无差别的社会性质就得到了更加充分的体现。这是商品使用价值和价值矛盾进一步发展的结果。

由于一般等价物的出现,商品交换就从直接的物物交换转变为以一般等价物为媒介的间接的物物交换。在这种情况下,商品生产者只要先把自己的商品换成作为一般等价物的商品,就可以用它来换取自己所需要的其他任何商品,不会受到商品使用价值不匹配的限制,也节省了中间交换的次数。

不过,尽管一般价值形式克服了扩大价值形式的弱点,促进了商品交换的发展,但是,在这个阶段,一般等价物还没有固定地由某一种商品来充当,往往是因时因地而不同。比如,有的地区用牲畜,有的地区用贝壳;一个时期用贝壳,另一个时期用牲畜。在历史上,牲畜、布帛、贝壳、铜器等都曾充当过一般等价物。一般等价物没有固定在某种商品上,尤其是在跨地区交易时不同的一般等价物还需要相互比较,显然不利于商品交换的进一步发展,也促使价值形式进一步演化。

四、货币形式

随着社会生产力的进一步发展和第二次社会大分工的出现,产生了专门为交换而进行的生产,即商品生产。商品交换的范围更加扩大,甚至超越国界,参加交换的商品种类和数量日益增多,客观上要求一般等价物具有时间上的稳定性和地区上的统一性。于是,一般等价形式发展为货币形式。当一般等价物的职能最终固定在一种特殊商品上时,这种特殊商品就成为货币商品,这种价值形式就是货币形式,货币就是固定地充当一般等价物的商品。货币形式可以用下列等式来表示:

$$
\left.\begin{array}{l}
2\text{ 把斧子} = \\
80\text{ 斤谷子} = \\
15\text{ 尺布} = \\
1\text{ 只绵羊} = \\
\text{一定量的其他商品} =
\end{array}\right\} 1\text{ 克黄金}
$$

从一般价值形式过渡到货币形式,并没有发生本质的变化,不同的只是在货币形式中充当一般等价物的商品,固定地由某种商品来承担。早期如皮毛和贝壳都曾经充当过货币商品,后来货币形式逐渐固定在贵金属,如黄金、白银上。

由贵金属(黄金、白银)固定充当一般等价物,并不是由于贵金属具有什么神秘性质,而是由于贵金属本身具有质地均匀、便于分割、不易腐蚀、体积小而价值大、便于携带等自然属性上的优点,这些优点使贵金属成为理想的货币材料。

货币一出现,商品世界就分裂为两极:一极是各种各样具体的使用价值,处于任意的相对价值形式上;另一极是货币,处于固定的等价形式上。这样,商品使用价值和价值的内在矛盾,在价值形式发展中,从商品和商品的对立,演变成商品和货币的对立。

货币出现之后,商品之间的交换就通过货币来进行。这种通过货币媒介来进行的交换,既克服了单纯商品交换的困难,并由此促进了商品交换的发展,同时也因为等价物被固定化,以及交换对货币的全面依赖,使得商品价值的实现、私人劳动向社会劳动的转化出现新的困难。在使用货币的商品经济中,商品使用价值和价值的矛盾更加深化了。

五、货币的本质

货币出现以后,价值有了两种存在形式:一是存在于商品之中,是价值的商品形式;一是存在于货币之中,是价值的货币形式。商品的价值要通过货币表现出来,使得价值的货币形式具有了某种与商品不同的独立性,好似货币能够单独代表价值。但是,这并不意味着货币本身的价值能够自己表现出来。要知道货币自身的价值,就只有把各种商品的价目表颠倒过来,把货币商品置于相对价值形式上,借助其他非货币商品一定数量的使用价值来表现出它的价值。可以想象,那将是一个庞大的等价物序列。

从价值形式的发展过程可以看出,货币的本质是固定地充当一般等价物的商品,体现着商品经济条件下人们之间的一定的社会关系。人们分工生产,互换产品,由此支撑社会的存在和发展。货币形成于商品经济,体现商品经济关系,构成商品经济的一部分,在商品经济中发挥着重要的作用。

作为商品,货币与普通商品一样,也具有使用价值和价值。但货币毕竟又不是普通商品,而是固定地充当一般等价物的商品,因此,与普通商品相比,货币还具有这样的特殊性:一是价值表达的直接性。普通商品作为不同的使用价值,其价值要通过与货币交换才能表现出来,而货币自身则作为直接的等价物而存在,是价值的一般代表。二是使用价值的社会性。普通商品只具有由它的自然属性所决定的使用价值,而货币商品除了具有这种自然属性所决定的使用价值外,还具有由它作为一般等价物的社会职能所产生的特殊使用价值。

以货币为媒介的商品交换过程,实质上是商品生产者之间互相交换劳动的过程。因此,货币是一种浓缩的制度,体现着一定的商品经济主体之间的社会经济关系。

第四节　货币的职能和货币流通规律

货币的职能是指货币在商品经济中所起的作用,是货币本质在经济现象中的反映。作为一般等价物,在商品经济中,货币具有五种职能:价值尺度、流通手段、贮藏手段、支付手段和世界货币。其中,最基本的职能是价值尺度和流通手段,其他三种职能是随着商品经济的发展而逐渐发展起来的。

一、价值尺度

价值尺度,即以货币来衡量和表现商品价值的大小。这是货币最基本的职能之一。货币之所以能够有这样的作用,是因为货币本身也是商品,具有价值。如果货币本身没有价值,它就无法衡量其他商品的价值,就像衡量长度的尺子、衡量重量的砝码本身也必须具有长度和重量一样。不过,被货币衡量和表现的,是商品的价值。商品内在的价值尺度是社会必要劳动时间。货币只是商品外在的价值尺度。

由于只是测度价值,因此货币执行价值尺度的职能,只需要想象的或观念上的货币,即说出(表示出)商品值多少货币就可以了,并不需要在测度时拿出现实的货币。想象的或观念的货币之所以能够执行价值尺度的职能,是因为这只是从外部衡量一下商品可以交换到多少货币量,并未真正进行商品和货币的实际交换。不过,用观念的货币并不意味着人们可以随心所欲地进行估量,而是要以现实交换中实在支出的货币为标准,也就是说要根据货币的实际价值与商品的实际价值之间的比例关系来估量。这种比例的基础是生产它们所耗费的社会必要劳动时间。

货币为了执行价值尺度的职能,把各种商品的价值量表现出来,本身也要有自己的计量单位,用以衡量货币自身不同的量。充当货币材料的金银的习惯衡量单位是重量单位,因此金银的一定的重量单位往往就成为货币单位。货币单位又可以分为若干等分。这种货币单位及其等分,叫作价格标准,即商品价格的计量标准。

价格标准与价值尺度是不同的。货币作为价值尺度,是用来衡量其他商品的价值的,而价格标准则是货币重量单位,是用来衡量货币金属本身的量的。货币作为价值尺度是在商品经济的发展中自发形成的,价格标准则通常由国家法律规定。

商品的价值用货币表现出来,就是价格。比如,1只绵羊值1克黄金,1克黄金就是1只绵羊的价格。价值是价格的基础,价格是价值的货币表现。货币执行价值尺度的职能,就是把价值表现为一定的价格。不过,价格比价值更复杂。商品价格的高低,除了受商品供求关系和市场竞争的影响外,正如前面对相对价值量的变动情况的分析一样,它同商品价值、货币价值都有密切的关系。在货币价值一定的条件下,商品价格的高低同商品本身价值的大小成正比;在商品价值量一定的条件下,商品价格的高低同货币本身价值量的大小成反比。货币的价值量之所以会发生变动,是因为生产货币材料的劳动生产率会发生变动。尽管货币价值的变动不影响其作为价值尺度执行职能,但会影响商品价值的货币表现即价格。因此,价格变化与价值变化并不是亦步亦趋的。

二、流通手段

货币作为流通手段,就是货币充当商品交换的媒介。商品流通就是以货币为媒介的商品交换。流通过程可以简单表示为:商品—货币—商品。可见,在商品流通中所发生的,其实就是商品价值形式的变换:首先是价值的商品形式转化为价值的货币形式(卖),然后是价值的货币形式又转化为价值的商品形式(买)。货币在商品流通中发挥媒介作用,就是执行货币流通手段的职能。只是,货币作为价值尺度,是在观念上表现商品的价值;而要通过流通真正实现商品的价值,作为流通手段的货币就必须是实在的货币,不能是观念上的货币。

货币作为流通手段,既促进了商品经济的发展,也加深了商品经济的矛盾。在货币出现以前,商品交换采取的是以物易物的形式,买和卖在时间上和空间上是统一的。货币出现以后,它作为流通手段使商品交换分裂为用商品交换货币和用货币交换商品两道手续,即卖与买两次行为,买和卖在时间上和空间上可以一致也可以不一致。因此,货币充当流通手段,打破了商品直接交换在时间上和空间上的限制,从而有利于商品交换的进行,有利于商品经济的发展。但是,也因为同样的原因,有可能出现买和卖的脱节——有人卖而不立即买,则会相应地引起其他人的商品难以出卖,累积起来,阻碍流通,这就加深了商品经济的矛盾,潜藏了经济危机的可能性。当然,在简单商品经济①条件下,经济危机只具有形式上的可能性,还不会变成现实性。经济危机的现实发生还需要其他条件,这个以后再论②。

伴随着商品流通,货币流通逐渐形成。在商品流通过程中,货币不断地由购买者手中转到售卖者手中,不断地作为购买手段与各种商品换位,使商品离开流通领域进入消费领域,而它自己则始终作为购买手段在流通中发挥作用。货币作为商品流通媒介不断地运动,就叫作货币流通。货币流通与商品流通的基本关系是:货币流通是由商品流通引起的,并为商品流通服务;货币流通的规模与速度也是由商品流通的规模与速度决定的。所以,商品流通是货币流通的基础,货币流通是商品流通的反映。当然,由于货币作为价值一般代表的特殊性,也使货币流通获得了某种独立性,甚至在一定条件下反过来制约商品流通。货币流通的独立性、独特性和重要性的现实存在,也需要其他条件。

---

① 简单商品经济又称"小商品经济",是以生产资料个体所有制和个体劳动为基础的商品经济,是商品经济的一个早期历史阶段。其特点是:商品生产者占有生产资料,自己劳动,产品归自己所有;他出卖自己的产品,是为了借以购买满足自己消费需要的其他产品。

② 参阅本书"资本主义经济危机"部分。

综上,价值尺度和流通手段是货币的基本职能,因此,货币可以说是价值尺度和流通手段的统一。

三、贮藏手段

货币是一般等价物,可以不受使用价值特殊性的约束而与任何商品交换(流动性)。有了货币就能买到任何商品,拥有货币就等于拥有商品,而且拥有的时间往往超过普通使用价值的自然寿命(耐久性),于是,货币成了社会财富的一般代表。货币的这些特殊性质,引起了人们贮藏货币的欲望,产生了货币作为价值贮藏手段的职能。贮藏手段,是指货币退出流通,当作独立的价值形式和社会财富的一般代表贮存起来的职能。在贮藏的本来的意义上,真正能充当贮藏手段的货币,必须是足值的实在的金属货币和金银制品。[①]

在金属货币流通的条件下,货币作为贮藏手段具有自发调节货币流通量的作用。当商品价值小于货币价值,流通中需要的货币量减少时,多余的货币就会因人们规避支付损失保持货币价值而退出流通领域自发地贮藏起来,成为贮藏货币;反之,当商品价值大于货币价值,流通中需要的货币量增加时,短缺的货币就会因人们追求购买利益避免货币闲置而加入流通,部分贮藏货币因此会自发地回到流通领域,成为流通手段。可见,货币贮藏像连接到渠道的蓄水池一样,渠道水多了会流入蓄水池,渠道水少了会得到蓄水池的补充,使得渠道里的水不致过多和过少。因此,从理论上讲,在足值金属货币自由进出流通领域的条件下,贮藏手段具有自动调节作用,流通中不会出现通货膨胀或通货紧缩现象。[②]

四、支付手段

支付手段,是指货币用来清偿债务和支付税赋、租金、利息、工资等。货

---

① 在有制度保障的前提下和在特定的意义上,少数其他商品乃至币值稳定的纸币也可以起一定的价值贮藏的作用。

② 现实中,金本位制的存在、消失和一些人重建它的企图,都掺杂了极多复杂的因素。

币充当支付手段的职能是随着商品经济的发展，出现赊账买卖关系而产生的。

在商品生产和商品交换不断发展的条件下，不同商品生产者的生产时间和销售时间会出现不一致。一方面，不同的商品所需要的生产时间不同，有的商品生产还有季节性；另一方面，不同商品销售所需要的交换条件也不同，有的可以在产地就近销售，有的则需要运送到远方去销售。这样就会出现有的商品已经生产出来等待销售，而需要购买这种商品的人却因为自己的产品尚未生产出来，或已经生产出来但尚未销售出去而缺乏货币。于是，为了使商品成交，以利双方生产的继续进行，就出现了赊账买卖方式。双方商定交易条件，到了约定的付款期限，赊购者用货币偿还赊卖者的货款。此时，商品早已退出流通，所付货币不是执行流通手段的职能，而是清偿债务，了结双方之前达成的信用关系。

货币作为支付手段，一方面，暂时解决了由种种原因造成的货币短缺的问题，有利于商品流通的进行，从而有利于商品经济的发展；另一方面，它又扩大或加剧了商品经济的矛盾，因为在货币作为支付手段的条件下，许多商品生产者通过信用结成了债权债务关系的链条，如果其中一个商品生产者不能按时偿还货款，那么整个支付链条就会被中断，许多商品生产者就会因此无法进行再生产，所造成的影响会比不存在该链条时大得多。可见，货币作为支付手段是"一柄双刃剑"，既可以加速商品流通，也潜藏了加剧经济危机的可能性。

五、世界货币

随着商品流通超出一国范围，货币的作用也就越出国界，在世界市场上发挥充当一般等价物的作用。这种在世界市场充当一般等价物的作用，被称作世界货币。作为世界货币，在世界市场历史上和绝大部分现实情况下，只能是以重量计算的黄金和白银，铸币、纸币和其他类似商品不能充当完全意义上的世界货币。

货币作为世界货币，主要执行以下几个方面的具体职能：（1）作为一般的支付手段，用以支付国际贸易的差额；（2）作为一般的购买手段，用以购买别国的商品；（3）作为社会财富的一般代表，由一国转移至他国，如战争赔款、向别国借款或贷款或直接转移金银。

在第一次世界大战以前,资本主义国家普遍建立了金本位制。金本位制的主要内容是:金币的重量、成色、形状、面额由国家以法律的形式统一规定;允许自由铸造和熔毁;银行券、纸币可以自由兑换成金币或黄金;金币和黄金可以自由输出和输入国境。当时黄金在国际上的支付原则、结算制度和运动规律都是统一的,从而形成了国际金本位制度。

第一次世界大战以后,资本主义国家建立了金块本位和金汇兑本位制,同期国际货币制度也具有国际金本位制的特点。1929—1933 年间,资本主义国家普遍实行货币流通管制,统一的金块本位和金汇兑本位制分裂为若干货币集团。集团内部对货币比价、货币波动界限、货币兑换与支付等均有严格规定,同时对集团外的国际支付实行严格管制。因此,统一的国际货币制度不复存在。

第二次世界大战以后,建立了以美元为中心的国际货币体系,即布雷顿森林体系。其基本内容是:规定 35 美元＝1 盎司黄金,各会员国货币与美元保持固定汇率,美元可以代替黄金作为储备,国际货币基金组织是使这一货币体系得以正常运转的中心机构。后来,随着国际经济形势的变化和美元危机程度的加深,1971 年 8 月,美联储宣布停止兑换黄金,1973 年 2 月,固定汇率制度崩溃,布雷顿森林体系随之瓦解。

货币的五种职能是有机联系着的,它们共同表现了货币作为一般等价物的本质。五种职能的上述排列顺序大致上反映了它们产生的顺序和它们之间的相互关系。其中,价值尺度和流通手段是最基本的职能,其他职能是由这两个基本职能派生,随着商品经济的发展而逐步具备的。现代经济还衍生出其他许多货币现象,需要在一般理论的基础上结合具体的实际加以解释和理解。

六、货币流通规律

作为流通手段的货币是不断地停留在流通领域中发挥作用的。那么,在一定时期内,流通中需要多少货币呢?这是货币流通规律所要回答的问题。货币流通规律,就是一定时期内满足商品流通所需要的货币量的规律。这一规律表明,一定时期内商品流通所需要的货币量取决于三个因素:一是参加流通的商品数量。参加流通的商品数量越大,其他条件不变,所需要的货币量也就越多。二是商品价格水平。商品价格水平越高,其他条件不变,所需要的货币量也就越多。上述两个因素的统一,就是商品的价格总额,它等于各种商品的数量与各自的价格水平乘积的总和。三是货币流通速度。货币流通速度就是同一单位货币在一定时期内平均转手商品的次数。一定时期内货币的流通速度越快,流通中所需要的货币量就越少。总之,一定时期内流通中所需要的货币量,与商品价格总额成正比,与同一单位货币流通速度成反比。这就是金属货币作为流通手段时的货币流通规律的内容。可以用公式表示为:

$$\text{一定时期内流通中所需要的货币量} = \frac{\text{商品的价格总额(待售商品总量×商品价格)}}{\text{同一单位货币的流通速度(次数)}}$$

货币作为支付手段后,一定时期内商品流通所需要的货币量也会相应地发生变化。因为,在一定时期内赊销的商品部分,不需要支付货币;而前一个时期赊销的,在本期内应当偿还的债务,却需要用货币来支付;在互相偿还债务时,又可以抵消一部分。因此,在货币作为支付手段的职能产生以后,一定时期内商品流通所需要的货币量,可用下列公式表示:

$$\text{一定时期内流通中所需要的货币量} = \frac{\text{待售商品的价格总额} - \text{赊销商品的价格总额} + \text{到期支付的价格总额} - \text{互相抵消的支付总额}}{\text{同一单位货币流通的平均速度(次数)}}$$

货币作为流通手段,最初是以贵金属条块的形式出现的。每次交易都需要鉴定成色和称重量,有时还需要进行分割。这就给商品流通带来了麻烦。随着商品交换的发展,出现了有一定形状、重量、成色并标明面额的金属货币,这就是铸币。铸币最终一般由国家铸造,规定为法定的流通手段。铸币在流通中会逐渐磨损,减轻分量,成为不足值的货币;但若磨损不大,那么在大部分情况下,仍然可以按原来的面额流通。因为货币仅仅作为商品交换的媒介,它在人们手中只是一个帮助商品转手的中介或工具,人们只是关心能否得到与票面价值等值的商品,而不关心货币此时的实际价值足不足。即使铸币的实际价值与其面额不符,仍然可以按面额流通。

铸币的面值和它的实际价值不一致,但在一定条件下还可以按面值继续流通这一事实,使得有些国家后来有意识地铸造各种不足值的货币,乃至发行完全没有价值的货币符号来替代货币并强制流通,这样,就出现了纸币。

纸币没有价值。金属货币是纸币的基础,纸币是金属货币的符号或流通手段替代品。因而,不能离开金属货币去理解纸币,更不能以纸币本身去理解商品价格。纸币只是代表金属货币执行流通手段职能,因此,纸币流通规律是以金属货币流通规律为基础的。纸币的发行量应该以流通中所需要的金属货币量为限,也就是限于由货币流通规律所决定的对金属货币的需要量。否则,如果纸币发行量超过了流通中所需要的金属货币量,单位纸币所代表的含金量就相应减少,若其他条件不变,纸币就会贬值,物价就会上涨,这种现象就是通货膨胀。

第五节　价值规律

商品经济是一种社会生产方式,商品经济范畴反映了商品生产和商品交换条件下人们的社会经济关系。如果说(经济)价值论是关于商品价值实体是什么、价值量如何确定的理论,那么,劳动价值论就是认为价值由劳动创造、价值量取决于劳动量的经济学理论。马克思通过科学厘定的劳动价值论阐明了商品经济的一般原理。这些原理所揭示的商品经济运动的内在客观必然性,可以概括为价值规律。

一、价值规律的内涵与表现形式

价值规律是关于商品生产和商品交换的经济规律。价值规律的基本内容与客观要求是:商品的价值量由生产商品的社会必要劳动时间决定,商品交换依据价值量来进行,概要地说就是等价交换。

只要存在商品生产和商品交换,价值规律就必然发生作用。但是,由于商品经济的发展阶段不同,价值规律的表现形式也有所区别。在商品经济发轫之初,劳动的社会分工还不是十分发达,人们对生产不同商品的劳动彼此多少有些了解甚至有着相同或相似的经历,尤其是对彼此都作为劳动者的地位比较明确,因此对互换劳动乃至确定商品之间作为物与物互换的比例比较认同,因此商品的交换价值曾经采取不同使用价值之间的比例的方式。当然,物物交换对价值规律的表现毕竟还是不完全和有较大局限性的,在很大程度上也是不确定的。随着社会分工的发展和新的生产方式的出现,价值与生产商品的劳动的相关性也变得愈益模糊了。更何况还存在商品拜物教,即迷信是商品物而非劳动本身是生产者命运的决定因素的社会心理现象。

货币出现以后,一切商品的价值都由货币表现为价格。价值的价格表达相比实物比例表达更一般、更统一、更准确,相应的,价值规律也就采取了价值与价格互动的表现形式。等价交换原则要求商品的价格与价值相一致,但是,在现实的商品交换中,商品价格与商品价值相一致只是个别的、偶然的现象,二者经常是不一致的。这是因为,价格还受到其他因素的影响,除货币价值的因素外,主要是受商品供求关系的影响。商品供求关系,是市场上商品供给量和商品需求量的对比关系。当某种商品在市场上供不应求时,购买者为得到商品而相互竞争,价格会涨到价值之上;反之,当某种商品在市场上供过于求时,供给者竞相出售商品,价格会跌到价值以下。在现实的商品经济中,生产往往带有盲目性(各种信息不完全、各种摩擦或时滞等),商品的供给和需求经常存在着不平衡,因而商品的价格与价值也就经常地不一致。

商品价格与价值经常不一致,并不意味着否定了价值规律。这是因为:第一,尽管商品价格经常背离商品价值,但是,价格的波动归根到底仍然是以价值为基础的,是围绕着价值上下波动的;第二,从较长时期和全社会商品总体来看,商品价格上涨的部分与下跌的部分会互相抵消,价格和价值总体上还是一致的。所以,商品价格背离商品价值,并不是对价值决定价格规律的否定。不仅如此,价格围绕价值上下波动,正是价格调整以适应价值的过程,是价值规律发挥作用的表现形式。只有通过价格波动,商品按社会必要劳动时间决定的价值量进行交换的要求才能实现,价值规律才能得到贯彻。

二、价值规律的作用

(一)价值规律与刺激社会生产力

价值规律要求商品的价值由生产商品的社会必要劳动时间决定,因此,如果同种商品的不同生产者的劳动生产率不同,生产商品的个别劳动时间就不同,但大家都按照社会必要劳动时间决定的价值出售商品,就必然会产生收入上的差别,收入上的差别还会反过来影响商品的再生产。可见,在价值规律的作用下,劳动生产率的差别直接关系到商品生产者在市场竞争中的胜败和存亡。那些生产技术水平高、生产管理好从而劳动生产率高的商品生产者,生产同种商品的个别劳动时间少,商品的个别价值小,但因产品仍然按社会必要劳动时间决定的社会价值出售,就能得到更多的劳动补偿,在市场竞争中处于有利地位。相反,那些生产技术水平低、生产管理差从而劳动生产率低的商品生产者,生产同种商品的个别劳动时间多,商品的个别价值大,在出卖时超过社会价值的那部分劳动就得不到补偿,甚至会因亏损而破产。这样,在价值规律的作用下,每个商品生产者为了获得更多的经济利益、在竞争中处于有利地位和生存,都要尽量采用先进的生产技术,改善经营管理,提高劳动熟练程度,提高劳动生产率。如果所有商品生产者都这样做,价值规律就在总体上促进了整个社会生产力的发展。

当然,价值规律的这一作用也存在着局限性。因为,它经常是以一部分生产者破产和一部分社会生产力遭受破坏为代价的。而且,那些劳动生产率高的商品生产者,为了保持在竞争中的优势,总是千方百计地保守新技术的秘密,这也会阻碍社会生产力的发展。

(二)价值规律与社会总劳动的配置①

社会要存在和发展,不仅一种产品要生产好,而且每一种产品都要生产好。合理配置社会总劳动是一切以分工为基础的社会生产的客观要求。在社会化生产条件下,各个商品生产者之间的社会分工和协作关系不断发展,互相依赖和互相制约的程度不断加深。每个商品生产者从事生产活动,既依赖于别的商品生产者生产的产品来满足自己的需要,又要提供满足其他商品生产者所需要的产品。社会化生产客观上要求把社会总劳动按一定比例分配到各个生产部门中去,这样才能保证社会生产和再生产的顺利进行。

在商品经济中,生产往往带有自发性和盲目性,因此经常会出现社会生产与社会需求的不一致。价值规律对社会总劳动的配置,是通过竞争和价

---

① 在所有资源都需要靠劳动获取的意义上,社会总劳动的配置,就是一般意义的资源配置。

格波动以及与此相联系的供求关系的变动来实现的。供不应求的商品,价格会高于价值,生产者会由此获得更多的经济利益,从而会有更多的生产资料和劳动力竞相投入到这种商品的生产部门中去,导致其生产扩大;相反,供过于求的商品,价格会低于价值,生产者由此获得的经济利益会减少甚至亏损,于是会有一部分生产资料和劳动力从这一部门撤出并转移到有利可图的生产部门中去,导致这一部门的生产缩小。正是价值规律通过竞争和价格波动以及与此相联系的供求关系的变动,调节着生产资料和劳动力在社会各个部门的存在和流动,实现社会总劳动在各个部门的合理配置,才使得商品经济的各个部门的生产大体上保持着一定的比例。

应该注意的是,价值规律的这种调节作用是有局限性和破坏性的。因为商品市场价格的涨落是自发的,这种波动对生产扩大和缩小的影响也是自发的。而且由于价格波动往往是在已经形成了商品供过于求或供不应求的条件下发生的,因此是一种事后的调节,因此,价值规律自发调节社会生产与社会需求的平衡,实现社会总劳动的合理配置,经常是在不断的不平衡中强制实现平衡的一种趋势,经常伴随着生产比例和供求关系的破坏,造成社会生产力的浪费。

(三)价值规律与商品生产者的两极分化

价值是商品的社会属性,反映了商品生产者之间分工生产并互换劳动的经济关系。因此,价值规律发挥作用,必然对商品生产者的经济状况和经济地位产生影响。在商品经济中,由于各个生产者的生产条件各不相同,如生产资料的数量和质量不同,技术水平不同,劳动熟练程度和经营管理水平不同,劳动生产率也不同,这就决定了各个商品生产者生产同一商品所耗费的个别劳动时间互有差异。但是,价值规律要求同一商品在市场上统一按由社会必要劳动时间决定的社会价值出售,这样,那些生产条件和经营管理好的,个别劳动时间低于社会必要劳动时间的商品生产者,就能获得较多收入,并在竞争中处于有利地位。相反,那些生产条件差和经营管理水平低的,个别劳动时间多于社会必要劳动时间的商品生产者,就会遭遇损失甚至在竞争中被挤垮。同理,在生产不同种商品的商品生产者之间,能够适应供求关系变化的,经济地位就会节节上升;反之,不能适应供求关系变化的,经济地位就步步下降。不仅如此,不管是同种商品的生产者还是不同种商品的生产者,不论是在提高劳动生产率方面还是在适应供求关系变化方面,已经获得的优势有可能会扩大,已经形成的劣势也有可能会加剧。这样,在商品经济自发的发展过程中,由于价值规律的作用,有的商品生产者会变得越来越富裕,有的商品生产者则变得越来越贫困,从全社会看,贫富差距扩大,不可避免地出现两极分化。

在封建社会末期,小商品生产者的两极分化,引起了资本主义生产关系的产生。少数商品生产者逐步发展成为资本家,多数商品生产者破产贫困最后沦为雇佣工人。在历史上,资本主义生产关系,就是在封建社会末期商品生产者两极分化的基础上产生和发展起来的。在资本主义制度确立以后,小商品生产者的两极分化过程依然存在,成为促进资本主义生产关系发展的因素。

三、商品拜物教

从以上的分析中,我们可以看到,商品和货币体现着一定历史阶段人与人之间的社会关系。但是,这种人与人之间的关系却表现为商品之间、商品与货币之间物与物的关系。商品生产者不能左右这种关系,同时又受着这种关系的深刻影响。于是,对商品就产生了一种神秘的、迷惑不解的观念。就像在宗教中,人们崇拜自己想象的东西——偶像一样,在商品世界里,人们崇拜自己劳动的产物——商品。马克思把这种认为商品具有神秘力量而予以崇拜的现象,称为"商品拜物教"。

商品的神秘性质,既非来自商品的使用价值,亦非来自商品的价值,而是来自劳动产品的商品形式。分别来看,商品的有用性和商品包含了人类劳动这两点都不奇怪。商品的神秘性质,是从劳动产品的商品形式本身引起的。人们不明白,为什么劳动产品作为商品一生产出来就物有所值,而且其值多少往往观察不到、左右不了,仿佛它自有灵性。可见,拜物教是与商品生产分不开的。劳动产品一旦采取商品的形式,一般人类劳动就凝结为商品的价值,而且价值通过另一个商品表现出来。价值既具有非个人性,又具有对个人的决定性。商品生产者之间互为对方劳动的社会性,人们之间互换劳动的经济关系,表现为商品与商品(商品与货币)这种物与物的交换关系——一切就看能不能交换、能交换多少了。

劳动产品的商品形式之所以必然具有拜物教的神秘性质,归根到底来源于生产商品的劳动所特有的社会性质。生产商品的劳动,既是个别劳动,又必须具有社会劳动的性质。可是,商品生产者的劳动直接表现为私人劳动,其劳动的社会性只能通过商品交换间接地表现出来,这样,就使商品生产者之间互相交换劳动的社会关系,表现为商品与商品相交换的物与物的关系。人与人的关系物化了。物的关系掩盖着人的关系。决定人的命运的物可以不受人控制地自己运动,这还不神奇吗?拜物教由此产生。

马克思科学地揭示了商品和货币的本质,从而揭开了商品拜物教和货币拜物教的秘密。不过,尽管商品拜物教的秘密被揭开了,但这并不足以消除生产关系被物化的经济现实。只有当劳动产品不再是商品,人与人之间的关系不再通过商品之间物的关系表现之时,商品拜物教才会消失。

小结

商品是用以交换的劳动产品。它具有使用价值和价值二因素。使用价值是商品满足人们需要的属性,是商品的自然属性。使用价值是交换价值的物质承担者。商品的交换价值表现为一种使用价值同另一种使用价值相交换的量的比例。决定商品交换比例的是价值。价值是凝结在商品中的一般人类劳动。价值是商品的社会属性,体现商品生产者之间的社会关系。价值是交换价值的基础。交换价值是价值的表现形式。

商品二因素是由生产商品的劳动二重性决定的。具体劳动是在一定的特殊的具体形式下进行的劳动。抽象劳动是一般人类劳动力的支出。具体劳动创造商品的使用价值,抽象劳动形成商品的价值。具体劳动和抽象劳动是同一人类劳动的两个方面。

商品的价值量是由体现在商品中的劳动量决定的。决定商品价值量的不是个别劳动时间,而是社会必要劳动时间。社会必要劳动时间是指在现有的社会正常的生产条件下,在社会平均的劳动熟练程度和劳动强度下,生产某种商品所需要的劳动时间。生产商品的劳动有简单劳动与复杂劳动之别。复杂劳动可以折算为倍加的简单劳动。

劳动生产率与商品的价值量有密切的关系。商品的价值量与生产商品所耗费的劳动量成正比,与生产商品的劳动生产率成反比。

私人劳动和社会劳动的矛盾是简单商品经济的基本矛盾。使用价值和价值的矛盾、具体劳动和抽象劳动的矛盾,其根源都在于私人劳动和社会劳动的矛盾。

货币是商品交换发展到一定阶段的产物,是价值形式发展的最后结果。价值形式的发展经历了简单的价值形式、扩大的价值形式、一般的价值形式和货币形式四个阶段。

货币的本质是固定地充当一般等价物的特殊商品,体现着人与人之间的社会关系。货币有五种职能:价值尺度、流通手段、贮藏手段、支付手段和世界货币。其中以价值尺度和流通手段为基本职能,二者的统一就是货币。

价值规律是商品经济的基本规律。它的客观要求是:商品的价值量决定于社会必要劳动时间,商品必须按照价值量相等的原则进行交换。

商品的供给与需求不一致,使商品的价格与价值经常发生背离。价格的涨落总是围绕着价值这个中心上下波动的,这正是商品经济条件下价值规律强制贯彻其作用的表现。

在商品经济中,价值规律的主要作用有:(1)刺激商品生产者改进技术,促进社会生产力的发展;(2)自发地调节生产资料和劳动力在社会各生产部门之间的分配,调节商品的生产和流通;(3)引起商品生产者两极分化。

思考题

1.如何理解商品的二因素? 商品的二因素与生产商品的劳动的二重性的关系如何?

2.商品的价值量是由什么决定的? 劳动生产率的变化对价值量有什么影响?

3.货币非黄金化后,货币的本质与职能有没有改变?

4.价值规律在商品经济中的主要作用是什么?

5.为什么说劳动二重性是理解马克思经济学的枢纽?

第三章 # 资本和剩余价值

本章在劳动价值论的基础上,研究资本主义的直接生产过程,阐述马克思剩余价值学说的基本内容,揭示剩余价值的起源、剩余价值生产的基本方法、资本主义生产的实质和剩余价值规律;进一步阐明与剩余价值理论密切联系的工资理论,从而揭示资本主义制度下资本家和工人的经济关系。

第一节　货币转化为商品

资本主义经济是以发展了的商品经济作为历史前提的。商品内在矛盾及价值形式的发展产生了货币,货币又是资本最初的表现形式。任何一个资本家在开始剩余价值生产活动时,都必须先掌握一定数量的货币,用于购买生产资料和雇佣工人。因此,资本最初总是表现为一定数量的货币,货币是资本的出发点。

一、商品流通和资本流通

货币本身并不是资本,货币可以成为资本,也可以只是商品流通的媒介。作为商品流通媒介的货币,其流通形式是商品—货币—商品,即 W—G—W;作为资本的货币,其流通形式是货币—商品—货币,即 G—W—G。这两种流通形式之间有着共同点:两者都是买和卖两个阶段的统一;在流通的每一个阶段上,同样有商品和货币互相对立着;在流通的过程中同样有三个当事人——买者、卖者和又买又卖者;

但是,作为资本的货币和作为商品流通媒介的货币是有区别的。

(一)流通形式不同

当作商品流通媒介的货币,其流通公式是 W—G—W:商品生产者首先出卖自己的商品,取得货币,然后再以货币购买自己所需要的商品。即以卖(W—G)开始,以买(G—W)告终,起点和终点都是商品,货币只不过充当商品流通的媒介物。

当作资本的货币,其流通公式是 G—W—G:货币所有者首先用货币购买商品,然后再把它卖出去,重新取得货币。即以买(G—W)开始,以卖(W—G)结束,起点和终点都是货币,而商品则起着流通媒介的作用。

(二)流通的内容和目的不同

在 W—G—W 的流通形式中,商品所有者是为买而卖,他卖出商品是为了买进自己所需要的东西。例如,一个农民把自己生产的粮食换成货币,是为了买进自己所需要的农具或布等等。交换的目的是使用价值,是为了满足自己生产或生活上的需要。所以不同的使用价值的交换,是 W—G—W 这一流通形式的实际内容,起点和终点都是商品,是两种不同的使用价值,但价值量是相等的。

在 G—W—G 的流通形式中,货币所有者是为卖而买,他买进商品是为了再卖出去,重新取得货币,流通的目的不是使用价值,而是为了取得货币,而且是更多的货币,即为了价值的增殖。其出发点和终点都是货币。由于任何货币在质上都是相同的,都只代表一定量的价值,粗粗一看,G—W—G 的流通似乎是不合理的,毫无意义。那么资本家为什么要以货币来换取货币呢? 如果货币所有者投入流通的货币是 100 元,最后取回的货币仍然是 100 元,这对货币所有者来说就没有任何意义了。货币所有者把货币投入流通,是为了取得更多的货币,比如 110 元。因此,这个流通过程的完整公式是:G—W—G′,其中 G′=G+ΔG,也就是原来预付的货币额再加上一个增殖额 ΔG。马克思把这个增殖额或超过原价值的余额叫作剩余价值。这样,货币就变成了资本,货币所有者就变成了资本家。所以,资本就是能够带来剩余价值的价值。

(三)流通的限度不同

在 W—G—W 的流通形式中,商品所有者通过出售一种使用价值后购买另一种对他有用的使用价值,流通过程就结束了,货币退出流通,商品进入消费。因此,流通是有限度的。

在 G—W—G′的流通形式中,资本家的目的是为了换取货币,取得比垫支出去的货币数量更多的货币,不断实现价值增殖。因此,他的要求是永无止境的。G—W—G′的流通过程的终点必然成为另一个流通过程的始点,是一个无休止的运动过程。这是由资本的本质所决定的。货币只有当它能够带来剩余价值时,它才能够成为资本,而且也只有在不断的运动中才能不断地增殖自己的价值;如果停止了运动,它就会立刻失去增殖的能力,丧失资本的特性,从而变成单纯的货币。

二、资本总公式及其矛盾

G—W—G′这一公式,似乎只是商业资本所特有的运动形式,因为,商业资本正是以货币换取商品,然后再以商品换取更多的货币。其实,这个公式也适用于产业资本和生息资本。因为,产业资本也是从货币开始的,以货币购买商品为起点,然后通过商品的出卖,再转化为更多的货币。虽然产业资本在流通以外,还有一个生产过程,但这并不影响运动的形式。同样,生息资本的形式 G—G′,以货币换取更多的货币,但事实上,在 G—G′之间仍然存在着产业资本的运动,G—G′只不过是 G—W—G′的简化而已。所以,G—W—G′事实上是直接在流通领域内表现的资本总公式,所以,又叫作资本的一般公式。

资本总公式 G—W—G′,从形式上看,是和价值规律相矛盾的。所谓资本总公式的矛盾就是指,根据价值规律,商品交换是按照等价交换的原则进行的,按照等价的原则,交换的结果只能使价值形式发生变化,即从商品形式到货币形式,或从货币形式到商品形式,而不能引起价值量的增减。但是,资本在运动中又产生了剩余价值,这是个矛盾。可见,等价交换和价值增殖的目的,或者说价值规律和剩余价值的矛盾,就是资本总公式的矛盾。只有解决了这个矛盾,才能说明货币是怎样转化为资本的。

在资本的总公式中,剩余价值表现为流通的结果。但是,在资本的流通过程中,不论是等价交换还是不等价交换,都不可能产生剩余价值。

在等价交换的情况下,货币所有者拿出一定数量的货币,买来价值相等的商品,然后再把这个商品按价值卖出去,仍然只能换回相同数量的货币,并没有增殖,没有带来剩余价值。可见按等价交换的原则进行商品交换,不可能产生剩余价值。

在不等价交换的情况下,无论是贱买还是贵卖,也同样不能产生剩余价值。货币所有者买进商品后加价卖出去,赚了钱。但是,在商品市场上每个人既是卖者也是买者,他在作为卖者时把商品加价卖出去赚的钱,在作为买者时又失去了。大家都贵卖,谁也占不了便宜。即便有些人总是能够贱买贵卖,也不能说明剩余价值的来源。因为他通过贱买贵卖所赚得的,正是别人所失去的,交换的结果只是原来的价值量的一次重新分配;从总体来看,流通中的总价值量并没有增加。

总之,在流通中无论是等价交换还是不等价交换,都不可能产生剩余价值。但是,如果离开流通,同样不能产生剩余价值。因为,商品所有者只有在流通领域才相互发生联系,如果离开了流通领域,也就是在流通之外,商品所有者就只能和他自己的商品发生关系。这种关系只能表明商品的价值是由他自己的劳动创造的,商品中包含了他自己的一定量的劳动。但他的一份劳动只能形成一份价值,而不能在形成一份价值的同时,又形成另一份剩余价值。

所以,剩余价值虽然不能在流通中产生,但也不能离开流通领域,在流通以外,商品所有者不与其他的商品所有者接触,就不能使价值增殖,也就不能使货币转化为资本。剩余价值既不能在流通过程中产生,又不能离开流通过程而产生,这就是解决资本总公式矛盾的条件。

我们要说明货币是怎样转化为资本的,必须在等价交换的前提下来说明。货币所有者必须按照商品的价值购买商品,然后又按照商品的价值出售商品,但他在过程终了时,必须取出比他投入的价值更大的价值。

按照解决资本总公式矛盾的条件,剩余价值不能离开流通而产生,指的是资本家必须在流通中等价买到一种特殊的商品,这种商品的使用价值具有特殊性,它的使用能够成为价值的源泉。这种特殊的商品就是劳动力。而剩余价值不能在流通中产生,指的是价值增殖是在流通领域之外的生产过程中发生的,在生产过程中,劳动力的使用,即劳动,不仅能够形成价值,而且这个价值会大于劳动力自身的价值。劳动力成为商品是货币转化为资本的根本前提。

三、劳动力商品

(一)劳动力及其成为商品的条件

劳动力是人的劳动能力,是人的体力和脑力的总和,存在于人的身体中。

从有人类那一天起,人就具有劳动能力。但是劳动力只有在一定的社会历史条件下才成为商品。劳动力成为商品必须具备两个条件:第一,劳动力的所有者必须是法律上的自由人,只有这样,他才能够"自由"地支配自己,把自己的劳动力作为商品来出卖。如果像奴隶或农奴那样,没有人身自由,他是不能把自己的劳动力作为商品来出卖的。同时,这种出卖还必须是按照一定的时间,一次一次地出卖,如果是一次卖尽,那就是卖身为奴了。第二,劳动力的所有者除自己的劳动力外一无所有,没有任何生产资料和生活资料,他只有把自己的劳动力作为商品来卖,才能维持生活。

劳动力成为商品的历史条件,并不是任何时代都具有的,只有在社会生产力发展到一定历史阶段才存在。资本主义以前的奴隶和农奴虽然也丧失了生产资料,但由于他们的人身属于奴隶主和封建主所有,不具备"人身自由"的条件,因而他们的劳动力不能成为商品。劳动力成为商品的条件,是在封建社会末期小生产者日益分化,大批小生产者沦为无产者的历史过程中形成的。

(二)劳动力商品的价值决定

劳动力商品和一切其他普通商品一样,也具有价值和使用价值两重属性,但是,劳动力是特殊商品,它的价值和使用价值具有不同于普通商品的特点。

劳动力商品的价值也同其他普通商品的价值一样,是由生产这种商品所必要的劳动时间所决定的。由于劳动力存在于人的身体内部,因此,劳动力的生产就是劳动者本身的再生产或维持。劳动者要维持自己的生存,就要消费一定数量的生活资料。所以,生产劳动力所必要的劳动时间,可以还原为生产这种生活资料所必要的劳动时间。劳动力的价值包括三个部分:第一,维持劳动者生存所必需的生活资料的价值。劳动者为了维持自身的生活,必须消费一定量的生活资料,如食物、衣服、住房等,这些生活资料的价值是劳动力价值的重要组成部分。第二,维持劳动者家属所必需的生活资料的价值。这是因为劳动者会衰老,会死亡,为了劳动力的不断供应,就必须供给劳动者抚养家属、延续后代所必需的生活资料。第三,为了使劳动者掌握一定的生产技术所必需的教育和训练费用。总的来说,劳动力的价值是由生产、发展、维持和延续劳动力所必需的生活资料的价值决定的。

必须指出,生产劳动力所必需的生活资料,其数量和构成并不是一成不变的。劳动力价值的决定包含着一个历史和道德因素。在不同的国家或同一国家的不同时期,由于社会经济文化条件的不同,劳动者平均必要的生活资料的种类和数量会有差别。尽管如此,但在一个国家的一定时期,劳动者及其家属所必需的生活资料的范围和数量是可以确定的。

劳动力价值有一个最低限度,即劳动者生理上不可缺少的生活资料的价值。如果劳动力的价格降到劳动力价值以下,那么,劳动力就只能在萎缩的状态下维持和发挥作用。

(三)劳动力商品的使用价值的特殊性

劳动力商品有独特的使用价值,劳动力商品的最大特点在于它的使用价值的特殊性。普通商品在被使用或消费时,随着使用价值的消失,它的价值也逐渐丧失或转移到新的产品中去,并不能增加任何价值。而劳动力这种商品则不同,它的使用价值就是劳动,而劳动是能够创造出新价值的,而且这个新价值比它自身的价值更大,这就是剩余价值,也就是资本增殖的秘密所在。货币所有者所以要购买劳动力,就是因为劳动力具有这种特殊的使用价值。

劳动力商品的买卖是在流通领域进行的。在劳动力进行买卖的时候,货币所有者也就是资本家和劳动力所有者双方是以平等的商品所有者的身份平等对待并进行等价交换的。但是,一旦离开流通领域,这种平等的假象就被揭开了。买者和卖者之间的关系起了变化。马克思作了精彩的描述。资本家买到劳动力后,他就要使用这个商品,到了生产领域后,工人就没有了自由、平等而言了。所谓的自由,只是劳动者被剥削的自由和资本家剥削的自由,平等也是假象,这是在生产资料占有不平等基础上的假平等。

第二节 资本主义的生产过程

资本家购买了生产资料和劳动力之后,就离开了流通过程,进入生产过程。劳动力商品的消费过程就是资本主义的生产过程,剩余价值就是在生产过程中生产出来的。

一、资本主义劳动过程

最初一看,资本主义的劳动过程同其他社会的劳动过程并没有什么区别。这里的劳动过程也有三个要素:人们的有目的的活动、劳动对象和劳动资料。在劳动过程中,也同样是劳动者使用劳动资料对劳动对象进行加工,以创造出新的使用价值。但是,资本主义的劳动过程是在生产资料资本主义所有制的基础上进行的,是资本家消费劳动力的过程。因此,它具有不同于其他社会的劳动过程的两个特点:

第一,工人的劳动属于资本家,劳动者是为资本家进行劳动的,同时,他们的劳动也是在资本家的监督下进行的。

第二,劳动的结果——劳动产品也归资本家所有,而不归劳动者自己所有。因为,劳动者把劳动力出卖给资本家,也就是把劳动力这种商品在一定时期内的使用权卖给了资本家。资本家使用劳动力、消费劳动力,让它和生产资料相结合,这是属于资本家个人权限以内的事情。作为这个过程的结果,也就是产品,自然也就归资本家了。这就决定了资本主义制度下的劳动过程具有强制性,对劳动者来说是一种被迫的行为。

二、价值增殖过程

在资本主义劳动过程中,资本家让工人生产某种使用价值,但是,生产使用价值,并不是资本家的目的。他所以要生产某种使用价值,仅仅是因为使用价值是价值的物质承担者,资本家的目的是生产一个比他预付的资本价值更大的价值,也就是生产剩余价值。所以,资本主义的生产过程不仅是创造使用价值的劳动过程,同时,也是价值形成和价值增殖过程。

资本家所进行的生产,是一种商品生产。商品是使用价值和价值的统一,因此,商品的生产过程也必须是劳动过程和价值形成过程的统一。作为劳动过程,是劳动者运用劳动资料作用于劳动对象,创造出劳动产品的过程。不同的具体劳动创造出不同的使用价值。从价值形成过程来考察,我们要舍去劳动的具体形式,而仅仅看看生产中花费了多少社会必要劳动时间,也就是计算产品中凝结了多少价值量。

例如,一个纱厂的资本家,雇佣工人生产棉纱,他是按劳动力的价值雇佣工人的,也是按生产资料的价值买下生产棉纱所需要的生产资料的。假定 1 小时社会必要劳动时间的货币表现是 0.5 元钱,每天支付 1 个工人的劳动力价值是 3 元钱,而这 3 元价值纺纱工人劳动 6 小时就能创造出来。又假定工人 6 小时中能把 10 斤棉花纺成 10 斤棉纱,10 斤棉花值 10 元代表 20 小时,另外还需要劳动工具 2 元,代表 4 小时。如果资本家让工人劳动 6 小时,从劳动二重性原理来考察:工人的具体劳动改变了棉花的使用价值形式,就是把 10 斤棉花纺成了 10 斤棉纱。棉花和工具等生产资料被消耗掉了,但它们的价值并没有丧失,具体劳动把所消耗的棉花和工具的价值保存下来并转移到新产品棉纱当中去了,形成棉纱价值的一部分。工人的具体劳动创造出新的使用价值,并把生产资料的价值转移到新产品中去。同时,工人 6 小时的抽象劳动形成了 6 小时的新价值,其货币表现是 3 元,也凝结到产品棉纱中去。这里我们必须注意:劳动力的价值不是转移到新产品中,因为,资本家购买劳动力所预付的这一部分的价值,已被工人用来购买生活资料,用于工人自己和家庭的消费了。所以它不是转移到新产品中去,而是由工人的劳动在生产过程中为资本家重新生产出相当于劳动力价值的价值。这样,10 斤棉纱生产出来以后一共包含的价值是:10 斤棉纱值 10 元,加上工具 2 元,再加上工人的劳动新创造的价值 3 元,共 15 元。这 15 元中 12 元是生产资料的旧价值转移到产品中的,3 元是工人的劳动新创造的价值。资本家按价值把这 10 斤的棉纱卖出去,得到 15 元钱。但他开始生产以前,就支付了 10 元钱买棉花,2 元钱买工具,雇佣工人也就是劳动力的价值 3 元,共 15 元,收回的和预付的一样多,预付的价值没有增殖,没有产生剩余价值。这种生产过程对于资本家来说是毫无意义的,因为他从事的不是简单的商品生产,而是资本主义的商品生产,目的就是剩余价值。因此,资本主义的生产过程不能仅仅是劳动过程和价值形成过程的统一,而必须是劳动过程和价值增殖过程的统一。

那么,价值形成过程又是怎样变成价值增殖过程的呢? 我们还以前面的例子为例。劳动力一天的价值是 3 元,工人只需要劳动 6 小时,就可以把它生产出来。但是,对于资本家来说,他购买的是工人一天的劳动力,这一天中,劳动力商品的使用权就归资本家了,所以,资本家决不会让工人只劳动 6 小时,而是要工人劳动更长的时间。

假定资本家把工人的劳动时间延长一倍,由 6 小时增加到 12 小时,那么,工人在 12 小时中就可以把 20 斤的棉花纺成 20 斤的棉纱,当然,生产资料的消耗也要增加 1 倍。20 斤棉花需要 20 元,工具的消耗也增加 1 倍即 4 元。工人的劳动作为具体劳动,把 20 斤的棉花纺成了 20 斤的棉纱,并把生产资料的旧价值即 20 斤棉花的价值 20 元和工具的价值 4 元共 24 元转移到棉纱中去;同时,工人的抽象劳动形成的新价值是 6 元,这 6 元新价值也凝结到新产品棉纱中去了。这时 20 斤棉纱所包含的价值为:20 元(棉花)＋4 元(工具)＋6 元(创造)＝30 元。资本家按价值把这 20 斤的棉纱卖出去,可得 30 元,而他当时只支付了棉花 20 元、工具 4 元、劳动力价值 3 元,一共是 27 元。30 元－27 元＝3 元。新产品棉纱的价值比资本家预付的价值多了 3 元,这 3 元就是剩余价值。这 3 元剩余价值是雇佣工人的劳动所创造的超过劳动力价值以上的部分。所以剩余价值是雇佣工人的劳动创造的超过劳动力自身价值以上的那一部分价值。

通过以上的分析可以看出,价值增殖过程不外是超过一定点延长了的价值形成过程。如果劳动者创造的价值恰好补偿资本家所预付的劳动力价值,那就是单独的价值形成过程;如果价值形成过程超过了这一点,就成了价值增殖过程。这两者有本质的区别。所以,资本主义的生产过程具有二重性质:它一方面是物质资料的生产过程(劳动过程),另一方面是剩余价值的生产过程(价值增殖过程)。作为劳动过程和价值形成过程的统一,这种生产过程仅仅是商品生产过程;作为劳动过程和价值增殖过程的统一,这种生产过程就是资本主义的生产过程。

三、资本的本质

资本通常是以资本家所拥有的机器、厂房、原材料等形式出现的。但是,机器、厂房、原材料等生产资料本身并不是资本,只有当它们被用来作为生产剩余价值的手段时才是资本。所以,从本质上来说,资本不是物,而是体现在物上的生产关系,也就是资产阶级和无产阶级之间的关系,这种关系的基础就是资本主义生产资料所有制。

资本的本质并不是一眼就可以看出来的。因为在现象上,资本总是表现为一定的物品,如厂房、机器、原材料等等。资本所体现的生产关系,也就是它的本质,也和商品、货币一样,是被物的外壳掩盖着的。因此,在人们的观念上,就很容易形成一种错觉,好像厂房、机器这些物品天然就是资本,天然就具有价值增殖的魔力。这种错误观念就是资本拜物教。资产阶级学者在给资本下定义的时候,总是抓住经济生活中的表面现象不放,把资本说成是机器、厂房等设备,甚至连原始人手里的木棍和石头也说成是资本。在资产阶级学者们看来,不论在什么条件下,一切生产资料都是资本。按照这种观点,资本并不是特定历史条件下的产物,而是同生产工具一起出现的;资本家也不是近代史上才有的,而是从有人类那一天起就有了。他们的目的是要把资本主义说成是一个从来就有的而且还是永恒不变的制度。

其实,原始人使用的石块、棍棒之类的东西只是单纯的劳动手段,而不是资本。即使是奴隶主、封建主占有生产资料,虽然已经是剥削的手段,但是,由于剥削的对象是奴隶和农奴,所以,仍然不是资本。只有当生产资料作为无偿占有雇佣工人的剩余劳动的手段,为资本家带来剩余价值时,它们才成为资本。

总之,资本不是物,而是表现为物的资本主义生产关系,它是一个历史范畴,它只存在于人类历史发展的一定阶段上,而不是一个永恒的范畴。

四、不变资本与可变资本

资本家预付的资本可以分为两部分,即用来购买生产资料的部分和用来购买劳动力的部分。这两部分的资本在价值增殖过程中,也就是在剩余价值的生产上所起的作用是完全不同的。为了进一步揭示剩余价值的来源，我们还要对这两部分的资本以及它们的不同作用分别加以考察。

（一）不变资本

价值总是存在于某种使用价值中的，使用价值丧失，价值也就丧失。但生产资料在劳动过程中失去自己原来的使用价值形式时，又在产品上获得了另一种使用价值形式，它们的价值也就转移到新的使用价值上去了。因为价值虽然必须存在于某种使用价值之中，但存在于哪种使用价值中是没有关系的。所以，在劳动过程中，生产资料变成了新产品，它的价值也就被保存下来并转移到新产品中去了。

在劳动过程中，生产资料的不同部分的价值转移形式是不同的。原材料、燃料等的使用价值在一次生产过程中全部被消耗掉，它们的价值也是一次转移到新产品中去的；而机器、厂房等劳动资料，可以使用多年，它们的使用价值在每一次生产过程中只是消耗掉一部分，不会一次丧失，因而，它们的价值是按照其磨损的程度逐渐转移的。

但是，不管生产资料价值的转移方式如何，转移到新产品中去的价值只以其本身原有的价值为限，绝不可能比它更大。这是因为生产资料的价值在把它生产出来的劳动过程中就已决定了的，而在把它当作生产资料来用的劳动过程中，只是通过工人的具体劳动，把它原有的价值保存下来，并转移到另一种使用价值中。

厂房、机器、原材料等生产资料，在生产过程中按它们的使用价值被消耗的情况，把它们原有的价值转移到新产品中去，形成产品价值的一部分，而不会发生价值增殖。资本家用来购买生产资料的资本，由于它在生产过程中不会改变自己的价值量，因此，这一部分的资本叫作不变资本，用 c 来表示。

（二）可变资本

资本家用来购买劳动力的这部分资本，是以工资的形式支付给工人的，用于工人的生活消费，维持劳动力的再生产。资本家购买劳动力的这部分资本价值，是被工人用来购买各种生活资料，用于工人和其家庭的生活消费了，所以，这一部分的资本价值不是被转移到新产品中的，而是由工人的劳动，在生产过程中重新生产出来。在劳动过程中，由于同一劳动的二重作用，工人的劳动作为具体劳动，在把一种使用价值变成另一种使用价值，并把生产资料的价值转移到新的产品中去的同时,作为抽象劳动,每时每刻都在形成新价值,这个新价值不仅包含劳动力的等价,而且还包含一定量的剩余价值。劳动力价值本来也是一个定量,但是由于工人的抽象劳动创造新价值,使资本家投在劳动力上的这部分资本价值成了一个变量。所以,资本家用来购买劳动力的这一部分资本,叫作可变资本,用 v 来表示。

(三)资本划分为不变资本和可变资本的意义

根据资本的不同部分在价值增殖过程中的不同作用,把资本区分为不变资本和可变资本,是马克思的一个伟大功绩,具有重大的意义。它表明,资本家用来购买生产资料的资本,在生产过程中,只是把原价值转移到产品中去,不会增殖,不变资本不过是生产剩余价值、占有工人剩余劳动的条件,生产资料不过是活劳动的吸收器;只有可变资本才能带来剩余价值,只有雇佣工人的活劳动才是剩余价值的唯一源泉。恩格斯指出,不变资本和可变资本的区分提供了一把解决经济学上最复杂问题的钥匙。

五、剩余价值率

既然剩余价值不是由不变资本带来的,也不是由全部资本带来的,而仅仅是由可变资本带来的,那么要确定资本家对工人的剥削程度,就应该拿剩余价值和可变资本相比。马克思把剩余价值和可变资本的比率称为剩余价值率,用 m′ 来表示。剩余价值率的公式为:

$$m' = \frac{m}{v}$$

假定资本家的全部资本是 10 万元,其中不变资本为 8 万元,可变资本为 2 万元,在生产过程中获取的剩余价值为 2 万元,那么 m′＝2 万元/2 万元＝100％。所以,剩余价值率是劳动力受资本家剥削的程度或者工人受资本家剥削程度的准确反映。因此,剩余价值率也叫剥削率。

与剩余价值生产相联系,工人的工作日可以分为两个部分。一部分只是再生产自己劳动力的价值,用来补偿资本家购买劳动力的价值。马克思把这部分劳动时间称为必要劳动时间,在这个时间内支付的劳动是必要劳动。另一部分,超过必要劳动界限做工的时间,是为资本家生产剩余价值的时间,称为剩余劳动时间,在这个时间内支付的劳动是剩余劳动,被资本家白白占去了。由于剩余价值是剩余劳动的物化,可变资本价值又是必要劳动再生产出来的,所以,剩余价值与可变资本的比率也可以用剩余劳动与必要劳动的比率,或者剩余劳动时间和必要劳动时间的比率来表示:

$$m' = \frac{剩余劳动}{必要劳动}$$

$$m' = \frac{剩余劳动时间}{必要劳动时间}$$

上面三个公式,以物化劳动、活劳动和劳动时间三种形式表示同一剩余价值率。

人类历史上任何一种剥削制度,都是建立在无偿占有劳动者的剩余劳动的基础上的。对剩余劳动的榨取方式不同,又把各种剥削制度区分开来。资本家无偿占有工人的剩余劳动,是在商品等价交换的条件下,以剩余价值的形式榨取工人的剩余劳动。这是资本主义剥削不同于以往的剥削制度的地方,在程度上也超过了以往的剥削制度。资本家对剩余价值的追求是无止境的。

剩余价值率表示的是剩余价值与可变资本的相对量,而不能表示剩余价值的绝对量。剩余价值的绝对量是指资本家雇佣的全部工人在剩余劳动时间内所创造的剩余价值的数量。资本家所获得的剩余价值量与剩余价值率有密切的联系。剩余价值量的大小,取决于剩余价值率的高低和可变资本的多少。假定我们以 M 代表剩余价值总量,以 V 代表可变资本总量,那么,剩余价值总量的计算公式就是:$M = m'V$。从这个公式可以看出,剩余价值率愈高,可变资本量愈大,从而被剥削的工人人数愈多,资本家所获得的剩余价值量也就越多。由于任何一个资本家在一定时期内拥有的资本总是有限的,因而,所能雇佣到的工人人数也是有限的,所以,在资本量有限的情况下,资本家总是千方百计地尽可能提高剩余价值率,以获取更多的剩余价值。

六、剩余价值规律是资本主义的基本规律

资本主义生产的实质就是剩余价值生产,马克思指出:"生产剩余价值

或赚钱,是这个生产方式的绝对规律。"①榨取更多的剩余价值是资本主义生产的直接目的和决定性动机,资本主义企业生产什么,生产多少,取决于剩余价值的多少。为了达到榨取尽可能多的剩余价值,资本家采取各种手段,如延长工作日,提高劳动强度,改进技术,提高劳动生产率等。

剩余价值规律决定着资本主义社会再生产的各个环节。从资本主义的直接生产过程看,资本主义的生产过程,是剩余价值的生产过程;资本主义的流通过程,是剩余价值生产的准备和实现过程;资本主义的分配过程,是资产阶级各个利益集团瓜分剩余价值的过程;而资本主义的消费过程,则主要是剩余价值的生产要素即劳动力的再生产过程。所以,剩余价值规律决定着资本主义生产关系的一切主要方面和主要过程。

资本家为了获取尽可能多的剩余价值,不断改进技术,采用新的机器设备,推动了生产力的发展。资本主义为了追逐剩余价值而发展起来的生产力越来越同资本主义的生产关系发生矛盾,使资本主义的一系列矛盾不断扩大,导致经济危机的周期性爆发,显示出资本主义生产方式的局限性和过渡性。

总之,剩余价值规律决定了资本主义生产的目的和手段,支配着资本主义经济的发展过程,决定着资本主义生产的高涨和危机,决定着资本主义的发展和灭亡。所以,剩余价值规律是资本主义的基本经济规律。

第三节 剩余价值生产的两种方法

资本家增加剩余价值生产的方法是多种多样的,但概括起来不外是两种:绝对剩余价值的生产和相对剩余价值的生产。我们先来考察绝对剩余价值的生产。

一、绝对剩余价值的生产

雇佣工人的无偿劳动是剩余价值的唯一源泉。资本家为了获得剩余价

---

① 《马克思恩格斯文集》第 5 卷,人民出版社 2009 年版,第 714 页。

值,必须把工人的劳动时间延长到必要劳动时间以上,只有这样,才能使工人在剩余劳动时间内为资本家创造剩余价值。因此,在资本主义制度下,工人的劳动日总是包括必要劳动时间和剩余劳动时间这样两个部分。

假定工人一个工作日的长度是 12 小时,其中必要劳动时间是 6 小时,剩余劳动时间也是 6 小时,那么剩余价值率就是 100%。如果把工作日延长 3 小时,也就是延长到 15 小时,必要劳动时间不变,仍然是 6 小时,剩余劳动时间就从 6 小时增加到 9 小时,那么剩余价值率就相应地提高到 150%。图示如下:

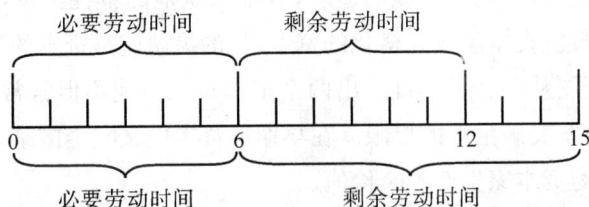

由此可见,在必要劳动时间已定的条件下,资本家对工人的剥削程度是随着工作日的绝对延长而提高的。劳动时间越长,剩余劳动时间也就越长,剩余价值率也就越高,剩余价值量也就越大,剥削程度也就越高。马克思把这种由于工作日的绝对延长而产生的剩余价值叫作绝对剩余价值,它是由工作日的绝对延长而产生的。

为了让工人多生产剩余价值,资本家除了用延长工作日的方法以外,还可以用提高工人劳动强度的方法。提高劳动强度就是迫使工人更加紧张地劳动,让他们在同样的时间内比以前消耗更多的体力和脑力,这和延长工作日并没有本质的区别,因此,由提高劳动强度而产生的剩余价值,同样是绝对剩余价值。

由必要劳动时间和剩余劳动时间组成的工作日是一个可变的量,它的长度是可以变动的,但它只能在一个限度内变动。

工作日的长度不能恰好等于工人用来生产劳动力价值的那部分必要劳动时间,而必须长于必要劳动时间,否则,资本家就无法得到剩余价值,资本主义生产方式也就失去了存在的基础。因此,无论如何,工作日不会与必要劳动时间相等,必须延长到必要劳动时间以上。

但是,工作日的延长也不是没有界限的,它不能无限制地延长,而是有

一个最高界限。工作日的最高界限是由下面两个方面决定的:

第一,生理的界限。一个人在一天 24 小时内必须有一部分时间用于吃饭、睡觉等,以满足生理上的需要,否则就不能恢复劳动力,就不能继续给资本家做工。

第二,道德和社会的界限。工人在一天之内,除了劳动、吃饭、睡眠以外,还必须有一定的时间用来看报、娱乐、照顾子女及参加社会活动等等。这种需要的范围是由一般的经济和社会文化发展状况决定的。

工作日的最高界限决定了工作日不能等于一昼夜,也就是 24 小时。但是,出于对剩余价值的无止境的追求,资本家从他的本性出发,总是尽可能地延长工作日。资本家是人格化的资本,他的灵魂就是资本的灵魂,只要有可能,他就企图从一个工作日弄出两个工作日来。他不但常常突破道德的界限,而且力图突破生理的界限。在早期的资本主义欧美国家,工人都要用很长的时间为资本家生产剩余价值。

为了延长工作日,资本家会搬出商品交换的规律作为根据,说他也和其他商品购买者一样,有权充分消费他所购买商品的使用价值,他既然按照价值购买了工人一天的劳动力,那么在一天之内,他就有权充分地使用劳动力。

但是,工人根据商品交换的原则,也有充分的权利反对资本家过度地延长工作日。因为劳动力存在于工人身体当中,如果资本家过度地延长工作日,就会损害工人的健康,缩短工人出卖劳动力的年限。假定从事适当的劳动的工人平均可以劳动 30 年,但如果由于工作日的过度延长,致使工人只有 20 年的工作能力,这实际上也就意味着工人在 20 年中出卖了 30 年的劳动力,每日平均多卖出了 1/2,而资本家并没有多支付劳动力价值给工人,而是用劳动力 1 天的价值购买了工人 1.5 天的劳动力,这当然是违反了商品交换规律的。工人有理由来反对资本家过度地延长工作日。

在劳动力的买卖中,资本家主张买者的权利,总是尽量延长工作日;工人维护卖者的权利,力图限制工作日的长度。所以,工作日的长短不是由商品交换原则规定的,而是由资产阶级和无产阶级这两个阶级斗争的力量决定的。

在资本主义发展的初期,工人的工作日被延长到最大的限度,英国的一些生产部门,工作日竟高达 14 个小时、16 个小时,甚至 18 个小时。随着资本主义的发展,工人阶级也日益壮大。工人阶级为了维护自己生存的权利,展开斗争,反对过度延长工作日。这个斗争始于英国,后来遍及资本主义各国。1883 年,英国颁布了限制工作日的工厂法,规定工厂普通工作日为 15 小时;1850 年,法国颁布了把工作日限制到 12 小时的法律;1866 年,美国全国工人代表大会要求把工作日定为 8 小时。后来在国际工人代表大会上,根据马克思的提议,把争取 8 小时工作日制列为国际工人运动的一个重要内容。经过工人阶级的长期斗争,在第一次世界大战后,一些资本主义国家才先后被迫实行了 8 小时工作制。

目前,在发达的资本主义国家,工人的工作时间比过去再度缩短了。从根本上说,这只是由于工人阶级有组织的斗争比过去更加强大了,资产阶级被迫作出让步。同时,由于科学技术的迅速发展和广泛应用于生产,为主要依靠提高劳动生产率来提高剩余价值率开辟了广阔的空间。为了适应现代化生产的需要,必须让工人增加学习文化和科学技术的时间。此外,由于机器排挤工人的现象严重,为缓和失业问题,也不得不缩短工作时间。尽管如此,延长和变相延长工作日的情况仍时有发生。

二、相对剩余价值生产

资本家为了获取更多的剩余价值,虽然总是力图延长工作日,但是工作日毕竟不能无限制地延长,用延长工作日的办法获取更多的剩余价值总是有限度的。因为不仅工作日本身有一个客观的界限,而且工人阶级争取缩短工作日的斗争,使工作日的进一步延长受到限制。因此,仅仅依靠延长劳动时间的办法不能满足资本家对剩余价值的追逐和贪欲。在工作日长度不变的情况下,资本家通过改变工作日两个组成部分的比例,也就是缩短必要劳动时间,相应地延长剩余劳动时间来增加剩余价值的生产。

假定工人的工作日是 12 小时,其中 6 小时为必要劳动时间,6 小时为剩余劳动时间,剩余价值率是 100%。如果工作日的长度不变,仍然是 12 小时,现在把必要劳动时间缩短了 2 小时,也就是由 6 小时缩短到 4 小时,那么,剩余劳动时间就会相应地延长 2 小时,也就是由 6 小时增加到 8 小时,剩余价值率也就相应地提高到 200%。图示如下:

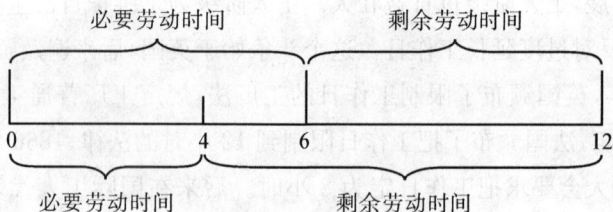

马克思把这种由于必要劳动时间缩短使剩余劳动时间相应延长而产生的剩余价值，叫作相对剩余价值。

相对剩余价值生产上所说的缩短必要劳动时间，不是指资本家把工人的工资压低到劳动力价值以下，克扣工人的工资。虽然把工人的工资压低到劳动力价值以下，克扣工人的工资也是资本家惯用的手段，但在分析相对剩余价值的生产时，我们仍然必须在等价交换的原则基础上来说明问题。我们假定一切商品，包括劳动力在内，都是按价值交换的。因此，要缩短必要劳动时间只有一个办法，就是降低劳动力价值。

劳动力价值可以还原为再生产劳动力所必需的生活资料的价值，只有这些生活资料的价值降低了，劳动力的价值才会降低。而要降低这些生活资料的价值，就必须提高生产这些生活资料的部门的劳动生产率，使生产这些生活资料的社会必要劳动时间减少。而且，那些为生产必要生活资料提供生产资料的部门，其劳动生产率提高，同样会使生活资料的价值降低，使劳动力便宜。

可见，劳动力价值的降低和必要劳动时间的缩短，是整个社会劳动生产率提高的结果，个别企业采用新技术、提高劳动生产率，并不能使再生产劳动力所必需的生活资料的价值降低，不能使必要劳动时间缩短，也就不能使整个资本家阶级获得相对剩余价值。

个别资本家改进技术，提高劳动生产率的直接动力并不是降低劳动力的价值，而是追求超额剩余价值。在现实的生活中，各个资本家狂热追逐超额剩余价值的结果，使整个社会生产力提高了，也就使整个资本家阶级获得了相对剩余价值。

三、超额剩余价值

超额剩余价值是个别企业提高劳动生产率,所生产的商品的个别价值低于社会价值而获得的额外剩余价值。例如,沿上面的例子,一般的情况,一天劳动力的价值是 3 元,工作日是 12 小时,能生产 12 件商品。生产 12 件商品所耗费的生产资料的价值是 12 元,工人劳动 12 小时创造 6 元新价值。12 件商品的价值是 18 元,每件商品是 1.5 元。资本家垫付了生产资料的价值 12 元和劳动力的价值 3 元,共 15 元,获得 3 元的剩余价值。如果有某个资本家率先采用新技术,提高劳动生产率,在 12 小时内,工人能生产出 24 件的商品,劳动生产率提高了一倍。生产这 24 件商品所消耗的生产资料价值是 24 元,12 小时的劳动仍然创造 12 小时的价值,前面的例子,1 小时社会必要劳动时间的货币表现是 0.5 元,那么 12 小时的劳动就创造了 6 元的新价值,这 24 件商品的总价值就是 30 元,每件商品 1.25 元。但是他在市场上仍然可以按 1.5 元的社会价值来出卖他的商品,24 件商品就可以卖 36 元。而这个资本家在生产 24 件商品时只垫付了生产资料的价值 24 元和劳动力的价值 3 元,共 27 元。这样他就获得了 9 元的剩余价值,而其他资本家只有 3 元的剩余价值,这个资本家就比别人多得了 6 元剩余价值。这种多得的剩余价值是个别价值低于社会价值的差额,它被率先提高劳动生产率的资本家无偿占有了,所以叫作超额剩余价值。

超额剩余价值也是工人的劳动创造的,也是由工人的必要劳动时间缩短、剩余劳动时间相应延长而产生的,所以也是相对剩余价值。仍以前面的例子为例,多数资本家工厂中,必要劳动时间为 6 小时,剩余劳动时间为 6 小时,剩余价值率为 100%。现在个别资本家因为改进技术,劳动生产率提高了一倍,每个工人在 12 小时内生产出 24 件产品,可卖 36 元,其中 27 元是生产资料的价值,剩下 12 元。在多数资本家工厂中工人要劳动 24 小时才能创造 12 元,但是这个资本家仍然只付给工人 3 元,这 3 元只相当于改进技术后工人 3 小时劳动所创造的价值。所以,在这个工厂,工人的必要劳动时间已由 6 小时缩短为 3 小时,剩余劳动时间相应地由 6 小时延长到 9 小时,剩余价值率由 100% 提高到 300%。因此,可以说,超额剩余价值是一种变相的相对剩余价值。

个别资本家获得超额剩余价值是暂时的。因为每一个资本家为了追逐剩余价值,都要采取新技术。当新技术被普遍采用后,整个部门的劳动生产率提高了,商品的社会价值也会随着降低。像前面的例子,如果大多数生产这种商品的工厂每个劳动者都能在 12 小时内生产出 24 件商品,而不是 12 件,那么,每件商品的价值就会由 1.5 元降到 1.25 元,这样,原来那个率先采用新技术、提高劳动生产率的资本家获得的超额剩余价值就会消失。但是,超额剩余价值在一个企业中消失时,又会在另一个使用更新、更先进技术的企业中出现。这个部门是这样,别的部门也是如此,结果是整个社会的劳动生产率普遍提高,许多商品都便宜了,劳动力价值就会降低,必要劳动时间就会缩短,相对剩余价值就会由此产生。所以,资本家提高劳动生产率的直接动力是追逐超额剩余价值,其结果是实现了相对剩余价值的生产。

四、相对剩余价值和绝对剩余价值的关系

绝对剩余价值生产和相对剩余价值生产是资本主义提高剩余价值率和剥削率的两种方法。它们在资本主义发展的不同时期起着不同的作用。在资本主义发展的初期,由于生产技术的改进比较缓慢,资本家主要依靠延长劳动时间,也就是依靠生产绝对剩余价值的办法来增加剩余价值。后来,随着资本主义的发展,随着技术进步和劳动生产率的提高,特别是在大机器代替手工操作以后,相对剩余价值的生产就成为提高剩余价值率,增加剩余价值生产的主要方法。但是,无论在什么时候,资本家总是同时用这两种方法加强对工人的剥削,既要获取剩余价值,同时也绝不放松绝对剩余价值的生产。只不过有时以相对剩余价值生产为主,有时以绝对剩余价值生产为主。

绝对剩余价值的生产是资本主义剥削的一般基础,因为,只有把工作日延长到必要劳动时间以上,资本家才能占有剩余劳动,获得剩余价值。

同时,绝对剩余价值的生产又是相对剩余价值生产的出发点。因为必要劳动时间的缩短和剩余劳动时间的延长,是以工作日已经延长到必要劳动时间以上,劳动时间已经分为必要劳动时间和剩余劳动时间这样两个部分为前提的。只有在工作日已经分割为必要劳动时间和剩余劳动时间的前提下,资本家才能通过提高劳动生产率来缩短必要劳动时间,延长剩余劳动时间,获得相对剩余价值。

从一定的观点来看,绝对剩余价值和相对剩余价值的区别好像又是不存在的。因为相对剩余价值的生产也必须把工作日绝对地延长到必要劳动时间以上,所以,看起来又好像是绝对剩余价值的生产;而绝对剩余价值的生产,又必须以劳动生产率有一定的发展,必要劳动时间仅仅是工作日的一部分为前提,所以,看起来又好像是相对剩余价值的生产。但是如果从资本家如何提高剩余价值率、提高剥削率这一点来看,就很容易看出这两种方法的区别。在劳动力价值不变,从而必要劳动时间不变的情况下,要提高剥削率,提高剩余价值率,增加剩余价值量,就必须绝对地延长工作日,这是绝对剩余价值的生产;如果在工作日长度不变的情况下,要提高剥削率,提高剩余价值率,增加剩余价值量,就必须提高劳动生产率,以缩短必要劳动时间,这是相对剩余价值生产。

五、相对剩余价值生产的三个发展阶段

资本主义的发展经历了三个阶段,即简单协作、工场手工业和机器大工业。这是资本主义社会生产力发展的三个阶段,也是资本家增加相对剩余价值生产的三个阶段。下面我们按照顺序来考察相对剩余价值生产的三个发展阶段。

（一）资本主义的简单协作

在资本主义发展的初期,相当数量的劳动者受雇于同一个资本家,集中于一个场所,在资本家的指挥监督下,进行某种商品的大规模生产。这种劳动形式称为简单协作。

简单协作是资本主义生产的出发点,是资本主义生产社会化的早期形式。最初,资本家就是通过简单协作这种形式,把工人组织起来,为他生产剩余价值的。在这个开始阶段,在生产方法上,企业同旧日的作坊相比并没有很大的差别,所不同的只是它的生产规模比较大,所雇佣的劳动者比较多,因而能实行简单协作。

简单协作的作坊,尽管采取手工劳动,没有分工,但它比独立、分散的小生产者具有很多的优越性,能够给资本家带来很多的好处。

第一,协作可以抵消各个劳动者在劳动能力上的差别,为资本家提供社会平均的劳动力。在分散的个体经济中,各个生产者在体力、技艺和熟练程

度等方面上的差别是很大的,那些劳动能力低于社会平均水平的生产者,需要比别人耗费更多的时间才能生产出同样的商品,因此,他们经不起竞争,随时都有破产的危险。在简单协作条件下,资本家由于取得了社会平均的劳动力,这样就保证了他在经营上能有相对的稳定性。

第二,同样的时间内,同样多的劳动力,许多人在一起协同地进行劳动,比一个个单干的劳动会生产较大量的使用价值。许多人在一起劳动,可以产生一种新的集体的力量,这种力量是单干的力量所不能比拟的。

第三,许多人一起劳动会刺激个人的竞争心,从而使劳动的效率大大地提高。

第四,协作可以节约生产资料。许多人一起劳动,有些工具、设备就可以共同使用或交替使用,而不必每人各备一套。厂房也可以节省。生产资料的节约,可以降低商品的物化劳动的耗费,因而,就能增强资本家的竞争能力,并保证他获得较多的剩余价值。

……

上面列举的这许许多多的优越性,无论哪一点,都是由协作本身所带来的,都是协作所创造的新的生产力。资本家在这种力量的创造上,并没有任何破费,但是他却得到了协作所带来的一切好处。这是因为,在资本主义制度下,劳动者一无所有,进行协作劳动所需要的生产资料和生活资料都掌握在资本家的手中;劳动者只有被资本家雇佣,才能进行协作劳动。正因为这样,所以这种协作劳动一开始就隶属于资本,而协作所产生的新的生产力,也就完全被当作资本的生产力了。

简单协作是资本主义提高劳动生产率的最初阶段,因此,它也是相对剩余价值生产的第一个阶段。在这个阶段上,早期的资本主义作坊主就是利用协作的种种优点,战胜个体手工业者,获取越来越多的剩余价值的。但是,在这个阶段上,由于劳动过程仍然沿用原来个体手工业者的生产技术和生产方法,因而劳动生产率的提高是十分有限的。对剩余价值的追求的内在动力以及竞争的外部强制压力,推动着资本家去采取效率更高的生产方法。这样,在简单协作进一步发展的基础上,就产生了工场手工业,简单协作逐渐为工场手工业所替代。

(二)资本主义的工场手工业

工场手工业是资本主义工业发展的第二个阶段,它是以手工技术的分工为基础的协作。因此,它是一种比简单协作更为发展的协作形式。

工场手工业在资本主义的工业发展史上,曾经经历过一个相当长的时期,例如在英国,从 16 世纪中叶到 18 世纪末这 200 多年间,一直是工场手工业在生产中占统治地位。

工场手工业是由两种方式产生的。一种是资本家把不同行业的手工业者组织在一个工场中,实现分工协作,共同生产一种产品。比如生产马车的工场,其中有马具匠、铁匠、木匠、裁缝匠、油漆匠等等,他们分别为马车的各个部件从事一部分专门的劳动。这种手工工场属于混成的手工工场。另一种是资本家把同行业的许多手工业者组织在一个工场里,实行分工,在互相衔接的不同工序上进行操作,共同完成一种产品。如在制针的工场里,个别工人只在制针的某一个工序上进行操作,不像过去那样,要独立完成许多工序的操作。这种手工工场属于有机的工场手工业,它是比较完善的工场手工业。

资本主义简单协作并没有改变个人的劳动方式,而工场手工业却使劳动方式发生了革命性的变革。工场手工业不仅继承了简单协作的各种优点,而且还实行了分工,所以,在提高劳动生产率方面,就具有许多独立的手工业和简单协作所没有的优越性:(1)由于实行分工,使工人专门从事各部件或一道工序的操作,这就可以使劳动的熟练程度大大提高;(2)由于缩短了各个生产阶段在空间上的距离,也就减少了非生产消耗,提高了劳动强度;(3)由于工具的日益专门化,把复杂的工艺分解为许多个别的操作,使劳动工具大大改进,提供了从手工工具过渡到大机器生产的可能性。所有这些,都使劳动生产率显著提高,并为向机器大工业的过渡准备了必要的条件。

但是,资本主义工场手工业又摧残着雇佣工人,使他们变成畸形物,压抑了工人多种多样的生产志趣和才能,人为地培植工人的片面技巧,工人变得只会从事一种局部性的操作,丧失了独立地制造一件成品的能力,从而使工人进一步变成了资本的附属物,大大加强了资本对雇佣劳动者的统治。

工场手工业虽然对提高资本主义的劳动生产率具有相当重要的作用,但这一作用毕竟是有限的。为了适应当时国内市场和国外市场对于商品日益增大的需求,为了获取更多的剩余价值,资本家必须打破手工技术所固有的各种局限性,进一步改进生产方法。于是,从 18 世纪最后 30 年起,西欧各主要资本主义国家先后通过产业革命,由手工制造业逐渐过渡到了机器大工业。

(三)资本主义的机器大工业

资本主义的机器大工业是指广泛使用机械化劳动代替手工劳动的资本主义工业。

机器在资本主义生产中的广泛使用,使劳动生产率迅速提高,为资本主义生产方式奠定了坚实的物质基础。资本主义经济凭借着机械化生产的优越条件,最后战胜封建经济和小商品经济,确立了资本主义的统治地位。

广泛使用机器,提高劳动生产率,实际上也就是减少单位产品的物化劳动和活劳动的消耗,节省不变资本和可变资本的支出。使用机器为什么能够节省资本的支出呢?这是因为资本家为购置机器所支付的资本价值,虽然要比购置手工工具多得多,但是,机器的使用年限和生产能力却远远超过手工工具,因此,平均转移到每件产品上的价值,比同样一件由手工制造的产品所包含的手工工具的价值,在绝对量上要小得多。

使用机器还可以减少活劳动的消耗。但是,资本家使用机器并不是为了减轻雇佣工人的劳动负担,而是为了缩短必要劳动时间,延长剩余劳动时间,以获取更多的剩余价值。机器成了资本家剥削雇佣劳动的手段。在资本主义条件下,机器的使用是有局限性的,只有当机器的价值低于机器所代替的劳动力的价值时,资本家才会使用机器。假定用手工劳动制造 10 000 双鞋子,需要雇佣 100 个工人,每个工人工资 100 元,共 10 000 元;改用机器制鞋后,同样制造 10 000 双鞋,所耗费的机器的价值就必须小于 10 000 元,否则资本家就宁可多雇工人,进行手工生产,而不使用机器。这是资本主义条件下使用机器的局限性。

资本主义工业以机械劳动代替手工劳动,给工人阶级带来了一系列的后果。由于机器简化了劳动操作过程,许多劳动都可由女工和童工来担任,这样它就把工人家庭的全体成员,不分男女老少,统统都置于资本的统治之下,扩大了资本剥削的范围;使用机器还加强了工人的劳动强度,也就加深了剥削的程度;同时,机器的使用,还造成了庞大的产业后备军,使劳动力的供给超过需求,为资本家提高劳动强度、延长工作日提供了条件;机器的使用,还使工人日益成为机器的附属物,过去劳动者使用工具,现在,工人成了机器的奴隶,这就加深了雇佣工人对资本的隶属关系。

六、资本主义生产自动化条件下剩余价值的源泉

第二次世界大战结束后，特别是进入 70 年代，伴随着第三次科学技术革命的发展，一些发达的资本主义国家生产过程自动化程度有了很大的提高，机器人日益作为劳动手段，被应用于物质资料的生产过程，甚至出现了"无人车间"、"无人工厂"。于是，就产生了在现代高科技条件下剩余价值的源泉问题，即剩余价值是否仍然是雇佣工人的劳动创造的问题。

前面章节所述的马克思的劳动价值论和剩余价值论的基本原理表明，在资本主义条件下，工人的劳动创造价值，其中工人的剩余劳动创造剩余价值。尽管生产自动化了，出现了机器人，但商品的价值和资本家获得的剩余价值，仍然是雇佣工人创造的。这是因为：

首先，自动化机器体系和机器人在本质上仍然是机器，只不过是比普通机器更先进、更复杂、更精密的机器而已，因此，仍然是一种生产工具，是生产的一种物质条件；在资本主义制度下，它仍然是不变资本的存在形式，机器人作为不变资本，是有价值的，在生产过程中，它只能把原有价值按磨损程度逐渐地转移到新产品中去，但不能增加一分一厘的新价值，也不能为资本家带来一分一厘的剩余价值。

其次，在自动化条件下，生产劳动的概念扩大了，创造价值和剩余价值的雇佣劳动者不仅包括直接操纵机器的普通工人，而且还包括大量的技术人员和管理人员。在资本主义自动化企业里，虽然直接生产现场劳动的工人大大减少了，但并不意味着"无人车间"就不需要有人劳动了，在它的背后仍然有大量的人为它操劳。我们不能只看到生产现场的工人减少了，而忽视了还有许多科技人员和管理人员在现场以外劳动。他们以不同的方式参加生产过程，直接或间接地作用于劳动对象，作为"总体工人"共同生产社会化的产品。这样，剩余价值的来源还是要用"劳动二重性"学说来说明。一方面，机器人等等自动化系统再先进也只能由这些总体工人的具体劳动把它的价值转移到新产品中去。虽然劳动生产率提高了许多倍，使用价值量也增加了许多倍，转移的旧价值也多了许多倍，但是新价值没有增加。另一方面，总体工人的抽象劳动创造价值和剩余价值。这些总体工人（包括科技人员和管理人员）仍然是雇佣劳动者，他们的劳动同样有必要劳动和剩余劳

动之分,同样受资本家的剥削。

再次,在生产自动化装置的条件下,资本家所以能够获得更多的剩余价值,归根到底还是雇佣工人的劳动创造的。这是因为:

(1)在自动化条件下,复杂劳动所占的比重增大了。复杂劳动是倍加的简单劳动,所以,在自动化企业里,尽管大部分技术工人因从事复杂劳动而得到较高的工资,但在剩余价值率一定的条件下,他们为资本家创造的剩余价值也会增加。

(2)个别高度自动化的企业获得的超额剩余价值更多了。高度自动化企业劳动生产率高,商品个别价值低,从而能获得较多的超额剩余价值。

(3)如果各部门各企业普遍采用了最现代的机器,劳动生产率普遍提高,那么商品的价值会降低,从而劳动力价值也会降低,整个资产阶级获得的相对剩余价值就多了。

另外还有一些原因,要到我们后面学了平均利润率规律和垄断利润时才会进一步理解。

第四节　资本主义制度下的工资

工资理论是马克思剩余价值学说的一个重要组成部分。资本主义制度下,工资的现象与工资的本质有着很大的差别,前者模糊和掩盖了后者。因此研究工资问题,揭示工资是劳动力价值或价格的转化形式,对于进一步加深理解剩余价值的源泉问题,是极其重要的。

一、资本主义工资的本质

(一)工资的本质是劳动力的价值或价格

在资本主义经济生活中,常常有各种假象阻碍着人们去认识资本主义的实质,其中最迷惑人的是工资所产生的假象。因此,为了彻底揭露资本主义生产关系的秘密,我们要进一步研究工资的问题。

在资本主义制度下,工人给资本家做工,资本家付给工人工资,工人劳动一天得一天的工资,劳动一个月给一个月的工资。因此,从表面来看,工人的工资表现为劳动的价格，好像工人出卖的是劳动，而不是劳动力；资本家支付的是劳动的价值或价格，而不是劳动力的价值或价格。但这完全是一种假象。实际上劳动是根本不能当作商品来出卖的，工资是劳动的价值或价格是不合理的、不科学的概念。

第一，商品的价值是耗费在商品生产上的社会劳动的凝结，商品的价值量的大小是由生产商品的社会必要劳动时间的多少来决定的。如果说劳动是商品，也有价值，那么它的价值也应该和其他商品的价值一样，是劳动的凝结，其价值量的大小，也应该由劳动时间的多少来计量。这就等于说，劳动的价值是由劳动决定的，12 小时的劳动的价值等于 12 小时的劳动。这完全是一种毫无意义的同义反复。

第二，如果说劳动是商品，那么它必须能够独立存在，而且在出卖以前就存在。可是，当工人作为卖者与资本家作为买者在市场上相遇时，工人所有的只是劳动力。劳动是劳动力的使用，它在劳动过程开始以后才存在。而当劳动过程开始时，劳动已属于资本家，而不属于劳动者所有了，劳动者只能在资本家的监督下进行劳动。这种已经不属于工人自己的劳动，当然不能由工人把它作为商品来出卖。劳动者如果要使他的劳动独立存在，他必须占有生产资料，把自己的劳动凝结在产品中，其劳动才能取得一个独立存在的形式。如果这样的话，他出卖的就是劳动产品，而不是劳动；他就是小商品生产者，而不是雇佣工人。

第三，从资本与劳动者之间的交换来看，说工资是劳动的价值或价格，其错误就更明显了。如果说劳动是商品，劳动者卖的是劳动，那么按照等价交换的原则，资本家就应该付给劳动者全部劳动的报酬。这样，资本家就不可能占有工人所创造的剩余价值，那他也就不成其为资本家了，资本主义制度也就失去了存在的基础。如果不是等价交换，意味着否定价值规律。但是价值规律是商品生产的基本规律，建立在商品生产基础上的资本主义制度，是以价值规律充分发挥作用为条件的。可见，工资是劳动的价值或价格的概念，或者是否定剩余价值，或者是破坏价值规律，二者必居其一。

综上，劳动者出卖的不是劳动，而是劳动力；资本家支付给工人的工资不是劳动的价值或价格，而是劳动力的价值或价格。马克思指出："工资不是它表面上呈现出的那种东西，不是劳动的价值或价格，而只是劳动力的价值或价格的隐蔽形式。"①工资是劳动的价值或价格只是工资的表面现象，工资的本质是劳动力的价值或价格。因此，资本主义的工资是劳动力价值或价格的转化形式。

(二)工资表现为劳动的价值或价格的原因

工资表现为劳动的价值或价格，绝不是偶然的，而是由资本主义生产关系本身引起的。

第一，资本家与雇佣工人之间的劳动力买卖，完全和其他一切商品的买卖一样，也是等价交换的关系，买者付出一定量的货币，买到工人在一定时间内为他劳动的能力。但是，工人的劳动能力是看不见的，人们看到的只是工人为资本家劳动一定时间，因此，工人出卖的好像是一定时间的劳动，工资就好像是劳动的价格。

第二，资本家通常是在工人劳动以后才支付工资的。工人劳动一天，资本家给一天的工资，劳动一个月，给一个月的工资。工资的这种支付方式也使得工资被看作是劳动的价值或价格。

第三，在工资的实际运动中，也显示出一些现象，似乎资本家支付给工人的不是劳动力的价值或价格，而是劳动的价值或价格。例如，工人为资本家劳动的时间越长，得到的工资越多；从事同一种劳动的不同的工人，由于熟练程度不同，所得到的工资也不相同。

第四，劳动对工人来说，是谋取生活资料的手段，所以，工人很容易把他出卖劳动力所得的工资，看作是他的劳动换来的。而且，工资随着劳动力价值的变动而变动，劳动力价值又会随着生活资料价值的变化而变化，在劳动力价值不变的情况下，劳动力的价格也可以随着劳动力供求关系的变化而变化。这样，在工作日的长度和工人劳动量不变的情况下，工资的变动往往被看成是劳动的价值或价格的变动。

(三)劳动力价值或价格转化为工资掩盖了资本主义的剥削

劳动力的价值或价格采取工资的形式，掩盖了资本家对工人的剥削关系，工资的形式消灭了工作日分为必要劳动和剩余劳动，分为有酬劳动和无酬劳动的一切痕迹，全部劳动都表现为有酬劳动。在封建社会的徭役劳动下，农奴为封建主的劳动和为自己的劳动，无论在时间上和空间上都是明显

① 《马克思恩格斯全集》第3卷，人民出版社2009年版，第441页。

地分开的。在奴隶社会,奴隶的劳动实际上也分为必要劳动和剩余劳动,但是,因为奴隶本身也属于奴隶主所有,所以,从表面上看来,奴隶的全部劳动都好像是没有报酬的。可是,在资本主义社会,工资表现为劳动的报酬,雇佣工人的全部劳动都表现为有酬劳动。这就使资本主义的剥削关系带有更大的欺骗性。

把劳动和劳动力区分开来,是马克思的伟大功绩之一。恩格斯指出:"这里并不是纯粹的咬文嚼字,而是牵涉到全部政治经济学中一个极其重要的问题。"①它对于揭示剩余价值的起源和工资的实质,都有着极其重要的意义。虽然正是劳动创造出了价值和剩余价值,但这里成为商品,具有价值的却不是劳动,而是劳动力。工资不是劳动的价值或价格,而是劳动力的价值或价格的转化形式。

二、工资的形式

(一)计时工资

计时工资是资本主义工资的基本形式之一。

计时工资是按照劳动时间来计算和支付的工资,如日工资、月工资等等。

要了解资本家如何利用计时工资,通过延长工作日等办法来加重对工人的剥削,就必须把计时工资、工作日长度和劳动力价格联系起来考察。由于工作日长度不同,相同的月工资、日工资可以代表极不相同的劳动力价格。假定劳动力一日的价格是 3 元,工作日的长度是 12 小时,那么每小时劳动力的价格是 0.25 元;如果日工资不变,而工作日由 12 小时延长到 15 小时,那么每小时劳动力的价格就下降到 0.2 元,这样,在计时工资不变的情况下,由于工作日的延长,每小时劳动力的价格就会下降,剩余价值率就会提高,剩余价值量就会增加。即使是资本家把日工资、月工资提高一些,比如日工资由 3 元提高到 3.25 元,但资本家同时也把工作日由 12 小时延长到 13 小时,每小时的价格就下降为 0.25 元;如果延长到 15 小时,每小时的价格就下降为 0.216 元。所以在日工资、月工资提高的情况下,每小时劳

---

① 《马克思恩格斯文集》第 1 卷,人民出版社 2009 年版,第 702 页。

动力的价格可以保持不变,甚至是下降。

在计时工资和工作日长度不变的情况下,劳动强度的加强也会使工人受到更大的剥削。

因此,采取计时工资时,可以在不降低工资额,甚至在提高工资额的情况下,通过延长劳动时间和提高劳动强度,榨取更多的剩余价值。

(二)计件工资

计件工资也是资本主义工资的一种基本形式。

实行计件工资时,资本家根据工人在计时工资情况下一天的工资额和做出的产品件数,来规定每件产品的工资单价。

假定劳动力的日价值是 3 元,在实行计时工资的情况下,工人工作 12 小时能生产出 24 件产品,资本家就根据这个来确定计件单价,生产 1 件产品的劳动力价值即工资单价就是 0.125 元。可见,计件工资不过是变相的计时工资,是计件工资的转化形式。

计件工资是资本主义加强剩余价值生产的手段,这可以从以下几个方面看出:

首先,实行计件工资时,工人劳动的数量和质量,直接表现在产品的数量和质量上。资本家不仅规定了产品的数量标准,而且还规定了产品的质量标准。在验收产品时,资本家经常以质量不合格为借口,克扣工人的工资。

其次,在计件工资条件下,工人的收入与劳动成果有着直接的联系,工人为了多得一点工资,就要尽可能地增加产品数量,这就不得不加强劳动强度,延长工作日,为资本家创造更多的剩余价值。

再次,计件工资也是资本家压低工人工资的手段。当大多数工人在单位时间内所生产的产品数量都增加了的时候,资本家又会进一步降低工资单价,使工资水平下降。同时,过度劳动使一个工人能干几个工人的活,从而对劳动力的需求减少,资本家更有条件压低工人的工资。

所以,计件工资最适合于资本主义生产。

三、名义工资和实际工资

资本主义制度下的工资是劳动力价值的转化形式,因此,工资的量的变动,只能以劳动力价值的变动为基础。

但是,在劳动力价值的决定上,有一个不同于其他商品的地方,这就是决定劳动力价值的不仅有一个纯生理的因素,还有一个历史的或社会的因素。工人为延续自己的生命和繁衍后代,必须有一个起码数量的生活资料。这种生理上的绝对必需的生活资料的价值构成劳动力价值的最低界限。除了这种纯生理上的因素,劳动力价值还取决于历史的或社会的因素。适应着各国的历史传统、社会风俗以及经济状况的变化,工人的需要也是在不断变化的,因而用来满足这种需要的生活资料在品种和数量方面也是不断变化的。

因此,工资的变动,尽管以劳动力价值的变动为基础,但在这个基础上,工资数量仍然是可以有很大的伸缩性的。分析工资水平的变动趋势时,必须首先把名义工资和实际工资区分开来。

名义工资是指工人把劳动力卖给资本家时所得到的货币额,即货币工资。但工人出卖劳动力并不是为了获得货币本身,而是要用货币来购买生活资料,维持工人本人及其家庭的生活。实际工资就是工人用货币工资实际能够购买到的生活资料的数量和取得的各种服务。

货币工资和实际工资之间存在着密切的联系。在其他条件不变的情况下(如物价水平、房租、税收等等),货币工资越高,那么工人能够换取到的生活资料和服务的数量也就越多,实际工资也就越高;反之,货币工资越低,工人能够换取到的生活资料和服务的数量也就越少,实际工资也就越低。但是,由于实际工资的高低不仅取决于货币工资的数量,而且还取决于物价水平、房租高低、税收负担以及各种服务收费等多种因素,因此,货币工资和实际工资的变动往往是不一致的。例如,在通货膨胀时,如果货币工资不变,实际工资就会因物价的上涨而降低;即使货币工资有所提高,但只要货币工资的提高赶不上物价上涨的幅度,实际工资仍然会下降。工人出卖劳动力,拿到货币工资后,必须用来购买各种生活资料和服务。因此,只有实际工资才能准确地反映出工资的实际情况。正因为如此,我们在考察工资运动的时候,不能只注意货币工资的变动,而必须更多地注意实际工资的变动。

在考察工资变动的时候,我们必须考察工资和劳动力价值的关系。我们前面讲价值规律的时候讲过,商品的价格受供求关系的影响会围绕价值上下波动。而工资与其他商品价格的涨落不同,它总是或大或小地低于劳动力的价值。造成工资低于劳动力价值的根本原因,就在于劳动力这种商品的供给经常超过需求。随着资本主义的发展,特别是大机器工业的发展,必然会造成机器排挤工人的现象。大批工人由于找不到工作而变成失业者和半失业者,因而造成劳动力的供给经常地超过需求。在这种情况下,工人之间为了出卖劳动力而进行的竞争会剧烈起来。工人为了生存,不得不在劳动力价值以下出卖自己的劳动力。因此,工资常常被压低到劳动力价值以下。女工和童工的使用,也使在业的成年男工的工资下降。工资低于劳动力价值的情况,不仅在实际工资下降时存在,而且在工人的实际工资有所上升时,也会存在。

在资本主义发展过程中,工资水平的变动总的来说表现为实际工资呈上升趋势。其主要原因在于工资的本质是劳动力的价值。在资本主义制度下,虽然劳动力商品供过于求,工资总是在或大或小的程度上低于劳动力的价值,但是,由于历史和道德因素的影响,随着社会生产力水平的提高,工人必要生活资料的范围、种类和数量也在扩大,从而引起实际工资的增长。与此同时,也存在种种导致实际工资下降的因素。

虽然从总趋势来看,工人的实际工资有所上升,但这并不意味着工人受剥削程度的降低。因为,在工人的劳动生产率增长快于实际工资增长的情况下,工人新创造的财富有更大的部分被资本家所占有。所以,在考察工资量的变动时,不仅要看工资的绝对量,还要考察工资的相对量,即相对工资。

相对工资是指工人新创造的价值($v+m$)中,工人所占的份额和资本家所占的份额相比较的工资。在名义工资和实际工资不变甚至有所增长的情况下,只要工资的增长速度赶不上资本家获得的剩余价值的增长速度,相对工资仍然是下降的。随着资本主义广泛采用机器,劳动生产率不断提高,工人在新创造的价值中所占的份额愈来愈小了,而资本家占有的份额却愈来愈大了。所以相对工资的下降是工资变动的一般趋势。

我们知道了相对工资变动的规律,再来看一些资本主义国家实行的"高工资"、"高福利"、"高消费"。在"高工资"、"高福利"、"高消费"的情况下,工人的名义工资和实际工资可能都有所增加,工人的物质生活状况也有所改善,但是,工人的相对工资仍然是降低了,工人的物质生活状况与资本家相比,差距越来越大了;工人阶级所创造的社会财富,在工人和资本家之间的分配更加不平衡了。

小结

资本是能带来剩余价值的价值。资本是由货币发展到一定阶段变来的。货币变为资本的前提是劳动力成为商品，以及货币积累到一定的量。要了解剩余价值产生的秘密，在于正确理解资本总公式的矛盾，即价值规律与价值增殖的矛盾。要解决这个矛盾，就要在流通中用资本购买到劳动力这一特殊商品。劳动力成为商品的条件是：(1)劳动者有出卖自己劳动力的人身自由；(2)劳动者除了拥有自己的劳动力外，一无所有，即劳动者没有生产资料。劳动力一旦成为商品也就具有价值和使用价值。劳动力的价值是由生产和再生产劳动力商品所必需的社会必要劳动时间决定的。劳动力的使用价值就是劳动，它能够创造出比劳动力自身价值更大的价值，即可以生产出剩余，从而使货币转化为资本。

资本主义生产过程是劳动过程和价值增殖过程的统一。工人在生产过程中，进行生产商品的劳动，一方面作为具体劳动创造使用价值，它将生产资料的旧价值转移到新产品中去；另一方面作为抽象劳动创造价值。在工人劳动创造的价值中超过劳动力价值的部分，就是资本家无偿占有的剩余价值。它反映资本家剥削雇佣工人的关系。根据资本在价值增殖过程中的不同作用，可将资本分为不变资本和可变资本两个部分。只有可变资本才能够带来剩余价值。因而考察资本对雇佣劳动的剥削程度也就是计算剩余价值率时，必须用剩余价值和可变资本相比。

资本主义生产的目的和动机，是榨取更多的剩余价值。这有两种基本方法：一是延长一个工作日的劳动时间以生产绝对剩余价值；二是提高劳动生产率以生产相对剩余价值。相对剩余价值生产也有多种方法，即凡是提高劳动生产率的方法都是相对剩余价值生产的方法。相对剩余价值是个别资本家竞相追逐超额剩余价值所造成的社会结果。

在资本主义制度下，工资是劳动力的价值或价格的转化形式，但却表现为劳动的价值或价格，似乎工人的全部劳动都是有偿的。因此，工资的形式掩盖了资本主义的生产关系。工资有计时工资和计件工资两种基本形式，而计件工资只是计时工资的转化形式。考察工资量的变动，不仅要考察名义工资,更重要的是要分析实际工资和相对工资。不同国家由于劳动生产率和汇率的不同,其绝对工资存在着差异。一般而言,劳动生产率高的国家,其相对工资和实际工资反而低于劳动生产率低的国家,因而有更高的剥削率。

关键词

资本 资本总公式 劳动力商品 剩余价值 不变资本 可变资本 剩余价值率 绝对剩余价值 相对剩余价值 超额剩余价值 工资 计时工资 计件工资 名义工资 实际工资 相对工资

思考题

1.作为货币的货币和作为资本的货币有哪些联系和区别?

2.怎样理解资本总公式及其矛盾? 为什么说剩余价值不在流通中产生,又不能不在流通中产生?

3.劳动力成为商品要具备哪些条件? 劳动力商品的价值是怎样决定的? 劳动力商品的特殊性是什么?

4.用劳动二重性原理说明资本主义生产过程是劳动过程与价值增殖过程的统一。

5.资本的本质是什么? 把资本区分为不变资本和可变资本有什么重大意义?

6.什么是绝对剩余价值和相对剩余价值? 两者的关系如何?

7.超额剩余价值和相对剩余价值的关系如何?

8.试分析高科技条件下剩余价值的源泉。

9.为什么说工资不是劳动的价值或价格,而是劳动力的价值或价格的转化形式?

10.工资为什么会表现为劳动的价值或价格?

11.名义工资和实际工资的关系如何?

12.假定某工厂原来属于中等生产条件,按社会劳动生产率,年生产20 000件商品,共耗费不变资本(原材料和机器磨损等)价值100 000元,雇佣工人50人,每人每月平均工资80元,$m'=100\%$。而现在该工厂采用先进技术,劳动生产率提高了一倍,每件商品耗费的不变资本价值依旧,工人的月工资不变。

试问:

(1)现在每件商品的个别价值和社会价值各是多少?

(2)现在该企业资本家一年可获得的剩余价值总额和超额剩余价值各是多少?其剩余价值率是多少?

第四章　**资本积累和资本的再生产**

　　在揭开剩余价值来源的秘密之后,继而就有必要进一步考察剩余价值的出路问题。所以,在上一章分析了资本如何产生剩余价值的基础上,本章在于揭示资本如何扩大自身,研究剩余价值转化为资本的过程,即资本积累过程。从而阐明资本积累的实质、一般规律和历史趋势。

第一节　资本主义的简单再生产和扩大再生产

　　再生产是生产过程的连续进行和不断更新,可分为简单再生产和扩大再生产两种类型。资本主义再生产的特征是扩大再生产,它带来了资本主义生产力和生产关系的发展与变化。

一、生产和再生产

　　人类社会生存和发展的基础是物资资料的生产。社会生产总是不断更新和不断重复进行的,这种不断更新和不断重复的生产,就是再生产。任何一个生产过程,从连续不断、周而复始的过程来看,就是再生产过程。

　　任何生产都必须具备生产资料和劳动力这两个要素,社会再生产同样必须具备这些条件。社会再生产,一方面是物资资料的再生产。在任何生产方式下,每一次生产过程都要消耗一定的生产资料和生活资料,同时每一次生产过程又会生产出一定的物质资料,去补偿已消耗的生产资料和生活资料,使再生产在时间上连续。因此,社会再生产首先就是物资资料的再生产。另一方面,社会再生产是生产关系的再生产。在任何生产方式下,生产总是在一定的生产关系下进行的,具有一定的社会形式,再生产也是这样,随着生产的不断更新和重复,这种生产关系也会不断地再现出来。

因此,再生产过程也是人们生产关系再生产的过程。所以,任何社会的再生产都是物质资料的再生产和生产关系的再生产这两方面的统一。

社会再生产按其规模来划分,有简单再生产和扩大再生产。简单再生产就是在原有规模上进行的再生产,扩大再生产就是原有规模扩大的再生产。在简单再生产条件下,社会逐年生产的产品仅够补偿已经消耗掉的生产资料和生活资料,生产在原有的规模上重复进行。在扩大再生产条件下,社会生产的新产品,除了用于补偿已经消耗掉的生产资料和生活资料外,还有多余的部分,用于扩大再生产,使生产过程得以在扩大的规模上进行。资本主义的再生产也有两种类型,即资本主义的简单再生产和扩大再生产。

二、资本主义的简单再生产

资本主义再生产的特点是扩大再生产而不是简单再生产。但是,我们的研究必须从简单再生产开始,因为,它是扩大再生产的前提和出发点,生产无论怎样扩大、发展,总要以原有规模作为基础,如果连简单再生产都不能维持,扩大再生产也就无从谈起。从科学的方法论来说,要了解某一事物,必须先了解它的简单的运动形式。同理,我们分析资本主义简单再生产,从中揭示资本主义再生产最一般的本质特点,才能进一步分析比较复杂的资本主义扩大再生产,从而对资本主义再生产有一个全面的认识。因此,我们的研究首先从资本主义简单再生产开始。

资本主义简单再生产是指资本家把无偿占有的剩余价值全部用于个人消费,再生产在原有的规模上重复进行。如假定以一年作为一个生产周期,资本家年初预付资本为 10 万元,其中不变资本 8 万元,可变资本 2 万元,剩余价值率为 100%。这样,年终最新产品价值就是 80 000＋20 000＋20 000＝120 000 元。其中 2 万元剩余价值被资本家全部用于个人消费,下一年投入生产的资本量不变,依旧是 10 万元,这就是资本主义的简单再生产。

资本主义简单再生产的重复性和连续性,可以帮助我们认识资本主义生产过程的某些重要特征,进而认识资本主义剥削的实质。这些是我们以前把资本主义生产当作孤立的过程来考察时所不能发现的。

(1)从简单再生产的过程看,资本家购买劳动力的可变资本是工人自己创造的。在通常情况下,资本家购买劳动力,工人并不是在出卖劳动力时就得到报酬,而是在生产过程结束后,才领到工资的。如果从单一生产过程来看,虽然生产过程已经结束,但产品尚未出售,好像是资本家预先垫付了工资即可变资本,工人是靠资本家养活的。但从再生产的角度考察,资本家这次支付给工人的工资是从出卖工人上次创造的劳动产品得来的,是工人在上次生产过程中创造的新价值的一部分。资本家把工人创造的产品转化为货币而实现全部价值后,除补偿旧价值即不变资本外,还有新价值,其中一部分补偿资本家垫支的可变资本,可重新作为可变资本用来支付工人的工资。此外,新价值中还有一部分以剩余价值的形式,供资本家个人消费。因此,不是资本家养活工人,而是工人养活自己并养活资本家。

(2)从简单再生产的过程看,不仅可变资本,而且全部资本都是工人创造的。从孤立的角度看,资本家的初始资本是自己的,但从再生产角度看则不然:经过若干周期后,全部资本如数保存,无非是全部剩余价值的转化。比如,资本家的资本为 20 000 元,每年生产剩余价值 4 000 元,全部用于个人消费,过了 5 年,资本家原有资本的总额等于其个人消费总额。如果不是每年可无偿占有 4 000 元剩余价值,资本家在 5 年后,就把全部资本消费光了。可见,资本家现有的全部资本显然是若干年积累起来的剩余价值。因此,工人不仅生产了自己的工资,而且也创造了资本家的全部资本。

(3)从简单再生产的过程看,雇佣工人的个人消费,从属于资本家追逐剩余价值的需要。在资本主义的再生产过程中,工人进行着两种不同的消费:一种是个人消费,这种消费是工人用工资购买生活资料以满足自己的生活需要;一种是生产消费,这种消费是工人在生产过程中消耗生产资料和自己的劳动力,其结果是为资本家生产出包含着剩余价值的商品。如果只孤立地考察某一生产过程,作为生产过程以外的工人的个人消费,似乎是工人自己的事情,只有生产消费才与资本主义生产有关。但如果从再生产的角度来考察,工人进行个人消费,无非是再生产出已消耗的劳动力,以保证资本家能够重新购买到劳动力商品,以便继续进行剩余价值的剥削。因此,工人的个人消费,是资本主义再生产所不可缺少的一个要素。

在资本主义条件下,工人的个人消费只能满足于维持劳动力正常再生产的那些消费资料。当工人进行了个人消费之后,劳动力再生产出来了,但他仍然是一无所有的劳动者,必须把劳动力重新作为商品出卖给资本家,仍然不能改变自己的阶级地位;工人不管把自己的劳动力商品出卖给哪个资本家都不能改变自己的个人消费从属于资本的性质。所以从再生产过程来看,工人在出卖劳动力商品之前,在直接的生产过程以外,就已经是从属于整个资产阶级了。

综上所述,在再生产过程中,工人不仅再生产出物质产品,同时还再生产出资本家的全部资本和雇佣工人,即把资本主义生产关系存在的条件也重新生产出来了。所以,资本主义的再生产,是物质资料再生产和资本主义生产关系再生产的统一。

三、资本积累和资本主义的扩大再生产

扩大再生产是资本主义再生产的特征,这是由剩余价值规律和竞争规律所决定的。资本家作为人格化的资本,必须把剩余价值的一部分转化为资本,购买追加的生产资料和劳动力。比如有一个纺织厂资本家预付了100 000元的资本,其中有80 000元作为不变资本,20 000元作为可变资本。剩余价值率为100%,剩余价值量为20 000元,则全部产品价值为120 000元,资本家把剩余价值的一半用于个人消费,另一半即10 000元转化为追加资本,其中8 000元用作追加的不变资本,2 000元用作追加的可变资本,在剩余价值率不变的情况下,第二年的产品价值则为88 000c+22 000v+22 000m=132 000元,剩余价值达22 000元。依此类推,这个纺织厂资本家逐年所得的剩余价值的一部分转化为追加资本,使得资本逐年增大,雇佣的工人逐年增多,生产出来的商品也就逐年增加,这就是资本主义的扩大再生产。在这里,不仅是资本主义物资资料的扩大再生产,也是资本主义生产关系的扩大再生产。

把剩余价值当作资本使用,或者说把剩余价值再转化为资本,叫作资本积累。资本主义扩大再生产是以资本积累为前提条件的。剩余价值、资本积累和扩大再生产这三者的关系可以概括为:剩余价值是资本积累的源泉,资本积累是扩大再生产的前提条件,扩大再生产是获取更多剩余价值的关键。扩大再生产的实现,在劳动生产率等条件不变的情况下,市场必须具备

两个条件:(1)有可供追加的生产资料和生活资料;(2)有可供追加的劳动力商品。这种可供追加的劳动力商品,资本主义制度本身已把它们生产出来了。

从交换的行为看,作为追加资本的剩余价值,是可变资本购买劳动力商品的结果。如果没有可变资本购买劳动力商品,就不可能剥削到剩余价值,当然也就不可能把剩余价值转化为资本。但是,这种可变资本购买劳动力商品的行为,是以交换双方即货币所有者和劳动力商品所有者对自己的所有物有自由支配权为前提的。在这一前提下,交换双方既可以是货币与商品所有权的交换,也可以是货币与商品使用权的交换。劳动力商品的买卖,只能是货币与劳动力商品使用权的交换,这种交换当然也是以承认双方的所有权为基础的。

这样,在交换时,一方让渡货币,另一方让渡劳动力商品的使用权。商品所有权规律就是指在简单商品生产条件下,商品生产者既是生产资料的所有者,又用自己的劳动生产产品,并占有自己的劳动产品,劳动和产品所有权是统一的。

从交换的实质看,在扩大再生产时,资本对劳动力商品的购买其实是资本对无偿劳动占有的结果。这是因为:

第一,资本家用来追加购买劳动力的这种可变资本,是无偿占有的剩余价值的一部分转化而来的,实质上是用工人自己生产的产品来和工人的劳动力商品相交换;

第二,这个追加的可变资本虽因购买劳动力商品而付给工人,但必须在再生产过程中由工人生产出一个等价部分作为补偿,并且还必须增加一个新的余额,即新增的剩余价值。

可见,在扩大再生产的情况下,资本与劳动力相交换时,资本家不仅用工人过去的无酬劳动来购买和追加购买劳动力商品,而且还从劳动力的使用中,占有新增加的剩余价值。

因此,资本主义占有规律是指在资本主义制度下资本家凭借其对生产资料的占有而无偿占有工人创造的价值和剩余价值的必然性。

这说明了一个问题,即形式上的等价交换行为掩盖着实质上的资本对过去和现在的剩余价值的无偿占有和扩大无偿占有。

在简单商品经济下,所有权是建立在自己劳动的基础上的,劳动成果归生产者自己所有,不能被无偿占有,只有通过等量劳动相交换,才能取得别人的劳动成果。而在资本主义生产方式下,商品生产占据绝对的统治地位,商品生产普遍化,不但一切物质资料都成为商品,连劳动力也成为商品。这一情况的客观存在,使作为货币所有者的资本家可以自由地从市场上购买到他所需要的生产资料商品和劳动力商品,并在商品生产过程中使用这些商品,占有生产成果。必须注意,这一切过程都是依据商品所有权规律的要求进行的,都是在等价交换的原则下进行的,丝毫也没有违背价值规律;但是当资本家按照商品所有权的规律占有生产成果时,既占有了新价值中补偿购买劳动力商品价值的等价,即可变资本,又无偿占有其中的剩余价值。当他把商品出卖后进行扩大再生产时,又可以利用它们去重新购买和追加购买劳动力商品,从而,重新在资本主义生产方式下,扩大他的生产规模。这已经是资本主义占有了。这使我们看到,整个过程都是在没有背离价值规律的等价交换原则下,使商品所有权规律转化为资本主义占有规律;同时也使我们看到,其中的关键是劳动力成为商品,这种商品的特殊的使用价值,使这一转化过程顺利实现。商品的形式掩盖了资本主义占有的内容。

上述分析可见,资本积累的实质就是资本对过去无酬劳动的占有成为现在以日益扩大的规模占有无酬劳动的唯一条件。

四、内涵的扩大再生产和外延的扩大再生产

扩大再生产就其实现方式而言,可分为内涵的扩大再生产和外延的扩大再生产。内涵的扩大再生产又称"集约增长"。它是指依靠科学技术的进步、劳动生产率的提高,使生产要素的质量和结合更加优化,导致要素产出率的提高,以实现更多更优产品的产出效应。外延的扩大再生产又称"粗放增长"。它是在劳动生产率和技术水平都不变的情况下,由增加各种生产要素的投入而实现生产规模的扩大。在现实的再生产过程中,二者是彼此交错、相互结合进行的。因此,纯粹的内涵的扩大再生产和外延的扩大再生产只是理论上的抽象。在经济活动中,新建企业或扩建企业的行为,属于外延的扩大再生产,但它往往也伴随着生产方法的改进和先进机器设备的使用,这已经包含了内涵的扩大再生产的因素。原有企业的技术设备的改造和革新,属于内涵的扩大再生产,但它往往也需要追加更多的生产要素,扩建和

新建某些项目,这也就包含了外延的扩大再生产因素。

因此,一般用生产函数中生产要素的投入和产出来区别两者:如果是由要素生产率提高为主而增加产出效应的,则为内涵的扩大再生产;如果是由要素投入增加而增加产出效应的,则为外延的扩大再生产。随着社会的进步,科学技术的发展和应用,内涵扩大再生产越来越受到人们的重视。

五、影响资本积累的几个因素

资本积累的源泉是工人创造的剩余价值。进行资本积累必然要把剩余价值分为积累基金和消费基金,二者的比例决定积累率的高低,积累率是影响积累绝对数量的一个因素。在积累率已定的情况下,积累量的大小最终决定于剩余价值量的大小。因此,一切决定剩余价值量的因素都是决定积累量的因素。

(一)剩余价值率的高低

对劳动力的剥削程度即剩余价值率越高,同量的可变资本获得的剩余价值量就越多,从而积累的数量也就越多。一种情况是:资本家把工人的工资压低到劳动力商品价值以下,把工人的必要消费基金转化为资本的积累基金,从而增加资本积累。另一种情况是:延长劳动时间或提高劳动强度,这样,在没有相应增加可变资本支出的情况下,也可以增加剩余产品和剩余价值,即增加资本的积累。例如,一个工厂雇佣 100 个工人,原来每人劳动 8 小时,现在延长到 10 小时,这样,就提高了现有的劳动资料等生产设备的利用率,可以加工更多的劳动对象,增加产品的产出,绝对增加了剩余价值量,同时也可以更快地回收劳动资料的投入。

(二)社会劳动生产率水平和科学技术水平

(1)随着社会劳动生产率的普遍提高,全社会的剩余产品量增加并且价格低廉化,这样,资本家在不减少甚至增加他的个人消费品数量的情况下,仍可以增加积累的资本量。如果资本家只要求保持原有消费的物资资料的量,就可以把消费基金的一部分转化为积累基金,从而使积累量扩大。这说明资本积累的增加并没有减少相反可以增加资本家的消费。

(2)从节省总资本的角度看,一方面,社会劳动生产率提高使商品便宜,劳动力再生产费用降低,从而使劳动力商品的价值低廉。这使原来的可变资本量可雇佣更多的工人,推动更多的物化劳动,增加产品的数量,提高了剩余价值率和剩余价值量,因而扩大了积累量。即使因为同样的原因,使工人的实际工资有所提高,只要其提高的幅度不超过社会劳动生产率提高的幅度,上述的情况也照样会发生。另一方面,随着社会劳动生产率的普遍提高,原来的不变资本量就可以购买较多的生产资料,因而同一资本所推动的生产资料量也扩大了。统观两者,由于生产资料和工人都增加了,尽管全部资本投入量没有增加,但剩余价值率都提高了,从而剩余价值量和积累量也随之增加。

(3)从科学和技术进步情况看,上述情况的发生都是科学技术进步和普遍被利用的结果。同时,由于科技进步,可以综合利用原材料,把生产过程中的废料重新投入到生产过程中去,既不需要增加资本,又可增加原料的供应。因此,科学技术使执行职能的资本具有一种不以它的实力为转移的扩张能力,这种能力表现为可以推动更多的劳动量和生产资料量,从而使资本的积累量增加。

(4)从个别企业率先提高劳动生产率的角度看。上面几点是就社会劳动生产率提高而言的,如果少数企业率先提高劳动生产率,这时,社会劳动生产率尚未普遍提高,因而社会价值仍然不变,而少数企业却因个别价值降低,可以获得超额剩余价值,从而增加资本积累量。

(三)所用资本和所费资本之间差额的大小

所用资本是指在生产过程中使用的全部资本,所费资本是指在生产过程中实际消耗的资本。一方面,投在劳动资料上的资本,是部分地转移到生产过程中而逐渐消耗掉,但它们的使用价值并不会同比例地丧失,而是依旧在生产过程中发挥整体的作用,无代价地为资本家服务。另一方面,转移了的价值又积累起来作为更新基金,可以继续用于再生产,这使转移的这部分资本的价值就发挥两个资本价值的作用,会使积累和再生产的规模扩大。

所用资本和所费资本之间会形成一个或大或小的差额,差额的大小取决于劳动资料的质量和数量,劳动资料的质量越好,越经久耐用,则每次生产过程中所转移的价值便越小,而差额就越大。例如,某台机器价值为 10 000 元,可用 5 年,它在生产过程中每年转移的旧价值为 2 000 元,全年所用资本和所费资本之间的差额为 8 000 元;如果改进机器质量,将机器的使用期限延长达到 10 年,则这个差额就扩大为 9 000 元。另一方面,劳动资料的数量越多,所用资本与所费资本之间的差额也就会越大,如果就 1 台机器来说这个差额是 9 000 元,对 10 台机器来说就是 90 000 元。所用资本和所费资本之间的差额越大,资本积累规模就越大。因为二者差额大,表明转移到产品中去的劳动资料旧价值少,如果个别资本家先做到这点,其商品的个别价值就会低于社会价值,可以得到超额的剩余价值;如果全体资本家都做到这点,商品的社会价值就会降低,商品普遍便宜,使相对剩余价值成为现实。其结果当然是资本积累量的增加。

(四)预付资本量的大小

在剩余价值率已定的情况下,可变资本越多,剩余价值量就越大,用于资本积累的部分也会随之增大。预付资本总量增大,其中可变资本部分也自然随之相应增大,从而雇佣工人人数也就增多。所以,资本家的资本越大,获取的剩余价值就越多,积累规模也就越大。在剩余价值率下降的情况下,只要预付资本的增加大幅度地超过剩余价值下降的幅度,剩余价值的绝对量也会增加,从而积累量增加。

第二节　资本有机构成和相对过剩人口

资本有机构成的理论在马克思经济学中居于极其重要的地位。从此之后,本书的一切论点的展开和逻辑发展,无一不与资本有机构成的不同和变动相联系。本节在资本积累理论的基础上论述资本有机构成提高的必然性,从而考察它对资本主义生产方式和生产关系的发展所产生的影响。

一、资本有机构成及其提高

资本积累对于工人阶级的命运会产生不利的影响,而资本有机构成及其在积累过程中的变化是产生这种影响的最重要因素。

每一个资本在生产过程中,从物质方面看,都表现为一定数量的生产资料和劳动力,并在两者之间,保持一定的比例关系。这个比例结构的水平取决于生产技术的发展水平,生产技术水平越高,每一个劳动力所推动的生产资料数量就越多;反之,生产技术水平越低,则每一个劳动力所推动的生产资料数量也就越少。这种由生产的技术水平所决定的生产资料和劳动力之间的比例结构,叫作资本的技术构成,也叫作资本的物质构成。

每个资本从价值方面看,它表现为一定数量的不变资本和可变资本,同时也保持着一定的比例关系。既然在物质形式上生产资料和劳动力之间有一定的比例关系,那么代表生产资料价值的不变资本和代表劳动力价值的可变资本之间必然相应地也有一定的比例关系。这种不变资本和可变资本之间的比例结构,叫作资本的价值构成。资本技术构成和价值构成,其实是分别从使用价值和价值两重角度去看待一个资本,是从商品二因素的理论去分析一个资本的结构,由此,我们可以看到劳动价值论与资本有机构成理论的逻辑连贯性。

资本的技术构成和资本的价值构成两者是密切联系的,资本价值构成以它的技术构成为基础,资本技术构成决定资本价值构成,技术构成变了,价值构成就要跟着发生变化;价值构成的变化通常反映着技术构成的变化。为了表明这种关系,马克思把由资本技术构成决定并且反映技术构成变化的资本价值构成,叫作资本的有机构成。

资本的技术构成和价值构成的关系,在实际生活中往往会出现三种情况:

第一,资本的价值构成只是近似地反映技术构成的变化,两者的变化不按同一比例进行。一般说来,技术构成的提高会快于价值构成的提高。这是因为随着劳动生产率提高,单位商品的价值量下降,从而使生产资料的价值量下降,这就使同量的不变资本可以购买到更多的生产资料;也因为劳动生产率的提高,每个劳动力能推动更多的生产资料,这样,技术构成的提高就会快于价值构成的提高。但只是前者快于后者而已,价值构成的提高还是近似地反映技术构成的提高的。

第二,价值构成变化并不反映技术构成的变化。这是因为商品价格上涨或运输生产资料的距离拉长,致使购置同样生产资料却要费去更多的不变资本。这时,技术构成没有提高,但价值构成却提高了。

第三,技术构成变化并不引起价值构成的变化。由于社会劳动生产率普遍提高,使得商品普遍低廉化,生产资料和劳动力双双便宜。在这种情况下,即使不增加原来的不变资本和可变资本,即价值构成不变,但原来的不变资本可购买到更多的生产资料,而原来的可变资本所增加购买的劳动力,恰好等于所能增加推动的生产资料数量,这样,技术构成变化并不引起价值构成的变化。其实,这是第一种情况中的另一种类型。

上述三者,第二、三种不能叫作资本有机构成,技术构成与价值构成并不发生决定和被决定的关系。在现实的经济生活中,价值和价格是经常变动的,但价值构成绝对反映技术构成变动的情况却是罕见的。所以,第一种近似地反映的情况已能够说明资本有机构成的变动关系。

资本的有机构成,从个别企业来看,根据其不变资本和可变资本的比例,形成个别资本有机构成。在一个部门中,不同企业的资本有机构成是不一致的。把一个生产部门各企业的资本有机构成加以平均,就构成这个生产部门的资本平均有机构成;把一个国家所有生产部门的资本有机构成加以总平均,则构成一个国家的社会总资本的平均有机构成。在资本的组成结构中,不变资本所占的百分比高,从而可变资本所占的百分比低的资本,叫作有机构成高的资本;反之,称作有机构成低的资本。在一个国家里的生产部门或部门里的企业,它的资本有机构成如果高于一切社会平均资本有机构成,其生产力就比较先进,因而在生产和市场竞争中处于有利的地位;反之亦然。

随着资本积累的进行,积累基金中不变资本所占的比重有不断增大的趋势,因而资本有机构成总是呈现不断提高的趋势。所以,可以得出一个理论结论:资本积累必然带来资本有机构成的不断提高;资本有机构成不断提高是资本主义生产方式发展的物质基础,同时又是资本主义生产关系深化的极其重要的原因。

在现代高科技迅猛发展的形势下,认真学习马克思经济学关于资本有机构成的理论更有重要的意义。资本有机构成理论是马克思的首创,在马克思经济学中占有极其重要的地位,是把握马克思经济学每一个理论过渡的关键。它不仅为加深理解相对剩余价值生产,分析资本积累的后果以及资本主义阶级关系的深化提供深刻的理论依据;同时,还为理解资本主义的经济范畴系统,如资本循环周转与再生产、平均利润与生产价格、利息、股息和地租等,奠定了必要的理论基础。

资本家在追逐剩余价值的内在动力和竞争规律的外在压力的驱动下,必然会不断改进生产技术设备,提高劳动生产率,降低单位产品的成本,以获取更多的相对剩余价值和在竞争中立于不败之地。随着更多的剩余价值资本化,资本有机构成必然有不断提高的趋势,每个劳动力所推动的生产资料大大地增加了。在资本主义发展初期,主要是以工厂手工业为主,资本有机构成提高缓慢;第一次产业革命和第二次产业革命,如蒸汽机、电力和石油矿物的利用,使生产工具产生了革命性的变化;第三次科技革命的浪潮涌起,出现了由计算机自动控制的生产过程,资本有机构成不断提高的趋势明显增强了。

资本有机构成的提高,一般是以个别资本的增大为前提的,而个别资本的增大是通过资本积聚和资本集中的两种形式来实现的。

二、资本的积聚和集中

所谓资本的积聚是指个别资本依靠剩余价值的资本化来增大资本的总额。资本积聚一般是从资本积累直接产生并和资本积累直接联系着的,资本积累的规模愈大,资本积聚也就愈多,从而,个别资本的总额也就愈大,同时,个别资本在物质形式上所表现出来的总量也就愈大。资本积聚有三个特征:(1)在其他条件不变的情况下,社会生产资料在单个资本家手中的积聚,受现有社会财富数量和增长程度的限制;(2)由于单个资本的分散性,各自的资本量相对较少,剩余价值量也相应较少,这就使资本积聚的速度(即新资本的形成)受到限制,积聚的程度也相对受到限制;(3)单个资本可能因财产权的分割而分裂成为更多更小的单个资本,使单个资本分散性所受到的局限,愈加凸显。资本积聚的这种局限性,不能适应资本主义生产无限扩大的需要,只有资本集中才可以突破这种限制。

资本集中不是个别资本家把剩余价值资本化的结果,而是把已经形成的各个资本进行合并。它是通过大资本吞并小资本,或者许多小资本联合成少数大资本的方式来实现的。进入 20 世纪以来,也出现了许多小资本吞并大资本,从而形成更大的资本的情况。资本集中在旦夕间使单个资本的规模增大,但却不会引起社会资本总量的扩大,因而,不是社会财富增加所导致的。资本集中是竞争和信用这两个强有力的杠杆造成的。在激烈的竞争中,大资本有条件采用先进技术,从而降低成本,在竞争中居于有利地位;而中小资本较难做到这点,往往在竞争中处于不利地位,甚至破产,这使大资本可以通过兼并手段合并破产或濒临破产的中小资本。同时,也可以通过信用制度支配别人的资本,出现"大鱼吃小鱼"的局面。另外,在信用制度发展的前提下,股份公司通过和平方式就可以吞并小企业,大大加速了资本的集中,在经济危机时,尤其如此。

资本积聚与资本集中,是相互作用、密切联系的。一方面,随着资本积聚的进行一定会引起资本集中。因为资本越积聚,行业企业规模越大,就越能增强竞争实力,有利于大资本吞并小资本。另一方面,资本集中会促进资本积聚。因为,竞争会推动中小企业进行联合,组成股份公司和建立大企业,采用先进的科技设备,提高劳动生产率,提高剩余价值率,增加剩余价值量,致使有更多的剩余价值资本化,提高积聚的规模,从而增大个别资本的总额。资本集中使资本家能扩大生产规模,能够办成需要有巨额资本起点才能兴办的企业。正如马克思所指出的:"假如必须等到积累去使某些单个资本增长到能够修建铁路的程度,那么恐怕直到今天世界上还没有铁路。但是,集中通过股份公司转瞬之间就把这件事完成了。"①

资本积聚和集中,虽然都是个别资本增大的形式,但两者是有区别的:(1)资本的积聚是借助剩余价值资本化来实现的,它一开始就促使社会资本总量的增加。在这一点上,积聚和积累是一致的,只不过积聚是就个别资本增大的形式或途径而言的,而积累既适用于一个企业,也适用于一个行业、部门和整个社会。而资本集中是资本家之间对资本的重新组合和分配,资本集中并不增大社会总资本,而只是改变现有资本在不同资本家之间的重新整合。(2)资本积聚是规模扩大的再生产,而集中则是通过单纯改变既有资本的分配,通过单纯改变社会资本各组成部分的比率来实现扩大再生产的。

劳动生产率的提高成为积累的最强有力的杠杆,而劳动生产率的提高必然促进资本有机构成的提高。在资本积聚和资本集中相互促进、相互增强的情况下,各个资本家都会积极重视新技术的发明和应用,从而促进资本有机构成愈来愈高,并在推进资本主义物质生产方式迅速进步的同时,产生了相对过剩人口。

---

① 《马克思恩格斯文集》第 5 卷,人民出版社 2009 年版,第 724 页。

三、相对过剩人口的自然基础

在资本主义发展初期,由于生产技术水平较低,资本有机构成相对处于不变状态,因而资本积累增长时,总资本中不变资本和可变资本会按同一比例增加,导致资本对劳动力的需求也随着资本的增加而增加。在其他条件不变的情况下,这可能引起劳动力供不应求,引起工人工资的提高和工人生活条件的某些改善。但是我们要正确地认识到:(1)工人工资的提高并不会改变雇佣劳动隶属于资本的经济地位和生产的资本主义性质;(2)工人工资的提高并不影响资本家获得更多的剩余价值,因为工人工资的提高是资本积累所引起的,资本积累后又会带来更多的剩余价值。

当资本主义机器大工业的生产方式确立后,随着资本积累和资本有机构成的提高,资本对劳动力的需要相对减少,有时甚至会绝对地减少。资本有机构成提高,可变资本的绝对量会增加,但它在总资本中所占的比重却会下降。资本对劳动力的需要不是取决于总资本的大小,而是取决于可变资本部分的大小。因此,在工人工资不变的情况下,资本对劳动力的需要也将日益相对减少。这种情况可以用表 4-1 说明。

表 4-1　资本有机构成变动下的可变资本对劳动力的需求变化

资本总额（元）	资本有机构成（c∶v）	不变资本（元）	可变资本（元）	需要工人人数（每人工资 40 元）	每千元投资需要工人人数（人）
20 000	1∶1	10 000	10 000	250	12.5
80 000	3∶1	60 000	20 000	500	6.25

从表 4-1 可以看出:由于资本总额的增加,可变资本的绝对量可以增加,因而需要的劳动力在绝对量上也相应增加,可是由于资本有机构成的提高,使可变资本的相对量减少,因而对劳动力的需要也相对减少,即每千元投资需要的工人人数由原来的 12.5 减少到 6.25 人。

随着资本积累的增加和资本有机构成的提高,必然出现两种对立的趋势:一方面是资本对劳动力需求相对有时甚至绝对地减少的趋势;另一方面,随着资本主义竞争的加剧和资本有机构成的提高,导致部分中小企业主破产、农业小生产者破产以及妇女、儿童也加入到劳动力供给的大军中,出现劳动力供给迅速增加的趋势。

应该看到,随着技术进步、劳动生产率的提高,资本技术构成及其绝对的资本有机构成提高是生产力发展的必然趋势,从而技术进步和劳动就业的矛盾,并非资本主义社会所独有。只不过这一矛盾在资本主义制度下表现得更尖锐罢了。事实上,技术进步及其资本有机构成提高只是为形成资本主义所特有的相对过剩人口提供自然基础,要探究相对过剩人口形成的根本原因,则必然从资本主义生产关系本身去寻找。

四、相对过剩人口的社会根源

我们已经知道,剩余价值规模是资本主义社会的基本规律,资本主义一切生产的目的都是为了最大限度地榨取剩余价值,使资本增殖,资本家对劳动力的需求必须服从这一需要。当资本增殖需要劳动力时,工人就会就业;当资本增殖不需要他们时,工人就会失业。社会财富是由工人创造的,但这并未使他们的生活状况改变多少,反而是转化为膨胀的资本积累,提高了资本有机构成。

可见,所谓相对过剩人口,就是劳动者的供给超过了资本对它的需要。并不是说社会生产的发展绝对不需要这些劳动力了,也不是社会财富已经不能维持全社会人口的生活需要,而只是这些劳动力相对于资本攫取剩余价值的需要来说是过剩的。所以,相对过剩人口是资本主义制度的产物,是资本主义所特有的人口规律。马克思指出:"劳动人口在他们生产出资本的积累时,将会按愈益加大的范围,生出多种手段,致使他们自己变为多余的人口。这就是资本主义生产方式所特有的一个人口规律。"[1]

相对过剩人口不仅是资本主义生产方式的必然产物,而且也是资本主义存在和发展的必要条件。因为:(1)资本主义生产的发展是不平衡的,由于资本积累的增加和劳动生产率的提高,能够转为资本的剩余价值量增大了;随着资本主义信用的发展,资本家可以集中社会财富的一个异常大的部分,作为追加资本投入生产;随着生产过程技术条件的改进,能够以最大的

---

① 《马克思恩格斯文集》第 5 卷,人民出版社 2009 年版,第 727~728 页。

规模极迅速地把剩余产品转化为追加的生产资料。由于上述原因,使某些产业部门有突然的扩张能力,需要吸收大批的工人,如果没有剩余劳动人口的存在,这些部门的生产要突然扩张是不可能的。(2)资本主义发展是有周期性的,它不断经历着危机、萧条、复苏、繁荣再到危机的发展阶段,而工业生产的周期变换,会反过来创造出失业人口,补充产业后备军,成为过剩人口再生产的一个非常有力的因素。没有一定数量的工人,生产的扩张是不可能的;在生产的周期过程中,资本家必须找到可供支配的人手,才能够依据市场情况在必要时扩张或收缩他们的营业活动。相对过剩人口的存在,有利于满足资本价值增殖的需要,使资本主义生产得以周期性地顺利进行。(3)在可变资本增加的情况下,资本家可以购买更多的劳动力,以推动更多的物化劳动;在可变资本不变或减少的情况下,资本家可以提高技术装备水平,使同样数量甚至更少的工人推动更多的物化劳动。(4)产业后备军与在业工人之间的并存,会形成失业压力,迫使在业工人更容易接受资本家的支配条件。因此,相对过剩人口的存在,是资本主义生产方式存在和发展的必要条件。

五、相对过剩人口的形式

在资本主义社会里,相对过剩人口基本上有三种形式。

第一种是流动的形式。这种形式的过剩人口主要存在于现代工业中心,在那里,工人经常由于企业生产的扩大、缩小或其他的原因,时而被吸收到生产过程,时而又被解雇,处于流动的形式。在资本主义国家中,工人的工作由于极不稳定,因而一生中没有失业的人很少。流动的过剩人口随着资本主义工业的发展而日益增多。第三次科技革命后,特别是 20 世纪 70 年代以来的能源危机和 80 年代严重的供给冲击,使美国一些依赖于能源和出口能力下降的行业,如钢铁业和汽车业,日益衰落,石油钻探工业在经历了一个较短的发达时期之后又宣告破产,但电子行业却兴旺起来。在这种情况下,南部和西南部的阳光地带日渐繁荣起来,而东北部的霜降地带的经济却停滞不前。于是,在经济衰落地区,如底特律或匹兹堡,出现了大量失业工人,而这些失业工人又很难迁移到阳光地带的洛杉矶或达拉斯,去填补那里的工作空缺。我们把这种由于科技进步,由于新技术、新部门的出现而导致的劳动力供求不一致时产生的失业称为结构性失业。供求不一致是指一方面对某种劳动力的需求增加,对另一种劳动力的需求减少,而另一方面某一劳动力供给的增减却不能迅速作出相应调整从而出现的不一致。这是流动过剩人口在现代条件下的一种新新式。

第二种是潜在的形式。这主要是指农业中的过剩人口。随着资本主义农业的发展,有越来越多的农民破产,他们不得不靠出卖劳动力来维持极为贫穷的生活。但是,随着农业资本有机构成的提高,对农业工人的需要不仅是相对而且是绝对减少,这样农业中就形成大量的过剩人口。这种农业过剩人口之所以是潜在的,是因为他们还暂时保留着一小块土地,形式上并没有完全失业,但一有机会,就注入城市,补充城市无产阶级的队伍。

第三种是停滞的形式。这主要是指在自己家里为工厂主或包买主干活的城乡居民和依靠打短工过活的广大劳动者阶层。虽然形式上这一部分劳动者是现役劳动力大军的一部分,但他们工作不固定,劳动时间最长而工资最低,经常处于失业、半失业状态。

最后,相对过剩人口的最底层是指那些陷于赤贫状态的需要救济的人,包括丧失劳动能力的人和各种被迫堕落和流浪的人等等。

第三节　资本主义积累的一般规律和历史趋势

资本积累导致资本有机构成的提高,而资本有机构成的提高对资本主义生产方式产生着巨大的影响,出现了相对过剩人口和产业后备军,从而对无产阶级的命运产生了巨大影响。

一、资本主义积累的一般规律

资本积累使社会财富日益集中于资产阶级手中,而社会财富的直接创造者无产阶级则日益贫困。这种两极化是资本主义发展的必然趋势。马克思指出:"社会的财富即执行职能的资本越大,它的增长的规模和能力越大,从而无产阶级的绝对数量和他们的劳动生产力越大,产业后备军也就越大。可供支配的劳动力同资本的膨胀力一样,是由同一原因发展起来的。因此,产业后备军的相对量和财富的力量一同增长。但是同现役劳动军相比,这种后备军越大,常备的过剩人口也就越多,他们的贫困同他们所受的劳动折磨成反比。最后,工人阶级中贫苦阶层和产业后备军越大,官方认为需要救济的贫民也就越多。这就是资本主义积累的绝对的、一般的规律。"①

由此可见,资本主义积累的一般规模可概括为三方面内容:(1)执行职能的资本越大,资本积累增长的规模和能力越大,产业后备军就越大;(2)和就业人口相比,产业后备军越大,经常失业的人口就越多;(3)工人们越是失业,也就越贫困,政府认为需要救济的贫民也就越多。因此,资本主义积累在实质上包含两极的积累:一极是资产阶级财富的积累,另一极是无产阶级贫困的积累。

资本主义积累的一般规律深刻地揭示了剩余价值规律、资本积累和无产阶级贫困之间的内在联系,揭示了无产阶级同资产阶级之间经济利益的根本对立。资本主义积累的一般规律是绝对的规律,只要资本主义制度存在,这一规律就必然发生作用。虽然在不同的国家和不同的时期,它的表现形式可能有所不同。

二、无产阶级贫困是资本积累的必然结果

无产阶级贫困是资本主义积累的必然结果。这主要表现为两种情况:一种是无产阶级所得的收入在社会总收入中所占的比重下降,但他们的生活状况没有继续恶化,甚至有所改善,只是与社会财富增大的程度相比而言,比过去更穷了,这是相对的贫困;另一种是无产阶级所得的收入与社会总收入对比不但相对地下降,而且他们的生活消费也下降,即他们的收入越来越不足以购买维持生活所必需的消费品(包括劳务),这是绝对的贫困。一般而言,无产阶级的绝对贫困只存在一部分无产阶级之中,但在资本主义发展的某个时期,特别是经济危机期间,它会成为普遍存在的现象。

无产阶级的贫困具体表现在以下几个方面:

(一)大量的失业和半失业者的经常存在

与 2007 年相比,2013 年全美 35 个州中 25～54 岁人口的就业率是下

---

① 《马克思恩格斯文集》第 5 卷,人民出版社 2009 年版,第 742 页。

降的。2007年该年龄段80％的人可以就业；而2012年6月至2013年6月，只有76％的人可以就业。① 据美国消费者新闻与商业频道网站2013年9月16日报道，2012年美国工人平均失业时间为39.5周，是第二次世界大战以来最严重的一年。美国最低收入家庭的失业率高达21％，几乎和20世纪30年代大萧条时期所有工人的失业率相同。2013年10月，美国退伍老兵的失业率为6.9％。"9·11"事件以后服役的退伍老兵中有24.6万人正在寻找工作。② 2014年美国国情咨文称，即使在复苏之中，许多美国人还是在勉强度日，还有很多人仍然没有工作。

无家可归者人数持续增加。《洛杉矶时报》2013年11月22日报道称，2011年至2013年，美国的无家可归者增加了16％。洛杉矶郡无家可归者增长了15％，达57 737人。据美国无家可归者联盟2013年11月发布的数据，纽约市收容的无家可归者的人数自2002年以来已经增加了71％以上。纽约市每天晚上有多达60 000人无家可归，其中包括22 000多名儿童。

(二)大批工人生活在贫困线以下，收入差距拉大

2012年美国贫困人口超过4 700万，总体贫困率为15％，大约有640万65岁以上的老年人非常贫困。③ 美国国内税收署1913年至2012年的数据显示，美国目前的贫富差距是这一时期最大的。2012年，美国收入最高的1％的人口集中了19.3％的总收入；美国10％的家庭控制了全美50.4％的总收入，这个数字是自1917年以来最高的。2009年至2012年，美国收入最高的1％的家庭的收入增长了31.4％，占美国全部收入增长的95％；而低收入阶层只增长了0.4％。④ 2014年美国国情咨文称，美国公民的平均工资几乎没有变化，社会不平等加深。相对应的是美国的基尼系数也从1981年的0.36上升到1990年的0.396，2000年的0.433，2012年达到0.451。

(三)劳动强度和精神折磨将加深

工人的工作环境和劳动报酬状况恶化。2013年4月18日，美国得克萨斯州一家化肥厂发生严重爆炸，造成14人死亡，约200人受伤，并产生危

① 美国皮尤中心网站(www.pewstates.org)，2013年11月27日。
② 美国有线电视新闻网站(www.edition.cnn.com)，2013年11月11日。
③ 路透社网站(www.reuters.com)，2013年11月6日。
④ 《环球邮报》网站(www.globalpost.com)，2013年9月10日。

险品泄漏。美国职业安全和卫生署因常年缺乏资金,自1985年以来从未对这个化肥厂进行过检查。[①] 2013年2月1日,《赫芬顿邮报》在题为"美国农场工人的劳动条件类似于现代奴隶"的报道中称,美国农场工人的计件工资超过30年没有得到改变,每天都会有一名农场工人死于工作中,受伤的则有数百人。农场工人工作场所缺乏有效的政府监管。《今日美国报》2013年12月5日的报道称,美国有超过100个城市的快餐店工人举行大罢工。罢工者认为依靠每小时7.25美元的最低工资、1.5万美元的年薪难以维持生计。他们主张每小时最低工资提升到15美元,开始"为15美元而战"。

世界卫生组织的研究者日前说,尽管美国有对付毒品的严格法令,但美国是世界上吸食大麻和可卡因人数比例最高的国家。美国有16%的受访者有过吸食可卡因的经历,超过42%的美国受访者承认试过吸食大麻。美国人还是最有可能吸烟的人群,74%的人承认自己曾有过吸烟史。研究者指出,"毒品问题在富有的国家更严重",禁毒条令较为宽松的国家吸毒人数比例反而较低。[②]

2007年美国次贷危机以来,2009年,多于37 000的美国人因自杀而失去了生命,500 000多人处于自杀边缘。

(四)社会保障问题重重

据美国人口普查局2013年9月17日公布的数据,2012年,美国约有4 800万人仍然没有医疗保险,占总人口的15.4%。同时,享受到政府健康保险的人数比例只有小幅上涨,从32.2%增长到32.6%。与2011年相比,无论是否享受健康保险,人们在卫生保健方面的负担都在不断增加。[③] 州政府联邦拨款信息中心认为,2013年,美国政府"关门"影响到的涉及民生的项目包括:大部分K—12[④]教育资助项目,为穷人提供的低收入家庭能源补助项目,为妇女、婴儿和儿童提供的特殊补充营养项目,失业保险项目管理基金,以及儿童营养项目和其他在10月1日以后开始的项目。[⑤]

无产阶级贫困理论是马克思资本积累理论的重要组成部分。在考察资

---

① 《赫芬顿邮报》网站(www.huffingtonpost.com),2013年6月4日。

② 新华网华盛顿2008年7月4日电。

③ 美国有线电视新闻网网站(www.edition.cnn.com),2013年9月17日。

④ K—12,是指美国从幼儿园至12年级的免费教育阶段。

⑤ 美国皮尤中心网站(www.pewstates.org),2013年9月26日。

本主义国家的无产阶级状况时应注意以下几点:第一,要从整个工人阶级来看,不能单纯考虑少数工人的生活水平,还应注意失业工人的生活;不仅要看发达国家工人的生活状况,更要看发展中国家工人的生活状况。第二,要从整个资本主义生产周期看,不仅要看一时的经济繁荣,还要看经济萧条;不仅要看物质生活,还要看政治生活和精神生活。第三,无产阶级的贫困并不排除无产阶级物质生活水平的逐步提高和改善,但这一切并不能改变其受资本雇佣的地位,相反,随着资本积累规模的扩大,科技的进步,劳动力对资本的从属关系反而加强了。

三、资本主义积累的历史趋势

资本原始积累和资本积累促进了资本主义生产方式的产生和发展,但也使资本主义生产方式发生了不可克服的内在矛盾,从而必然走向灭亡。这是不以人们的意志为转移的客观规律。

(一)资本原始积累和资本积累

资本主义生产过程必须具备两个条件:一无所有的劳动者和具有相当数量货币资本的商品生产者。那么,在资本主义生产方式未在社会生产中占统治地位之前,大量的货币资本和大批劳动力商品究竟是怎样产生的?资本主义生产关系究竟是怎样发展起来的? 要回答这些问题,就必须考察资本的原始积累。

我们前面讲过,资本主义生产关系最初是从小商品生产者的分化中产生的。但是,从小商品生产者的分化中产生资本家和雇佣工人,是一个非常缓慢的过程。而在欧洲和北美洲资本主义发展的历史中,货币资本的积累和劳动者被剥夺生产资料变为雇佣工人的过程,都是借助于暴力加速实现的。这个历史过程就是资本原始积累的过程,它是在资本主义生产方式确立以前初始资本的形成过程。

用暴力剥夺农民的土地,使小生产者成为雇佣工人,是资本原始积累的基础。这在英国最为典型。15 世纪末和 16 世纪初,适应毛纺工业发展的需要,在英国曾出现所谓的"圈地运动"。大地主和农场主用暴力手段拆毁和焚烧农民的房屋,变耕地为牧场;把破产农民赶入城市,并颁布各种血腥立法,迫使他们进厂做工。英国当时的法令规定:对于没有职业的流浪人,第一次被捕要受鞭打,第二次被捕要割去一只耳朵,第三次被捕要判处死刑。1509—1547 年被处死的流浪人有 72 000 人。圈地运动持续了 300 多年,无数农民流离失所,沦为乞丐、盗贼和流浪者。

最初的货币财富,是通过对殖民地人民的掠夺和强盗式的贸易而积累起来的。新兴资产阶级通过勒索战争赔款的办法来积累货币资本,他们贩卖奴隶和毒品,从 1680—1775 年的 95 年中,英国人就运送了 300 万非洲黑人到美洲去当作奴隶卖掉。资产阶级还利用国家证券,发行公债,征收捐税、关税等方法,从人民头上搜刮大量钱财来扶持新兴的资本主义工业。

因此,资本原始积累的过程,就是手工业者和农民被剥夺生产资料的过程,就是殖民地人民被杀戮、被掠夺、被贩卖的过程。在这个过程中,大量的雇佣劳动者被创造出来了,大量的资本积累起来了。这就是资本主义生产方式的前奏曲。所以马克思说:"资本来到世间,从头到脚,每个毛孔都滴着血和肮脏的东西。"①

资本原始积累和资本积累都反映了资本主义生产关系的内在矛盾和对抗性,但二者是有区别的:资本积累以资本主义生产方式的存在为前提,它是通过对雇佣劳动的剥削使剩余价值资本化来实现的,如果没有剩余价值生产,也就没有资本积累;而资本原始积累是在资本主义生产方式占统治地位以前,资产阶级利用各种政治、经济的强制手段,对小生产者和殖民地人民进行残酷掠夺而实现的,它是资本主义生产方式形成的历史前提。

(二)资本主义积累的历史作用

资本主义积累对生产力和生产关系具有双重性。一方面,资本主义反映了资本与劳动的对抗性质,产生了无产阶级的贫困和资产阶级财富的积累;另一方面,资本主义积累反映了生产力的性质和要求,具有推动社会发展的进步职能。表现在:

(1)资本的原始积累,对瓦解以自给自足为主导的自然经济,打击封建势力,推动封建生产方式向资本主义生产方式的转变起了重大作用。资本主义生产关系的确立,对封建社会的生产关系而言,是人类社会发展史的一个重大的进步。

(2)资本主义生产方式的确立,使社会生产力从封建制度的束缚下解放

---

① 《马克思恩格斯文集》第 5 卷,人民出版社 2009 年版,第 871 页。

出来,获得了前所未有的发展,同时为科技革命开辟了广阔的道路。18世纪中叶,英国掀起了以蒸汽机的发明为主要标志的第一次科技革命,迅速波及欧美各国。新大陆的发现,轮船的行使,铁路的开通,使人类从手工工具时代进入机器时代,使资本主义工场手工业变为机器大工业。资本主义建立了强大的物质技术基础,使劳动生产率得到空前提高和发展。从此,资本主义生产方式彻底战胜了封建生产方式,并占据统治地位。

(3)资本主义积累的不断增进,资本积聚、资本集中和资本有机构成的提高,有力地促进了企业生产规模的扩大,推动了社会分工向广度和深度发展,使商品货币关系波及社会生产的各个领域,使分散、单一封闭的地方性市场连接成全国统一的市场,并使国内市场连接到国际市场。实践证明,在工场手工业向机器大工业转变的过程中,资本积累起了巨大的作用。正是由于资本积累,使资本主义在短短几百年的时间内,所创造的生产力,比过去一切有人类记载的历史而言,还要多还要大。正是在这个意义上,马克思说,资本主义生产方式和劳动生产率的发展"既是积累的原因,又是积累的结果"①。

(三)资本主义积累的历史趋势

资本主义生产方式确立后,一方面使以个体劳动为基础的私有制向以雇佣劳动为基础的资本主义私有制转化;另一方面使孤立、分散和规模狭小的个体小生产转变为社会化大生产。

资本主义生产的社会化主要表现在:

(1)随着资本积累的增长,生产的规模日益扩大,在各个资本主义企业里许多劳动者共同使用生产资料,共同进行生产,使生产过程成为许多人协作的社会化的生产过程,劳动产品也成为社会共同的劳动成果。

(2)随着资本积累的增长,资本主义的社会分工和生产专业化日益发展,各个企业、各个部门之间相互联系和互相依靠的程度也日益加强,每一个产品实际上都由全社会劳动者共同生产出来,生产过程变成社会化了。

(3)资本主义不仅促进了社会分工的发展和生产规模的扩大,而且使国际市场也迅速发展起来;不仅使工业而且使农业生产也日益社会化。生产日益变成世界规模的生产,各个国家和民族的经济日益密切地连接在一起。

---

① 《马克思恩格斯文集》第5卷,人民出版社2009年版,第732页。

生产的社会性质要求社会占有生产资料,并由社会对生产进行统一经营和管理,要求生产成果也归社会占有并根据社会的需要进行分配。但是,在资本主义制度下,生产完全服从于资本家追逐剩余价值的目的,按照资本家个人的意愿来进行;生产出来的产品则完全由资本家所占有,并按照他们的私利来进行交换和分配。这样,生产的社会化同生产资料的资本主义私人占有制之间便发生了深刻的矛盾。这就是资本主义社会的基本矛盾。当资本积累导致生产资料和劳动产品日益集中于少数资本家手中时,这一矛盾也就日益激化。经济危机的周期性爆发,正是这一矛盾激化的集中表现。尽管伴随着生产社会化程度的不断提高,资本不断从个别资本向社会资本转化,从而实现自我扬弃,尤其是第三次科技革命后,资本主义生产关系在资本主义制度允许的范围内进行许多自我改变和发展,但这些自我调整只是在资本主义生产关系范围内进行的,不可能从根本上消除资本主义基本矛盾。只有建立与生产的社会化性质相适应的社会主义公有制,才能从根本上解决这一矛盾,才能为社会生产力的发展开辟广阔的道路。

资本主义的积累过程,不仅为资本主义的灭亡准备了客观的物质条件,而且也准备了资本主义制度的掘墓人——无产阶级。无产阶级是社会化大生产的产物,体现了生产力发展的要求,代表着历史前进的方向,是思想上、政治上、组织上最强大的阶级,却隶属于资本,因而富有革命的彻底性。这决定了无产阶级能够肩负起改变资本主义制度和建立社会主义制度的历史使命。这样,到了一定时候,"生产资料的集中和劳动的社会化,达到了同它们的资本主义外壳不相容的底部,这个外壳就要炸毁了。资本主义私有制度的丧钟就要敲响了。剥夺者就要被剥夺了。"①

考察资本主义生产方式的历史,可以看到,资本主义私有制是对独立的个体劳动者私有制的第一个否定,劳动者所占有的生产资料被资本家剥夺而沦为无产者。资本主义内在矛盾的发展又必然造成对其自身的否定,这是否定之否定。第二个否定是劳动者从资本家手里夺回生产资料,在共同联合占有的基础上,建立生产资料公有制。这是历史的辩证法。应该看到,这一历史过程具有复杂性、曲折性、反复性和艰巨性,它不是一蹴而就的,是一个长期的过程。

----

① 《马克思恩格斯文集》第5卷,人民出版社2009年版,第874页。

小结

　　资本积累就是剩余价值的资本化,扩大再生产是资本主义再生产的特征。可见剩余价值是资本积累的源泉,资本积累是扩大再生产的前提条件,扩大再生产的结果是剩余价值的增大。这是三者之间的关系。在剩余价值分解为消费资金和积累资金的比例不变的情况下,资本积累量的大小取决于剩余价值率、社会劳动生产率、所用资本和所费资本的差额及预付资本量等四个因素。

　　资本积累的进行必然带来资本有机构成的提高,即在资本的物质构成中,生产资料等物质要素的增长快于劳动力要素的增长,它反映在资本的价值构成中,就是不变资本的增长快于可变资本的增长,二者表现为有机的联系。资本有机构成不断提高的趋势,表明资本对劳动的需要相对减少,终将导致资本主义的相对过剩人口。相对过剩人口或劳动后备军的存在既是资本积累的必然,又是资本主义生产必备的条件。资本有机构成理论在马克思经济学中占据着极其重要的地位,它是分析资本主义诸经济范畴逻辑演进的关键。

　　资本有机构成的提高,一般要以个别资本增大为前提,而个别资本的增大则是以资本积聚和资本集中两种形式来实现的。资本集中突破资本积聚的局限性,使个别资本在旦夕间剧增,竞争和信用是资本集中的强有力杠杆,它还为生产资料和劳动力往大企业集中即生产集中创造了条件。

　　资本主义积累的一般规律是贫困和财富往两极积累,其历史趋势是生产社会化程度不断提高,资本主义基本矛盾激化,最终导致资本主义的自我否定。

关键词

　　再生产　扩大再生产　资本积累　资本积聚　资本集中　商品所有权规律　资本主义占有规律　资本有机构成　相对过剩人口

思考题

1.马克思是怎样从资本主义简单再生产过程的分析中揭示资本主义剥削关系的?

2.影响资本积累的因素有哪些?

3.资本积累、资本积聚和资本集中的关系如何?

4.商品所有权规律怎样转化为资本主义占有规律?

5.为什么说相对过剩人口既是资本主义积累的必然产物,同时又是资本主义存在和发展的必然条件?

6.怎样认识当代资本主义发达国家的无产阶级贫困问题?

7.怎样认识资本主义积累的历史趋势?

第五章　　　　资本的循环和周转

　　资本作为带来剩余价值的价值,必须不断从流通过程进入生产过程,再从生产过程回到流通过程。资本只有在这种不断的运动过程中,才能实现其价值的增殖。如果资本停止了运动,就失去了生命的活力。本章着重从生产过程和流通过程统一的角度考察个别产业资本的流通过程,进一步揭示资本运动过程即资本循环形式和资本周转速度的特点、本质和规律。

第一节　资本的循环

　　产业资本循环既是生产过程和流通过程的统一,又是三种循环形式的统一,而且在其循环过程中,依次经过购买、生产和销售三个阶段,并相应采取货币资本、生产资本和商品资本三种职能形式,以此实现资本的价值增殖。

一、产业资本循环的三个阶段和三种职能形式

　　产业资本在其运动过程中,必定要经历三个不同的阶段,并依此采取三种不同的职能形式。在此,我们不把商业资本或者借贷资本列入本章的考察范围之内,因为这二者并不支配资本主义的生产过程,也不能决定生产的性质,而且在资本的运动过程中并不能实现价值的增殖。资本作为能够带来剩余价值的价值,必须在运动中才能实现价值的增殖,然而能够发生价值增殖的资本只有产业资本,即按照资本主义生产方式经营的,投资在工业、

农业、物质运输和建筑业等物质生产部门的资本。产业资本循环是指产业资本依顺序经过购买、生产、销售三个阶段,并相应地采取货币资本、生产资本、商品资本三种职能形式,最后又回到原来的出发点的运动过程。

　　资本的运动和产业资本的循环的第一个阶段是资本的购买阶段,即由货币资本转化为生产资本的阶段。资本家以购买者的资格,出现在商品市场和劳动力市场上,用货币购买生产资料和劳动力这两种商品,完成货币资本向生产资本的转化。如果用 G 代表货币,用 W 代表商品,A 代表劳动力,Pm 代表生产资料,—代表生产过程,则这一阶段用公式表示为:

$$G-W\begin{cases}A\\Pm\end{cases}$$

　　从形式上看,这一过程似乎只是简单的商品流通,都是用货币去购买商品,在此,货币似乎只是作为购买手段或支付手段,使价值从货币形式转化为实物形式。但从其物质内容看,它是资本的流通,是为资本家的剩余价值生产做准备的阶段。因为此时资本家所购买到的不是一般的商品,而是作为剩余价值生产手段的生产要素,即生产资料和劳动力。劳动力商品的使用价值具有特殊性,对它的使用即劳动者的劳动是剩余价值的源泉,生产资料则是生产剩余价值的物质条件。这里的生产资料和劳动力构成了具有生产剩余价值能力的生产资本。因此,资本家用来购买生产资料和劳动力的货币,也不是一般的货币,而是货币形式的资本,即货币资本,是要实现价值增殖的货币。货币资本的职能就是为生产价值和剩余价值作准备。其中,G—A,即资本家购买劳动力,是货币转变为货币资本的关键。但是,货币的职能之所以能够转化为货币资本的职能,并不是货币本身的性质决定的,也不是货币具有购买手段和支付手段职能的结果,而是由一定的社会经济条件决定的,这就是劳动者和生产资料相分离,劳动力转化为商品。换言之,生产资料的资本主义所有制,是货币的职能转化为货币资本的职能的前提。

　　在购买阶段,货币资本所购买的是进行资本主义剩余价值生产的物质要素,不仅在质上要分割为生产资料和劳动力,并使二者在性质上相互适应,而且在量上也必须保持一定的比例关系。一般来说,这种量上的比例关系是由资本的技术构成决定的。

　　经过购买阶段,资本在数量上并没有发生变化,但在物质形态上发生了改变,即由货币资本形式转化为生产资本形式。当这个转化完成后,产业资本循环就进入第二阶段。

产业资本循环的第二阶段是资本的生产阶段,即生产资本转化为商品资本。在这一阶段,资本家以商品生产经营者的资格,使用购买到的生产资料和劳动力进行生产。这个阶段处于生产过程,是资本主义的劳动过程和价值增殖过程的统一。生产过程的结果是生产出包含剩余价值的商品。这个商品与资本家之前购买阶段所购买的商品相比,不仅物质形态不同,而且价值量也大于原货币资本价值,它包含了工人创造的剩余价值。生产阶段可用如下公式表示:

$$W \Big\langle \begin{array}{c} A \\ \\ Pm \end{array} \cdots P \cdots W'$$

公式中,…表示流通过程的中断,P 表示生产过程,W′表示包含了剩余价值的商品。

从形式上看,任何社会制度下的直接生产过程,都是劳动力与生产资料结合起来生产出新产品的过程。因此,这个阶段似乎如同一般的商品生产过程一样,本身并没有什么特别,但作为资本主义生产过程,其生产阶段又是作为资本循环的一个特定阶段而存在的。这其中关键在于资本主义生产方式下的劳动力与生产资料结合方式的特殊性质。在资本主义制度下,劳动力与生产资料的结合,是通过资本家购买劳动力并使之与其占有的生产资料相结合而实现的,这种特殊性质的结合方式决定了进入资本主义生产过程的劳动力从属于资本家,并为资本家提供活劳动以生产剩余价值;而进入资本主义生产过程中的生产资料,则是吸收活劳动所生产的剩余价值的物质条件。生产资料和劳动力,是任何社会进行物质生产所不可缺少的要素,它们本身并不是资本,只有当它们在资本主义条件下结合起来,进行剩余价值生产,作为剩余价值生产的工具时,才成为生产资本。这是因为劳动力和生产资料这样的生产要素,在资本主义生产过程中,是作为资本家的可变资本和不变资本来发挥作用的,因而生产要素成了资本价值的又一种存在形式,即成为生产资本。所谓生产资本就是以生产资料和劳动力形式存在的资本。生产阶段不仅生产出一般的商品,而且更重要的是生产出包含剩余价值的商品,从而成为资本循环的一个特定阶段。生产资本的职能就是生产剩余价值。

经过生产阶段,资本不仅在形态上发生了变化,由生产资本转化为商品资本,资本的形式由生产要素形式转化为商品形式,而且资本在数量上也发生了变化,发生了价值增值。当生产资本转变成为商品形态以后,产业资本循环就进入第三阶段。

第三阶段是销售阶段,即由商品资本转化为货币资本的阶段。这一阶段,产业资本家以商品销售者的身份重新回到流通领域,出售商品,换回货币,实现包含在商品中的价值和剩余价值,完成商品资本向货币资本的转化。用公式表示如下:

$$W'—G'$$

公式中 G′代表已经增殖了的货币资本。

从形式上看,这一阶段似乎也只是一般的商品流通过程,但是,从实质上看,它却是资本运动的一个特定阶段。这里的 W′不是一般的商品,不是简单商品生产的产物,而是资本主义生产过程的产物。W′不仅包含着预付资本的价值,而且还包含着剩余价值,体现着资本对雇佣劳动的剥削关系,因此具有资本的性质。

商品资本的职能就在于,通过商品转化为货币,一方面收回资本家原先预付在生产要素上的货币资本价值,另一方面实现资本主义生产过程中新创造出来的剩余价值,最终完成资本增殖的全过程。为了实现商品资本的职能,全部的商品资本必须在形态上完全转化为货币资本。如果有部分的商品资本无法转化为货币资本,那就意味着生产过程创造的剩余价值无法全部实现。因此,产业资本循环的第三阶段,即商品资本转化为货币资本的阶段,作为资本价值和剩余价值的实现阶段,对于资本家而言,具有十分重要的意义。商品能否卖出去,以及以什么价格卖出去,关系到能否收回预付资本价值和实现剩余价值,因而关系到资本循环能否正常进行和资本家的命运。

在这一阶段,资本在数量上没有发生变化,但是在形态上却发生了变化,从以商品形态存在的商品资本转化为以货币形态存在的货币资本。这个货币资本又可以再次地用于购买生产资料和劳动力,重新开始新一轮的资本循环。G′既是第一个资本循环的终点,又可以作为第二个循环的起点。

产业资本在其整个运动过程中,作为独立的价值形态,依次经过购买阶段、生产阶段和销售阶段,相应地采取货币资本、生产资本和商品资本的职能形式,在各个阶段发挥着不同的作用,最终又回到原来的出发点,实现价值增殖的全过程,这就是资本的循环。整个过程用公式可以表示为:

$$G - W \Big\langle {}^{A}_{Pm} \cdots P \cdots W' - G'$$

通过对资本循环的三个阶段和资本的三种职能形式的分析,我们可以得到以下结论:

(1)资本循环是生产过程和流通过程的统一。产业资本在其运动过程中,依次经过三个阶段:第一阶段是购买阶段,从货币资本转化为生产资本;第二阶段为生产阶段,从生产资本转化为商品资本;第三阶段为售卖阶段,从商品资本转化为货币资本。其中第一阶段和第三阶段为流通过程,第二阶段为生产过程。因此,产业资本的循环是流通过程和生产过程的统一。其中起决定作用的是生产过程,剩余价值就是在这一过程中被生产出来的。但是,产业资本的循环运动也离不开流通过程,在流通领域,资本的价值量没有发生变化,但资本的形态发生了改变。流通过程的职能是为生产剩余价值作准备,同时实现生产过程中已经生产出来的价值和剩余价值。离开了流通过程,剩余价值的生产就失去了条件和结果。

(2)资本循环的三个阶段是紧密联系、依次更替的。资本的循环要能够正常地运行,就必须顺利地通过这三个阶段,依次从一个阶段转入另一个阶段。其中任何一个阶段遇到阻碍,资本的循环就会受到影响或中断。如果资本循环中第一个阶段上遇到障碍,货币就会成为贮藏货币,不能发挥资本的职能;如果循环中第二阶段上停顿下来,生产资料和劳动力就不会被使用,从而也就不能生产出剩余价值;如果第三个阶段发生障碍,那么,商品就只能堆积在产品仓库里,它所包含的价值和剩余价值也就不能实现。

(3)货币资本、生产资本和商品资本是产业资本循环过程依次采取的三种职能资本形式,而不是三种独立的资本。在资本循环过程中,资本每经过一个阶段,都必须放弃自己原来的职能形式,转变为另一种职能形式。资本的三种职能形式是通过完成各自相应的职能作用,来共同完成剩余价值的生产和实现的。

二、产业资本循环是三种循环形式的统一

（一）产业资本循环的三种形态

产业资本只有在不断的运动中才能保存自己的价值,实现增殖,因此,产业资本不能在完成一个循环以后就停止下来,而必须连续不断、周而复始地循环下去。当一个循环完结以后,货币资本又会立即作为预付资本投入到流通过程中购买生产要素,开始另一个生产过程。因此,资本一个循环过程的结束,就是下一个循环过程的开始。所以,产业资本的循环运动可以用公式表示为:

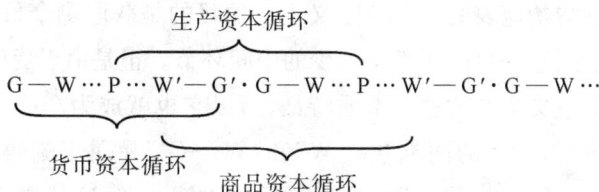

$$\overbrace{G-W\cdots P}^{}\ \overbrace{W'-G'\ G-W}^{生产资本循环}\ P\cdots W'-G'\ G-W\cdots$$

$$\underbrace{G-W\cdots P\cdots W'}_{货币资本循环}\ \underbrace{-G'\ G-W\cdots}_{商品资本循环}$$

从不断重复的循环过程看,产业资本的三种职能形式都是必须依次地经过三个阶段,最终又分别回到原来的出发点。因此,在产业资本的整个运动过程中,不仅进行着货币资本的循环,而且还同时进行着生产资本的循环和商品资本的循环。因此,产业资本不是只有一种循环形式,而是三种循环形式的统一:

(1)货币资本循环:$G-W\cdots P\cdots W'-G'$

(2)生产资本循环:$P\cdots W'-G'\cdot G-W\cdots P$

(3)商品资本循环:$W'-G'\cdot G-W\cdots P\cdots W'$

在此,我们需要强调一下前面所说的产业资本循环与这三种循环形式之间的区别。"产业资本循环"是从平面的角度来考察单个资本的循环运动过程。这里的"产业资本"是一个总的概念,它在运动过程中经历了三个阶段,采取了三种不同的职能形式。而"货币资本循环"、"生产资本循环"和"商品资本循环"则是从立体的角度来考察产业资本的运动,也就是,把产业资本的三种特殊职能形式从思维中抽象出来,分别以"货币资本"、"生产资本"和"商品资本"作为出发点和回归点来考察资本的循环运动。因此,单个

产业资本的循环运动既可以是"货币资本循环",又可以是"生产资本循环"和"商品资本循环"。

1.货币资本循环

一般说来,产业资本循环总是从货币资本的形式开始自己的循环。货币资本循环是从货币形态的预付资本 G 开始,经过一系列的形态变化和价值量变化后,到价值增殖了的 G′结束。在这一循环运动过程中,资本家先预付一定量的货币资本(G)投入流通领域,经过一定时间后,就从流通领域中取得一个价值量更大的货币额(G′),实现价值增殖。如此不断地重复进行下去,货币额就会不断地增加,生产出更多的剩余价值。

货币资本循环有两个重要特征:第一,循环的起点和终点都是货币,并且终点的货币 G′大于起点的货币 G,两者的差额就是剩余价值。因此,货币资本循环最清楚地表明了资本主义生产的目的是获取剩余价值,而生产过程不过是达到这一目的所必不可少的中间环节。正是由于货币资本的循环表明了资本主义生产的这种本质特征,所以它也就成为产业资本循环的一般形态。第二,循环的两端"G—W"和"W′—G′"是属于流通过程的,而生产过程"…P…"则处于这两个流通过程的中间环节,这就造成了一种假象,似乎价值是在流通过程中增殖的,价值增殖好像是货币本身具有的一种能力,从而抹杀了生产阶段在价值增殖过程中所起的决定性作用,歪曲了剩余价值的真正源泉。

2.生产资本循环

生产资本循环是指从生产要素形态的生产资本 P 开始,经过生产阶段,生产出来的包含着剩余价值的商品 W′通过交换转化为货币 G′,而这个 G′又一次作为预付资本投入流通过程,购买生产要素,开始下一次的生产过程。因此,生产资本的循环清晰地表明了资本主义的生产过程是再生产过程,生产是连续不断地、反复进行着的。

生产资本循环的特征是:第一,循环的起点和终点都是生产资本,而流通过程 W′—G′和 G—W 则处于两个生产过程的中间环节。这就清楚地表明了剩余价值来源于生产过程,充分地体现了生产过程的决定性作用。第二,生产资本的一次循环就表明了资本主义生产过程是再生产过程,因为循环中已经增殖了的货币资本 G′并不是作为循环的终结而退出循环过程,而是必须继续投入流通,购买下一次生产过程所需要的生产要素。

生产资本循环强调生产过程在资本运动中所起的作用,纠正了货币资本循环所造成的假象,不再把资本的循环表现为货币自行增殖的过程。但是,在这一循环中,循环的起点和终点都是生产资本 P,而货币资本 G′仅表现为转瞬即逝的暂时形态,因此掩盖了资本主义生产以追逐剩余价值为目的的本质特征。这很容易造成一个假象,似乎资本家是为了生产而生产,容易使人忽视生产过程的资本主义形式,而把生产本身当成是目的,好像生产就是尽可能又多又便宜地生产出产品。

3.商品资本循环

商品资本循环是从两个相互独立又相互联系的流通阶段开始的。它是从已经生产出来的包含着剩余价值的商品资本开始,通过交换转化为货币资本,将这部分的货币资本再次投入下一个生产过程,从而最终生产出另一个包含着剩余价值的商品。与货币资本循环和生产资本循环有所不同,货币资本循环和生产资本循环的起点 G 和 P,都是有待增殖的资本价值,而商品资本循环的起点 W′就是已经增殖了的资本价值。

商品资本循环的特征是:第一,循环的起点和终点都是包含着剩余价值的商品资本 W′,W′不是流通过程的结果,而是生产过程的结果。因此,商品资本循环是处于商品形式上的资本价值与剩余价值的循环。第二,商品资本循环的起始阶段不仅是 W′的售卖阶段,同时也是凝结在商品上的预付资本价值和剩余价值的实现过程。当 W′转化为 G′后,G′必须再一次投入流通过程,继而进入第二次的生产过程,因此,商品资本循环表明了资本主义的生产过程也是再生产过程。第三,商品资本循环的第一个阶段是商品的出售,这表明了商品 W′被全部消费是资本循环得以顺利进行的条件,这其中 W′的消费包括社会的生产消费和个人消费。

在商品资本循环过程中,W′的销售及其消费是资本循环顺利进行的必要条件,从而揭示了生产与消费之间的内在联系。在循环运动过程中,占首要地位的是流通过程,因此,这也造成了一种假象,似乎资本主义的生产目的是为了满足社会的生产需要和个人的消费需要,从而模糊了资本主义追逐剩余价值的本质特征。

我们上面分别考察了产业资本循环的三种形态,它们都是以资本价值增殖为目的的。从对产业资本循环的三种形式的分别考察中可以看出,每一个循环形式都有自己的特点,都是从一个侧面反映产业资本运动的特性。

货币资本循环最清楚地表明了资本主义生产的根本目的是追逐剩余价值;生产资本循环则清晰地表明了资本主义生产过程是再生产过程;而商品资本循环则清晰地、充分地揭示了资本的循环运动是包含着剩余价值的运动过程,体现了生产与消费之间的关系。如果我们把每一种资本循环当作产业资本循环的唯一形式,那么,就只能片面地理解资本主义生产的实质。只有把资本循环的三种形态统一起来加以考察,才能准确地了解产业资本的运动过程。

(二)产业资本循环三种职能必须在空间上并存,在时间上继起

上面对产业资本循环的三种职能形式和三种循环形式的分别考察,是假定全部资本在一定时间内只采取一种职能形式:首先全部采取货币资本形式,然后全部转化为生产资本形式,最后又全部转化为商品资本形式。这样的假定,是为了对产业资本在循环中需要顺次经过的不同阶段和采取的不同形式进行分析。但在这样的假定条件下,产业资本循环是不能进行的,因为这样的假定与产业资本循环的现实是不符合的。在现实中,产业资本的三种循环形式并不是孤立地存在的,每一种特殊的资本循环形式都是以其他资本循环形式的存在为前提的,而且,每一种特殊的资本循环运动过程必然包含着其他两种资本循环运动过程。

资本主义生产方式的特征是生产的连续性。要使产业资本得以顺利循环下去,产业资本的三种职能形式和三种循环形式就必须满足两个条件。

(1)必须保持产业资本三种职能形式在空间上并列存在,即具有并存性。为了使资本循环能够不间断地进行,产业资本家不能将其所有资本全部投入到资本循环的某一阶段,或者是完全处于某一特殊的资本职能形式上,而必须根据企业生产的性质、规模、技术水平和购销状况,按一定比例分割为货币资本、生产资本、商品资本三个部分,使它们同时处于三种资本职能形式上,各自执行货币资本、生产资本和商品资本的职能。如果产业资本不分割为三部分或三部分的比例失调,资本的生产过程和流通过程就会发生交替的中断。即资本家手中必须分别掌握一定数量的货币资本、生产资本和商品资本。具体来说,资本家手中必须经常握有一定数量的货币资本,以便不断地投入流通以购买生产资料和劳动力,转化为生产资本。同样,生产资本也必须经常存在,如厂房、机器、设备等劳动资料可以在多次生产过程中使用,一旦磨损,就必须有新的劳动资料来代替;而原材料、燃料等劳动

对象在一次生产过程中耗费掉,也必须不断地有新的劳动对象来进行补充。同时,资本家必须不断地把生产出来的新商品拿到市场上去销售,以收回预付在商品上的资本价值,并实现剩余价值,从而为下一次的生产过程提供资本来源。因此,只有三种职能形式在空间上并存时,资本的循环过程才不会中断。

(2)必须保持产业资本的每一种职能形式在时间上相续进行转化,即具有继起性。也就是说,每一种职能资本,都必须连续不断地通过资本循环的三个阶段,相继地进行转化,顺序改变它的职能形式,经过循环回到原来的出发点。在货币资本、生产资本以及商品资本在空间上同时并存的前提下,当货币资本处于由货币资本转化为生产资本的购买阶段时(属于流通过程),生产资本就应当相应地处于由生产资本转化为商品资本的生产阶段(属于生产过程),而商品资本就应当处于由商品资本转化为货币资本的销售阶段(属于流通过程)。只有这三种职能形式能够依次地经过三个阶段,转变其职能形式,才能保证资本循环的顺利进行。任何一个生产过程或流通过程的中断,都意味着资本职能形式相互之间的转化受阻,不论哪一种职能形式的资本,在资本循环哪一个阶段上发生停顿,都会使产业资本循环发生中断。例如,当货币资本变为生产资本时,如果商品资本转化为货币资本的过程受阻,商品无法销售出去,那么,在资本循环中就会出现货币资本短缺现象,从而无法购买到所需要的生产要素,购买阶段出现的困难就会继而影响生产阶段和销售阶段的顺利进行。

既然产业资本的三种职能资本形式在空间上要具有并存性,在时间上要具有继起性,那么与此相适应,产业资本必然同时在空间上并列存在着货币资本循环、生产资本循环和商品资本循环,而且其中每一种循环形式都连续不断地运动,即在时间上相继进行转化。只有这样,产业资本的全部循环运动才能连续不断地进行。

产业资本三种职能形式与三种循环形式的并存性和继起性,是相互联系互为条件的。没有三种职能形式空间上的并存,就无法实现各个阶段即时间上的继起。同样,各个阶段在时间上如果无法依次继起,就必然出现资本运动过程中缺乏某种资本职能形式的现象。继起性是由并存性决定的,没有并存性也就没有继起性。同样,并存性是继起性的结果,如果继起性受到阻碍,并存性也就成为不可能。产业资本价值只有同时地、并列地处于三种形式上,每种形式都同时地、不断地进行自己的循环,才能实现总循环的连续性,才不会发生循环的中断。由此可以得出结论,"产业资本的连续进行的循环,不仅是流通过程和生产过程的统一,而且是它的所有三个循环的统一。"[①]。

从以上的分析中,我们可以看出,产业资本循环运动的目的在于生产和实现剩余价值。产业资本在运动过程中依次地经过三个阶段,相应地采取三种职能形式,发挥着三种不同的作用。产业资本运动过程不仅是流通过程与生产过程的统一,而且还是三种资本循环形式的统一。只有三种资本职能形式在空间上并存,三种资本循环形式的各个阶段在时间上继起,才能保证产业资本顺利实现循环运动,实现价值增殖。

第二节 资本的周转

资本为使价值不断增殖,不能只经过一次循环就停止下来,资本的循环不是一次性行为,而是连续不断的过程。这种周而复始、不断反复的资本循环,就叫作资本的周转。虽然资本周转与资本循环有着密切的联系,但我们考察资本周转和资本循环的侧重点却有所不同。分析资本循环是从资本运动的连续性方面,揭示价值增殖是怎样在产业资本循环运动中发生和实现的;而考察资本周转,我们主要是分析资本运动速度如何对年剩余价值的生产和年剩余价值率的提高产生影响。

一、资本的周转时间和周转次数

产业资本的周转速度,可以从周转时间和周转次数两方面进行考察。

资本周转时间,就是产业资本家从预付一定形式的资本开始,经过资本的循环运动,实现了价值的增殖,然后重新回到原来的资本形式为止所经历的时间,也就是产业资本价值每一次周转所持续的时间。资本的循环运动是生产过程与流通过程的统一,资本处在生产领域的时间是资本的生产时

---

① 《马克思恩格斯文集》第 6 卷,人民出版社 2009 年版,第 119 页。

间,资本处在流通领域的时间就是资本的流通时间。资本的周转时间,就是资本的生产时间和流通时间之和。

资本的周转时间,可以用来衡量资本的周转速度。资本周转的时间长,表示资本的周转速度慢;反之,资本周转的时间短,则表示资本的周转速度快。通常,资本周转时间的长短,是由资本本身的生产条件和流通条件决定的。由于各个部门、各个企业的生产条件和流通条件各不相同,因此,投资在各个部门或企业的资本的周转时间和速度也各不相同。通常,投入建筑业、汽车业和基础设施等部门的资本,其周转时间一般比较长;而投入食品业、纺织服装等领域的资本,其周转时间则比较短。

为了比较和衡量各个部门和企业的资本周转时间,我们以年作为单位,来考察资本周转次数。所谓资本周转次数,是指在一定时间内资本周转的次数,这一定的时间,习惯上通常以"年"作为自然计量单位。如果以 U 表示资本周转的计量单位"年",以 u 表示资本周转一次所需要的时间,以 n 表示资本周转的次数,那么,一年里资本周转次数的计算公式是:

$$n = \frac{U}{u}$$

例如某个企业资本周转一次需要 3 个月,那么这个企业在一年之内的资本周转次数就是 $\frac{12}{3} = 4$,即每年周转 4 次。

可见,资本的周转速度和周转时间成反比,也就是说,资本周转时间越短,资本的周转速度就越快;反之,资本周转时间越长,资本的周转速度也就越慢。而资本周转速度与周转次数成正比,也就是说,资本在一年内周转次数越多,意味着资本速度越快;反之,一年内周转次数越少,资本周转速度就越慢。

资本周转速度的快慢,关系到一定数量的产业资本所能带来的剩余价值量的多少。正因为如此,产业资本家总是力求加快资本的周转速度。

资本周转速度的快慢,既取决于周转的时间长短或资本周转次数的多少,又取决于生产资本的构成,即取决于固定资本和流动资本的比例,以及固定资本和流动资本的周转速度。

二、生产时间和流通时间

资本周转一次的时间,包括生产时间和流通时间。

(一)生产时间

资本的生产时间,是指资本停留在生产阶段内的时间。生产资本的物质内容是生产资料和劳动力,因此生产时间也就是从生产资料和劳动力进入直接生产领域开始到生产出产品为止的时间。它又可以根据劳动力和生产资料是否结合,再分为劳动时间与非劳动时间两部分。

1.劳动时间

劳动时间是劳动者运用劳动资料作用于劳动对象生产出某种产品所需要的时间,是生产要素实际发挥作用的时间。在这一段期间内,劳动力和生产资料相结合,共同发挥生产职能,生产资本的价值随着物质形态的耗费程度而转移到新产品中去,而劳动力的使用即劳动形成的新价值则凝结在新产品中,构成新产品价值的组成部分。因此,只有这一部分劳动时间才创造价值和剩余价值,它是生产时间中最重要的部分。决定劳动时间长短的因素,首先取决于产品的性质,不同生产部门或同一生产部门的不同企业,由于生产的具体产品不同,劳动时间的长短也就各不相同。其次,取决于生产技术水平、管理水平和分工协作程度的高低,在产品既定的前提下,生产技术水平、管理水平和分工协作程度越高,劳动生产率也就越高,从而劳动时间就越短;反之,劳动时间就越长。所以,劳动时间不是一成不变的,随着科学技术和分工协作关系的发展,企业管理水平和劳动生产率的不断提高,生产同种产品所需要的劳动时间会逐步缩短。

2.非劳动时间

生产时间还包括非劳动时间。非劳动时间是生产资料已进入直接生产领域,但没有与劳动力结合的时间。它包括生产资料的储备时间、自然力对劳动对象独立发生作用的时间、停工时间等。

自然力独立作用的时间,是指某产品在生产过程中所需要的化学、物理或生物变化等非人工作用于劳动对象的时间,在自然力对劳动对象独立发生作用的时间里,劳动过程全部或局部停止,但生产过程仍在继续,产品在生产过程中独立发生化学、生物或物理的变化。例如酿酒的发酵时间、农作物种植的自然生长时间。这种时间对于这一类商品的使用价值的生产起着十分重要的作用,但由于这种时间内劳动已全部或基本停止,因而不属于劳动时间。

原材料的储备时间,是指原材料、燃料等虽已进入生产领域,但还没有投入直接生产过程的时间。这种储备的必要界限是既不能造成积压,又不能出现停工待料的现象。原材料等的正常储备,是维持生产过程连续进行的必要条件。

此外,停工时间,包括生产过程的正常或不正常的中断所形成的间歇停工时间,也算在生产时间之内。

在资本的生产时间中,劳动时间是最重要的部分。因为它是劳动者和生产资料相结合发挥作用的时间。只有这段时间才创造价值和剩余价值。而其他三部分时间均属于非劳动时间,不创造价值和剩余价值,但仍占用资本。因此,资本家总是力图减少生产时间中的非劳动时间,以缩小生产时间和劳动时间的差距,从而创造更多的剩余价值。减少非劳动时间的主要途径有:一是保持必要的生产储备,减少不必要的生产性库存;二是采用新科技、新工艺,尽可能缩短劳动对象受自然力作用的时间;三是增加工作班次,减少生产资料中断作用的时间。

(二)流通时间

资本的流通时间,是指资本停留在流通领域内的时间。包括生产资料和劳动力等生产要素的购买时间和商品的销售时间这两部分。销售时间,是商品资本转化为货币资本的时间,其中销售时间对资本周转速度的影响最大。因为在市场竞争环境中,销售商品比购买商品更为困难,而且 W'—G' 的转化能否顺利完成,关系到价值和剩余价值的实现。影响流通时间长短的主要因素,是商品的需求状况、生产企业距离市场的远近,以及交通运输和信息条件等。

总之,生产时间和流通时间越长,资本的周转速度就越慢;反之,则越快。产业资本总是力图通过缩短生产时间和流通时间来加速资本周转,使一定量资本能带来更多的剩余价值。而且,生产时间与流通时间是互相排斥的。因此,资本在流通领域内停留的时间越长,它在生产领域执行职能的部分就必然越小;资本的流通时间越短,资本的生产效率和自行增殖的能力就越大。

　　资本周转理论,如果撇开它的资本主义性质,则对社会主义建设也是适用的。社会主义企业为了加速资金周转,同样必须努力缩短生产时间和流通时间,为此,也必须提高生产技术水平,实行合理的生产布局、合理的生产储备,大力发展交通运输事业,减少流通环节。因此这一理论对于改善社会主义企业的生产经营管理,加速资金周转有实际的指导意义。

三、固定资本和流动资本

　　资本周转速度的快慢,除了取决于上述生产时间和流通时间的长短以外,还取决于生产资本的构成,即取决于固定资本和流动资本的比例。

　　从资本周转的角度来考察资本的构成,生产资本可分为固定资本和流动资本。划分固定资本和流动资本的根据,是生产资本不同部分的价值转移方式的不同。

　　固定资本是指以机器、设备、厂房、工具等劳动资料形式存在的生产资本。从物质形式来看,这部分生产资本在生产过程中始终保持原来的形态,全部参加生产过程,并在较长时间内多次的劳动过程中发挥作用,需要等待全部失效后才一次更新。但是,从价值形式来看,这部分资本的价值却不是一次性全部加入到新产品中去的,而是按照劳动资料在使用过程中的磨损程度逐渐地、一部分一部分地转移到新产品中,并随着商品的销售,逐步收回。正是根据这部分生产资本的实物形态在生产过程中保持不变,而其价值是一部分一部分地转移到新产品中去,并逐渐周转回到产业资本家手中的特点,人们才把它叫作固定资本。例如,一台机床价值 20 万元,使用年限为 10 年,在这 10 年里机床一直以整个实物形态在生产过程中发挥作用,但是其价值每年只有 2 万元转移到新产品中去。经过 10 年时间,机床的价值才全部转移完毕。

　　流动资本,是指以原材料、燃料、辅助材料等劳动对象形式存在的和用于购买劳动力的那部分生产资本。劳动对象的价值一次性转移到新产品中去,并随着产品的出售一次性收回。它的物质要素在每次生产过程中全部消费掉了,因而每次生产过程都需要不断更新。根据这部分资本价值转移方式的特点,人们把它叫作流动资本。用于劳动力的资本以工资形式在生产过程中支付给工人,工人将其用于购买消费资料,因而它的价值并不像劳动资料和劳动对象的价值那样转移到新产品中去,而是在生产过程中由雇佣工人的活劳动重新创造出来。新创造出来的相当于购买劳动力的资本价值,在商品出卖以后,又全部周转回到产业资本家手中。所以,用于劳动力的资本的价值,也是一次性全部投入生产过程,并随着商品的销售一次性全部收回。根据这部分资本其价值周转方式的特点,也把它列入流动资本。值得注意的是,凝结在新商品中的剩余价值在商品销出后,虽然也同时转移到资本家手中,但是在考察资本周转问题时,应把剩余价值剔除在外,只计算可变资本部分的周转情况。

流动资本不同于流通资本。固定资本与流动资本,是对生产领域中的生产资本的不同构成部分的一种划分。至于产业资本中的货币资本和商品资本,都是处于流通领域的资本形式,称之为流通资本。它们在流通过程中虽然也不断地改变着存在的形态,但这种形态变化,同生产资本各种不同要素在生产过程中的物质形态变化和价值周转变化是不同的,因而流通资本无所谓固定资本和流动资本的划分。所以,同生产资本相对而言的是流通资本,同固定资本相对而言的是流动资本。

通过上面的分析,固定资本和流动资本的区别可以归结为以下几点:

第一,价值周转方式不同。固定资本的价值是经过多次生产过程逐渐转移到新产品中去的,而流动资本的价值则是一次性全部加入新产品中去的。

第二,周转时间不同。在固定资本周转一次的时间内,流动资本可以周转多次。也就是说,固定资本周转较慢,而流动资本周转较快。

第三,价值回收方式不同。固定资本的价值是一次性全部预付出去,分批逐次收回的,而流动资本的价值则是一次性全部预付出去,一次性全部收回的。

第四,物质更新方式不同。固定资本的物质形态在其有效期内,可以在多次生产过程中连续使用,不必更新,而流动资本的物质形态在生产过程中一次性全部被消费掉,因而需要不断购买和更新。

生产资本既可以划分为固定资本和流动资本,也可以划分为不变资本和可变资本。这两种划分是完全不同的,不能混淆起来。其区别在于:一是划分的根据和目的不同。不变资本与可变资本,是根据生产资本的不同部分在剩余价值生产中所起的作用不同来划分的,目的在于揭示剩余价值的真正来源,揭露资本主义剥削的秘密;而固定资本与流动资本是根据生产资本各部分价值周转方式的不同来划分的,目的是揭示生产资本的不同部分对资本周转速度从而对剩余价值产生的影响。二是划分的内容不同。不变资本包括用于劳动资料和劳动对象的资本,而流动资本包括用于劳动对象和劳动力的资本,但这种划分本身,把作为剩余价值唯一源泉的可变资本和不变资本中的一部分具有相同的周转方式的资本合称为流动资本,从而使人们看不清剩余价值的真正源泉。

这两种划分方式的不同如表 5-1 所示。

表 5-1　资本的划分

按在剩余价值生产中的作用划分	资本的各个部分	按价值周转方式划分
不变资本	厂房和其他建筑物、机器、设备和其他工具	固定资本
	原料、燃料、辅助材料	流动资本
可变资本	工资	

固定资本的价值是按照它们的磨损程度,一部分一部分地转移到新产品中去。根据引起磨损的不同原因,可以分为有形磨损和无形磨损两种。有形磨损也称物质磨损,是指固定资本在物质形式上所受到的磨损。它由两种原因引起:一是由于使用而造成的磨损,固定资本使用的强度越大,持续的时间越长,物质磨损也越严重;二是由于自然力的作用而发生的磨损,如木材腐朽、金属生锈等等。固定资本的无形磨损也叫精神磨损,是指固定资本在有效的使用期内,由于技术进步而引起的价值上的损失。其中有两种情况:一是由于生产方法改进和劳动资料生产部门劳动生产率提高而引起的固定资本价值贬值,如由于社会劳动生产率提高,使得生产具有同样性能的机器设备所需要的社会必要劳动时间减少,因而使得原有机器设备相对贬值;另一种是由于出现新技术和新发明引起的原有固定资本价值的贬值,例如由于发明了比原有机器设备具有更高效能的新机器设备,使原有机器设备的继续使用成为不经济,因而缩短使用期限,提前报废。固定资本无形损耗所造成的固定资本价值的损失,并不能完全转移到新产品中去。而当代科技进步加快,竞争加剧,使无形损耗呈上升趋势。正因如此,资本家总是尽可能地提高工人的劳动强度,延长劳动日时间,增加工作班次,以提

高固定资本的利用率,用以减少和弥补固定资本的无形磨损带来的损失。

为了保证再生产的连续进行,固定资本在实际使用寿命结束时,必须及时进行更新。这就要求固定资本需要按照它的磨损程度逐渐转移到新产品中去的价值,必须在产品销售以后作为折旧基金提取并积累起来,进行价值补偿,以便在固定资本价值全部转移完毕时,用于更新固定资本。这种做法叫作折旧。因此,固定资本折旧,就是固定资本在使用过程中,因磨损而转移到产品中去的那部分价值的一种补偿方式。而根据固定资本磨损程度以货币形式逐年提取的固定资本补偿金,叫作折旧基金或折旧费,它通常以一年为单位提取。提取的折旧费与固定资本原始价值的比率,叫作折旧率。用公式表示就是:

$$折旧费 = \frac{固定资本原始价值}{固定资本平均使用年限}$$

$$折旧率 = \frac{折旧费}{固定资本原始价值} \times 100\%$$

为了保证固定资本的各个物质要素在一个较长的使用期内能够正常地发挥作用,必须对固定资本进行日常的维护和修理,因此而追加的劳动和资本,就叫维护费和修理费。维护费是对机器设备进行加油和擦洗等方面的费用。这种费用在性质上既不同于固定资本也不同于流动资本,但作为一种经常性的支出,通常列入流动资本。固定资本的修理费分为两类:一类是小修理费用,作为一项经常性的零星支出,也列入流动资本;另一类是大修理费用,它具有固定资本局部更新的性质,属于固定资本,其费用要平均分摊到有效使用年限内的总产品中去,并从这些产品的销售收入中得到补偿。

四、预付资本的总周转

固定资本与流动资本,由于价值周转方式的不同,它们的周转速度也不相同。固定资本的周转速度慢于流动资本的周转速度,而固定资本本身各种要素,其周转的速度也不相同。因此,研究全部预付资本的总周转速度,就要把固定资本与流动资本的周转速度平均起来进行计算。所谓预付资本的总周转,就是预付资本的不同组成部分的平均周转。其公式为:

$$\frac{\text{预付资本的}}{\text{年周转次数}} = \frac{\text{预付资本的年周转总额}}{\text{预付资本总额}}$$

$$= \frac{\text{固定资本年周转价值总额} + \text{流动资本年周转价值总额}}{\text{预付资本总额}}$$

各项生产资本的年周转价值＝该项预付资本价值×其年周转次数

假定某生产企业全部预付资本周转情况如表 5-2 所示。

表 5-2　××企业全部预付资本周转情况

生产资本的各种要素	价值(万元)	年周转次数	年周转价值(万元)
固定资本	100	1/10	10
其中:厂房	30	1/30	1
机器设备	50	1/10	5
小工具等	20	1/5	4
流动资本	50	7	350
其中:原材料等	35	7	245
工资	15	7	105
全部预付资本	150	2.4	360

由上可知,影响预付资本总周转速度的有两个方面:一是固定资本和流动资本的比例。在固定资本与流动资本的周转速度一定的条件下,生产资本中固定资本所占比重越大,预付总资本的总周转速度就越慢;反之,流动资本所占比重越大,预付资本的总周转速度就越快。二是固定资本与流动资本的周转速度。固定资本和流动资本的周转方式和周转时间各不相同,这就决定了它们的周转速度不同。固定资本的价值是在多次生产过程中随着磨损程度逐渐转移到新产品中去,并在产品出售以后逐渐周转收回的,因此固定资本的周转速度一般较慢。而流动资本价值是在一次生产过程中全部参加周转,并在产品出售后一次转移收回的,因此流动资本周转一次所需的时间较短,周转速度一般较快。在固定资本和流动资本在生产资本中的比例一定的条件下,固定资本和流动资本周转速度与预付资本的总周转速度成正比例变化。随着科技的发展和企业技术装备水平的提高,固定资本在生产资本中所占的比重有不断增大的趋势,这是预付资本周转速度减慢的一个重要原因。资本家为了弥补资本有机构成提高而造成的预付资本周转日益缓慢所带来的损失,通常采用轮班生产和提高工人的劳动强度这种

种办法来加速资本的周转。

五、资本周转速度对预付资本量及剩余价值生产的影响

资本周转速度的快慢,不仅影响到预付资本量的大小,而且会直接和间接地影响到年剩余价值量和年剩余价值率的大小。

第一,加速流动资本的周转,可以节省预付总资本。流动资本周转速度越快,维持同样的生产规模所需要的流动资本就越少,从而可以越多地节省预付总资本。假设有甲、乙两个企业,他们生产规模相同,每年都需要投入20万元的流动资本。甲资本周转快,每三个月周转1次,一年周转4次,因此甲只需要预付5万元,就可以满足全年对20万元流动资本的需要。乙资本周转慢,半年周转一次,一年周转2次,因此乙需要预付10万元,才能满足全年对20万元流动资本的需要。这样,甲企业就可以把节约下来的流动资本用于扩大生产规模,以获取更多的剩余价值。

第二,加速固定资本的周转,一方面可以减少或避免无形磨损的损失,另一方面可以提高固定资本的利用率,加速固定资本的更新。如一台机器原来周转一次需要10年,由于周转速度加快,现在周转一次只需6年,这样资本家的预付资本就可以提前4年收回,从而加快了机器的更新,便于采用新技术,购置效率更高的机器设备,以获得更多的剩余价值。

第三,资本周转速度的快慢对年剩余价值生产的影响。在全部预付资本中,只有可变资本是剩余价值的源泉。在剩余价值率不变的条件下,全部预付资本的周转速度越快,一般说来,其中的可变资本的周转速度也就随之越快,一定数量的可变资本在一年内所发挥的实际作用越大,可以雇佣到更多的劳动力,从而带来剩余价值,增大年剩余价值量。因此,可变资本年周转的次数越多,一年内带来的剩余价值量就越多;反之,带来的年剩余价值量就越少。由此可知,可变资本周转速度的快慢与年剩余价值量的多少成正比例变化。年剩余价值量越多,年剩余价值率也就越高。

所谓年剩余价值率,是指一年内生产的剩余价值总量和预付可变资本的比率。用公式表示如下:

$$年剩余价值率 = \frac{年剩余价值量}{年预付可变资本量}$$

如果用 M 代表年剩余价值量、M′代表年剩余价值率、m′代表剩余价值率,v 代表年预付的可变资本量,n 代表可变资本的周转次数,则年剩余价值量和年剩余价值率的公式可以表示为:

$$M = m \cdot n = m' \cdot v \cdot n$$

$$M' = \frac{M}{v} = \frac{m' \cdot v \cdot n}{v} = m' \cdot n$$

资本周转越快,年剩余价值量就越多,从而年剩余价值率就越高;反之亦然。

例如:甲、乙两个企业各预付可变资本 3 万元,剩余价值率都是 100%。甲企业可变资本一年周转两次,乙企业可变资本一年周转一次。则两企业的年剩余价值量 M 和年剩余价值率 M′各为:

甲企业　M=30 000 元×100%×2 次=60 000 元

　　　　M′=60 000 元÷30 000 元=100%×2 次=200%

乙企业　M=30 000 元×100%×1 次=30 000 元

　　　　M′=30 000 元÷30 000 元=100%×1 次=100%

年剩余价值率和剩余价值率是不同的。首先,它们是从不同的方面来表现资本家对工人的剥削关系。年剩余价值率是年剩余价值量与年预付可本资本量的比率,它表示预付可变资本在一年中的增殖程度;而剩余价值率是在一次生产过程中,工人所创造的剩余价值与预付可变资本的比率,它表示资本家对工人的剥削程度。其次,一般来说,年剩余价值率总是大于剩余价值率。只有当预付可变资本一年只周转一次时,从而预付可变资本与实际发挥作用的可变资本数量相等时,年剩余价值率才会和剩余价值率相等。

由于年剩余价值率与可变资本的周转速度成正比,而可变资本的周转又是和预付流动资本的其他部分一起周转的,这就容易造成一种假象,"似乎剩余价值率不仅取决于可变资本所推动的劳动力的量和剥削程度,而且还取决于某些从流动中所产生的不可理解的影响"[①]。

事实上,剩余价值不可能从流通中产生,可变资本的周转速度快之所以能够提高年剩余价值量和年剩余价值率,是因为剩余价值是由实际使用的

---

① 《马克思恩格斯文集》第 6 卷,人民出版社 2009 年版,第 330 页。

可变资本带来的。可变资本周转越快,一年中实际发挥作用的可变资本价值就越大,企业实际使用的雇佣工人数也就越多,从而增加了年剩余价值量,提高了年剩余价值率。例如,工人平均月工资为 100 元,即年工资为 1 200元,甲、乙两个资本家的预付可变资本都是 10 000 元,剩余价值率都是 100%,但甲的可变资本一年周转 12 次,因而一年实际使用的可变资本是 120 000 元,常年雇佣的工人为 100 人;乙的可变资本一年周转 6 次,因而一年实际使用的可变资本只有 60 000 元,常年雇佣的工人只有 50 人。由于甲实际使用的可变资本比乙大一倍,因而在剩余价值率和其他条件都相同的条件下,甲资本家的年剩余价值和年剩余价值率也比乙资本家多一倍,归根到底,是由于甲实际雇佣的工人数比乙多一倍,所以甲一年获得的剩余价值总量也比乙大一倍。这种情况可以列表说明(见表5-3)。

表 5-3

资本家	预付可变资本(元)(1)	剩余价值率(%)(2)	年周转次数(次)(3)	实际使用的可变资本(元)(4)=(1)×(3)	实际雇佣工人数(人)(5)	年剩余价值量(元)(6)=(4)×(2)	年剩余价值率(%)(7)=(6)÷(1)
甲	10 000	100	12	120 000	100	120 000	1 200
乙	10 000	100	6	60 000	50	60 000	600

以上分析表明,剩余价值是由实际使用的可变资本带来的,是雇佣工人的剩余劳动创造出来的。单纯的流通过程和资本周转本身,并不会增加剩余价值量。只有当预付可变资本的周转速度加快,从而使预付可变资本实际上可剥削更多雇佣工人的剩余劳动时,才会引起年剩余价值量和年剩余价值率的增大。

小结

本章从生产过程和流通过程统一的角度,着重分析了单个资本的流通过程,通过资本循环和资本周转,从微观上揭示资本主义经济运动的规律。

产业资本循环,是指产业资本依次经过购买阶段、生产阶段和销售阶段,相应地采取货币资本、生产资本和商品资本三种职能形式,使价值得到增殖,最后回到原来出发点的运动过程。产业资本在连续不断的运动中,包含相互交错的三种循环形式。实现产业资本的循环,不仅是生产过程和流通过程的统一,而且还是三种循环形式的统一。

资本周转是指不断重复、周而复始的资本循环运动。资本周转一次所需要的时间就是周转时间。资本周转时间等于资本的生产时间和流通时间的总和。资本周转速度不仅取决于生产时间和流通时间的长短,而且取决于生产资本的构成状况。生产资本按其各部分价值周转方式的不同,可区分为固定资本和流动资本。预付资本的总周转,是它的不同组成部分的平均周转。加速资本周转速度,可以增加年剩余价值量,提高年剩余价值率。

关键词

产业资本　资本循环　资本周转　货币资本　生产资本　商品资本
固定资本　流动资本　周转时间　生产时间　流通时间　折旧　固定资本
物质磨损　固定资本精神磨损　年剩余价值率

思考题

1.什么是资本循环? 它要经过哪些阶段,采取哪些形式? 其各自的职能是什么?

2.如何理解产业资本循环是三种循环形式的统一?

3.产业资本得以顺利循环的必要条件是什么?

4.什么是资本周转? 它与资本循环有什么联系和区别?

5.什么是预付资本的总周转? 影响资本总周转速度的因素有哪些?

6.加快资本周转对预付资本量及剩余价值的生产有哪些影响?

第六章　社会总资本的再生产

　　前面，我们已经从单个资本的角度来考察了生产过程和流通过程，或者说考察了单个资本的生产、循环和周转。在研究单个资本时我们假定其运行的外部条件是完全具备的，只集中研究单个资本在企业内部的运行过程。但事实上，各个单个资本之间是互相联系、互相依存的，单个资本的运动只是社会资本中一个独立部分的运动。在这一章，我们从单个资本相互联系的角度出发来分析社会总资本的运动，阐明社会总资本再生产和流通的规律性，说明实现社会总产品所必需的基本比例关系以及实现社会总资本再生产和流通的必要条件，进一步揭示资本主义经济尖锐的内在矛盾。这是从逻辑的角度进行的分析。从历史的角度看，在资本主义古典企业阶段，资本运动的"三种形态"——货币资本、生产资本和商品资本——大多是在一个企业内完成的，即这种形态的资本基本上属于企业内部分工的产物。但随着资本主义的发展，企业内部分工逐渐向社会分工演化，原先属于企业内部分工的货币资本运动和商品资本运动，演化为独立的分工职能。因此，先分析个别资本的运动和再生产，再分析社会总资本的运动和再生产，不但是逻辑分析的需要，也符合资本发展的历史进程。

　　社会总资本的运行理论相当于现代"宏观经济学"探讨的某些内容。我们也可以把本章看成是马克思的"宏观经济理论"。

第一节　社会总资本和社会总产品

　　全社会一次生产过程结束后的所有产品就是社会总产品。因为这些总产品是以交换为目的的,所以它就表现为总商品。在全部预付资本都是一次性转移的假设条件下,总商品中已经包含原先为生产它们的全部预付资本价值,同时还有增殖的全部剩余价值,因此,总商品也就是总商品资本。这时,全部资本再也没有任何部分以货币资本或生产资本的形式存在,而都以商品资本的形式存在,因而总商品资本也就是总资本。在这种情况下,问题的关键是把总产品全部投入流通领域,通过等价交换转化为货币,并使之再以货币资本的形式出现,社会总资本再生产才可能进行。

一、单个资本的再生产和社会总资本的再生产

在资本主义社会里,存在着成千上万的资本主义企业,它们分别属于不同的资本家个人或资本家集团所有。由于生产资料的资本主义私有制,这些企业之间是相互分离、彼此独立的。所谓的单个资本,就是指各个产业资本家或资本家集团经营企业时投入的资本。每一个单个资本都独立地发挥资本的职能,各自通过自身的循环和周转,实现自己的价值增殖,生产并取得剩余价值。从这个角度看,所有这些单个资本是互相孤立、彼此隔绝的。

但是,资本主义生产是一种社会化的大生产,单个资本彼此之间存在着发达的社会分工协作关系。这就决定了单个资本之间又存在着互为前提、互为条件、互相依存、互相制约的极为复杂的联系。任何一个单个资本都不能离开其他单个资本而孤立地存在和发展。首先,单个资本家要和那些为他提供生产资料的资本主义企业发生联系。单个资本循环运动的出发点就是从货币资本开始,向特定的资本主义企业购买其生产所需的生产资料(如机器、设备和原材料),两者之间就存在着商品买卖关系,这一行为对于任何一个资本家而言,都是其单个资本顺利循环所必不可少的条件。其次.单个资本家还要和那些消费他们产品的资本主义企业之间发生联系。单个资本经过生产阶段后生产出来的产品,并不是为了满足自己的需要,而是要通过市场来实现其价值和剩余价值,商品销售的过程也是单个资本顺利实现循环所必不可少的条件。再者,单个资本家所雇佣的工人要实现劳动力的再生产,必须消费一定的生活资料;而就资本家个人而言,他获取的剩余价值也需要从货币形态转化为实物形态(生活消费品,包括生活必需品和奢侈品),用来满足个人的生活需求。因此,单个资本家也必须同那些为他们提

供生活资料的资本主义企业发生联系。所以,资本主义社会中各个相互独立的单个资本之间存在着密切的有机联系,使他们形成一个有机的整体。这种互相联系、互相依存的单个资本的总和,就构成社会资本,也称社会总资本。

正因为各个单个资本是互相联系、互相依存的,所以它们的循环和周转运动也是互相交错、互为前提、互为条件的。例如,当纺纱厂的棉纱出卖后其商品资本转化为货币资本时,购买棉纱的织布厂的货币资本也就相应地转化为生产资本。如果织布厂的资本不从货币形式转化为生产形式,那么纺纱厂的商品资本也就无法转化为货币资本。可见,发生在流通领域的任何一种商品买卖行为,都会同时涉及两个单个资本的循环运动,都影响着其中任何一个单个资本循环是否能够顺利地从一个阶段进入下一个阶段。这种互相联系、互相交错的各个单个资本运动的总和,就是社会总资本的运动。

由单个资本构成的社会总资本,其运动与单个资本的运动有着许多相似之处。例如,社会总资本的运动和单个资本的运动一样,都包括生产过程和流通过程。在运动的过程中,社会总资本和单个资本都必须经过购买阶段、生产阶段和销售阶段,相应地采取三种职能形式,其运动的目的都在于实现资本的增殖。

然而,作为一个有机整体的社会总资本,其运动又与单个资本的运动有所区别,不仅在数量和规模上不同,而且在运动的内容上也有着重大的差别。首先,单个资本运动只包括生产消费,不包括个人消费;而社会总资本的运动则同时包括了生产消费和个人消费。就单个资本而言,从其运动的出发点开始,资本经过三个阶段和三种职能形式转化,最终生产出新的产品,这属于生产消费的过程。虽然单个资本家也需要把剩余价值的一部分或全部用于个人消费,而他雇佣的工人也必须把工资用在个人消费上,但这里的个人消费是在该单个资本循环运动的外部进行的,因而不包含在其资本运动的过程之中。但是,就全社会范围来看,资本家与工人购买消费品的过程,就是那些生产消费品的资本家的资本从商品资本转化为货币资本的过程,因而是其资本循环运动中的一个重要环节。所以,社会总资本的运动既包括生产消费,也包括个人消费。其次,与此相适应,单个资本的运动仅包括资本流通而没有一般商品流通;而社会总资本运动则包括了资本流通与一般商品流通。单个资本的运动只涉及其资本形态的变化,即作为生产消费媒介的资本流通过程;而社会总资本的运动中则包括了个人消费,因而,作为个人消费媒介的一般商品流通也属于社会总资本运动的内容。此外,社会总资本的运动不仅包括预付资本的流通,而且还包括剩余价值的流通。资本家获取的剩余价值要么用于追加资本,扩大生产规模,要么就是用于资本家的个人消费。因此,剩余价值的流通一般可以分为两部分:一部分作为追加资本进入资本流通过程,另一部分则是用作个人消费进入一般商品流通过程。

从以上的分析可以看出,在前面探讨单个资本运动时,我们的重点在于考察资本在三个运动阶段中职能形式的转化过程,但其中购买阶段及销售阶段相关的两个问题,即"向谁购买"、"向谁销售"以及数量多少的问题却没有进行探究,而是假定这两个条件的问题都已经得到解决。而在考察社会总资本运动时,单个资本与外部其他的单个资本之间的联系,以及他们之间相互交换的比例关系,正是我们重点研究的内容。

二、社会总资本再生产的中心问题是社会总产品的实现问题

社会总资本的运动是一个错综复杂的过程,它不仅包括生产消费,而且包括个人消费。要考察它的再生产只有从社会总产品出发,即从社会总资本每年发挥职能所生产出来的社会总商品资本出发,才能对社会总资本的运动作出正确的分析。所谓社会总产品是指在一定时期内(一般为一年)物质生产部门所生产出来的物质资料的总和。社会总产品,既包括用于生产消费的生产资料,又包括用于个人消费的产品。马克思说:"如果我们考察社会在一年间提供的商品产品,那末,就会清楚地看到:社会资本的再生产过程是怎样进行的,这个再生产过程和单个资本的再生产过程相比有哪些不同的特征,二者又有哪些相同的特征?"①

既然分析的出发点是社会总产品,即社会总商品资本,那么,分析社会总资本的运动,实际上也就是分析社会总商品资本的运动。它的运动公式是:

---

① 《马克思恩格斯文集》第 6 卷,人民出版社 2009 年版,第 435 页。

$$W' - \begin{cases} G-W \cdots P \cdots W' \\ g-w \end{cases}$$

商品资本运动总公式的出发点是社会总商品资本 w'。从价值上看，它包括用于补偿预付的资本价值（C＋V）和剩余价值（M）两个部分。从商品资本的运动来看，商品资本经过销售转化为货币资本后，形成两条运动轨迹：一条轨迹是 $G-W \cdots P \cdots W'$，它表示资本家把实现了的货币资本的一部分 G 用来购买生产要素即生产资料和劳动力（W，或者 Pm 和 A），转化为生产资本，然后进行生产消费，最终生产出另一个包含剩余价值的新商品资本 W'。另一条轨迹是 $g-w$，它表示资本家把另一部分实现了的货币 g 用于购买个人消费资料 w，进行个人消费。此外，工人出卖劳动力得来的货币也是用于购买个人消费品。所以，商品资本的运动公式，既包括生产消费和资本流通，又包括了个人消费和一般商品流通。它体现了社会总资本运动的特征，从中我们可以清楚地看到社会总资本的生产是如何进行的。

货币资本循环公式或者生产资本循环公式都不能体现社会总资本运动的特征。因为货币资本循环公式（$G-W \cdots P \cdots W'-G'$）和生产资本循环公式（$P \cdots W'-G' \cdot G-W \cdots P$）的出发点 G 和 P 只是预付资本价值，而不包括剩余价值。而且，货币资本循环公式的出发点 G，不能分解为生产消费和个人消费；生产资本循环公式的出发点 P，只体现了生产消费，而不能说明个人消费。这两种公式都不能作为社会总资本的运动公式。只有商品资本运动公式才能作为社会总资本的运动公式。

社会总资本的再生产要能够顺利进行，必须具备两个条件：首先，社会总资本在一年内生产出来的社会总产品必须能够全部销售出去，即实现它的预付资本价值的补偿。如果有一部分社会总产品无法销售出去，那么，就意味着整个资本家阶级在生产这些产品时消耗掉的资本价值被凝固在某些卖不出去的商品中，因而没有足够的货币资本用于再生产 P；或者是生产过程创造的剩余价值被凝固在这些卖不出去的商品中，既不能用于资本家的个人消费，也不能用于扩大再生产。无论是哪种情形，都会阻碍社会总资本再生产的顺利进行。其次，生产社会总产品时消耗掉的厂房、机器设备、原材料、燃料等生产资料，以及资本家和雇佣工人在一年间消耗掉的消费资料必须在社会总产品中重新找到相应的物质资料（实物）作补偿。资本家在市场上无法购买到再生产所需的生产资料,而工人也无法购买到维持劳动力再生产所需的生活资料,那么,货币资本也就无法转化为生产资本,社会总资本的再生产运动也因此受阻。所以,社会总资本再生产顺利进行的条件就是:一方面,为生产社会总产品而消费的预付资本价值必须得到补偿;另一方面,生产过程消费掉的生产资料以及工人和资本家所需的生活资料必须在社会总产品中找到相应的实物补偿。

社会总资本再生产的中心问题就是社会总产品的实现问题。所谓社会总产品的实现,包括两个互相联系的方面:一是社会总产品价值从商品形式转化为货币形式,实现价值补偿,用于补偿生产中耗费的不变资本价值和可变资本价值并获得剩余价值;二是社会总产品价值的各个组成部分转化为货币形式以后,如何取得所需要的商品,实现物质补偿,以补偿生产中消耗的生产资料,以及工人、资本家消费掉的生活资料。因此,只要实现了社会总产品的价值补偿和物质补偿,实际上就具备了社会总资本再生产顺利进行的必要条件。这些再生产顺利进行的条件都必须通过流通过程去得到实现。研究社会总资本的再生产问题必定要考察流通,其中心问题就是社会总产品的实现问题。

在研究社会总资本的再生产时,与研究单个资本运动不同,产品的物质补偿问题被特别地提出来了。实际上,单个资本的循环运动也包括预付资本的价值补偿和生产资料、生活资料的实物补偿问题。但是,由于在考察单个资本的运动时,其主要目的在于揭示单个资本是怎样在运动中保存和增殖它的价值的,因此,只关注价值补偿问题;至于实物补偿,我们假定单个资本家再生产所必需的各种物质资料都能从市场上的其他单个资本家手中购买到。然而,在研究社会总资本的运动时,这个假定就应该放弃,变成一个现实问题,因为社会总资本已经包括了所有的单个资本,它在再生产过程中所消耗掉的各种物质资料,不论是用于生产消费的各种生产资料,还是用于雇佣工人和资本家个人消费的各种消费资料,都只能从全社会的产品中,即在这个时期内生产出来的社会总产品中购得一些产品去补偿,而不能像研究单个资本的运动时那样假定借助于另外某个资本的产品来实现补偿,否则,就不是社会总资本的再生产了。所以,社会总资本生产出来的社会总产品能否在物质上补偿为生产这些产品所消耗掉的各种物质资料,就关系到社会总资本再生产的顺利进行。

总之,社会总产品各个组成部分的价值补偿和物质补偿问题,即社会总产品实现问题,是研究社会资本再生产和流通的核心问题,所以马克思的再生产理论又称为实现论。

三、社会总产品的构成以及社会生产部类的划分

社会总资本的再生产,社会总产品的实现,实际上就是全社会各单个资本的商品资本通过相互之间的交换行为,在实现了各自的价值补偿的同时,也实现了各自的实物补偿,从而社会总产品全部得以实现,社会总资本的再生产能够继续进行。但是,社会总产品在形式上林林总总,在数量上千千万万,致使在经济分析上不可能就每件产品的交换过程去分别考察。如果运用抽象的方法,我们就可以看出,尽管总产品表现为形形色色的使用价值,但在总体上无非是用于生产消费和生活消费两大类别;它们各自内含的价值虽然是不同的数量,但却有共同的三个组成部分。所以,要说清楚社会总产品的实现条件,必须先了解社会总产品在实物和价值上由哪几个部分组成,这是非常重要的。

从价值上看,单个产品有三个组成部分,而社会总产品是所有单个产品之和,因此,社会总产品的价值也就由三个部分的各自总量组成:不变资本总量(C)、可变资本总量(V 和剩余价值总量(M)。其中,不变资本是指生产中消耗掉的生产资料转移到全部新产品中的价值,可变资本和剩余价值是雇佣工人在生产过程中创造的全部新价值。从实物形态上即从使用价值形态上看,社会总产品则由全部生产资料和消费资料这两种经济用途不同的产品组成。

与产品的实物形态的划分相适应,马克思把整个社会生产划分为两大部类:第一部类,用 I 表示,是生产资料的生产,其产品主要是用于生产消费,如厂房、生产工具、原材料、燃料等;第二部类,用 II 表示,是消费资料的生产,其产品主要是用于个人消费,如衣、食、住等方面的生活必需品以及奢侈品等。在每个部类的内部,还可以划分成许多不同的生产部门。这里需要解释的是,虽然有些产品的用途较广,既可以作为生产资料,又可以作为消费资料,但这并不影响把社会生产区分为两大部类的必要性和正确性。因为无论一种产品的用途有多少,它总不能既作为生产资料使用同时又作

为消费资料使用,为了进行再生产,社会中总有一部分产品只当作生产资料使用,而另一部分产品则只当作消费资料使用,这是社会总产品的一种高度概括。

社会总产品在价值上分为C、V和M,以及社会生产分为第Ⅰ部类和第Ⅱ部类,是马克思建立再生产理论的两个基本理论前提。在此基础上,马克思建立了著名的再生产图式,说明两大部类之间是如何进行交换,从而实现社会总资本的再生产的。

第二节 社会总资本的简单再生产

任何扩大再生产都是在简单再生产的基础上进行的,因此,要研究资本主义生产方式下的社会总资本再生产,只有把社会总资本简单再生产必须具备的实现条件及其规律性弄清楚后,才能在此基础上去考察社会总资本的扩大再生产。

一、研究社会总资本再生产要从分析简单再生产开始

虽然资本主义生产的特征不是简单再生产,而是扩大再生产,但是马克思考察社会总资本再生产的实现条件及其规律性时,仍然是从简单再生产的分析开始的,并以对简单再生产的分析作为重点。这其中的原因在于:

(1)简单再生产这一抽象是一个合理的、科学的抽象。因为考察社会总资本再生产和流通时,主要的难题不是发生在对资本积累的考察上,而是发生在对再生产问题的考察上,也就是在于预付资本价值的补偿,以及这种补偿运动如何同资本家和工人的个人消费交织在一起。例如,制造生产资料的资本家,其产品是用于生产消费的生产资料,而所雇佣的工人和资本家个人都需要消费资料,这些消费资料不是生产资料生产部门的资本家所能提供的,而要由消费资料生产部门的资本家来提供;而另一方面,制造消费资料的资本家,其产品是用于个人消费的消费资料,但他要补偿生产这些消费资料时消耗掉的不变资本,这又不能用消费资料生产部门生产出来的消费资料去补偿,而只能由生产资料生产部门来提供。这样,为了进行再生产,

两大部类生产出来的社会产品之间必须互相进行交换,因而预付资本的补偿同资本家和工人的个人消费在运动中就交织在一起。这种交换遵循着特定的客观规律。在什么条件下才能使全部社会总产品在价值和物质上都得到补偿,这些问题正是研究社会资本再生产时的困难所在。这种困难显然不是因为出现资本积累以后才产生出来的,而是在简单再生产中就已经存在了。把资本积累的问题暂时舍去,首先研究简单再生产,把社会总产品实现过程中各种交换关系和实现条件研究清楚后,再去分析资本积累和扩大再生产就容易得多了。所以,简单再生产这个理论上的抽象,在理论分析上是必需的、合理的,因而也是科学的。

(2)简单再生产又是扩大再生产的一个现实因素,是规模扩大的再生产中重要的组成部分。马克思指出:"只要有积累,简单再生产总是积累的一部分,所以,可以就简单再生产本身进行考察,它是积累的一个现实因素。"①因为只有在原有的生产规模得到保持的基础上,才谈得上社会生产的进一步扩大。而每年生产规模的扩大,就整个社会资本的再生产而言,一般说来不可能超过一倍。因此,在整个规模扩大的再生产中,相当于原来的生产规模的部分总是占据重要的部分,而规模扩大的部分只占很少的比重。此外,简单再生产是实现扩大再生产的物质基础。要扩大再生产就必须追加一定数量的生产资料和消费资料,而这些追加资本无非是从上一次的简单再生产过程中创造的剩余价值的一部分转化而来的,扩大再生产所必需的物质资料只能由简单再生产生产出来,扩大再生产只能在简单再生产的基础上进行。把简单再生产搞清楚了,扩大再生产的这个主要部分也就搞清楚了。

从社会总资本的简单再生产开始分析社会总产品的实现问题时,为了便于揭示出社会总资本再生产的规律,还需要作几点必要的假设:

第一,假定考察的是纯粹的资本主义经济,只有资本家和工人两个阶级。而且,这里的资本家是指产业资本家。

第二,假定生产周期为一年,全部的不变资本都在一年内消耗掉,其价值全部转移到新产品中去,即把固定资本在当年尚未转移到社会总产品中去的那部分价值也当作已经转移了的(固定资本的物质补偿问题将单独

---

① 《马克思恩格斯文集》第 6 卷,人民出版社 2009 年版,第 438 页。

讨论)。

第三,假定一切商品都按照它们的价值来交换,价值和价格都不发生变化。

第四,假定不存在对外贸易,全部社会总产品都要在国内得到实现,所有生产资料和消费资料的消耗也都在国内得到补偿。

作出以上假定,是为了在研究社会资本的再生产和流通时舍去一些次要的和非本质的因素的干扰,从而便于从错综复杂的经济过程中,找出社会总资本再生产运动的规律性。当这个规律性得到证实后,如果把上述四点假定条件再结合进去考虑,仍然能得到科学的证实,只不过是计算上比较复杂化罢了。

现在我们来考察一下资本主义简单再生产情况下社会总产品的实现条件和实现形式。我们的分析先从马克思所创造的简单再生产的图式开始。

假定第一部类(Ⅰ)的不变资本为 4 000(货币单位,下同),可变资本为 1 000,剩余价值率为 100%,创造的剩余价值为 1 000;第二部类(Ⅱ)的不变资本为 2 000,可变资本为 500,在剩余价值率为 100%的条件下,剩余价值为 500。这样,全年的社会总产品就可以用下列的图式来表示:

$$Ⅰ\ 4\ 000c+1\ 000v+1\ 000m=6\ 000$$
$$Ⅱ\ 2\ 000c+500v+500m=3\ 000$$

在这个图式中,第Ⅰ部类的产品实物形态全部为生产资料商品,价值为 6 000;第Ⅱ部类的产品实物形态全部为消费资料商品,价值为 3 000。全年社会总产品的价值共为 9 000。所谓简单再生产,就是剩余价值全部用于资本家的个人消费,而使再生产保持原规模进行。为了使简单再生产能够顺利地进行,两大部类产品的各个部分必须通过交换在价值上得到补偿,同时在实物形态上得到替换。两大部类各自内部的交换以及两大部类之间的交换关系可以用下面的图式来表示:

(1)第Ⅰ部类 4 000c 内部的交换。Ⅰ 4 000c 代表着第Ⅰ部类的生产中消耗掉的不变资本的价值,在实物形式上表现为生产资料,同时,由于第Ⅰ部类提供的产品为生产资料,所以,这 4 000c 价值是凝结在以生产资料实物形态表示的新产品上。这些生产资料,有一部分可以留在原来的生产单位当作生产资料来使用,但是绝大部分的生产资料还是通过第Ⅰ部类内部各个部门或企业间的交换来实现的。因此,通过第Ⅰ部类内部的相互交换,价值 4 000c 的生产资料在价值上得到补偿,在实物上得到更新。

(2)第Ⅱ部类 500v 和 500m 内部的交换。Ⅱ500v 代表着第Ⅱ部类资本家预付的可变资本的价值,而Ⅱ500m 则代表着第Ⅱ部类资本家无偿占有的工人创造的剩余价值。工人获得这 500v 的货币工资后将用于购买消费资料,同样,资本家获得 500m 的剩余价值后也是用于购买消费资料,因此,500v 和 500m 在实物形态上就表现为消费资料。由于第Ⅱ部类提供的产品为消费资料,因而,这 500v 和 500m 通过第Ⅱ部类的内部互相交换就可以得以实现。

(3)第Ⅰ部类的 1 000v+1 000m 和第Ⅱ部类的 2 000c 相交换。第Ⅰ部类的 1 000v+1 000m 代表着第Ⅰ部类资本家预付的可变资本价值和资本家获得的剩余价值。两者在实物形态上就表现为工人与资本家进行消费所必需的消费资料。由于第Ⅰ部类提供的产品为生产资料,因此,这Ⅰ(1 000v+1 000m)无法通过第Ⅰ部类内部的交换得到实物上的补偿;第Ⅱ部类的 2 000c 代表着第Ⅱ部类生产过程中消耗掉的不变资本价值,它在实物形态上表现为生产资料,由于第Ⅱ部类提供的产品为消费资料,因此,这2 000c 也同样无法通过第Ⅱ部类内部的交换得到实物上的补偿。所以,第Ⅰ部类提供的实物形态正好就是第Ⅱ部类要求补偿的实物形态,而第Ⅱ部类提供的实物形态正好就是第Ⅰ部类要求补偿的实物形态;并且在价值数量上,Ⅰ(1 000v+1 000m)与Ⅱ2 000c 相等。通过两大部类之间的交换,它们的价值都得到了实现,实物形态都得到了补偿。

正是通过上面的三个交换过程,社会总产品 9 000W 的各个组成部分在价值上和实物上都得到了相应的补偿,从而,资本主义的简单再生产过程就可以继续进行。

以上我们考察了社会生产两大部类的交换关系,暂时撇开了货币流通。实际上,社会总产品的各个部分的实现并不是通过直接的物物交换形式完成的,而是以货币为媒介的商品流通。这里,仅以两大部类Ⅰ(1 000v+

1 000m)与Ⅱ2 000c 相交换为例,说明货币流通在社会总产品实现过程中的媒介作用。

A.第Ⅰ部类资本家支付 1 000 货币购买劳动力,工人则得到 1 000 货币工资;

B.第Ⅰ部类工人用 1 000 货币向第Ⅱ部类资本家购买消费资料,第Ⅱ部类不变资本价值Ⅱ2 000c 的一半(1 000c)得到补偿;

C.第Ⅱ部类资本家用实现的 1 000 货币向第Ⅰ部类资本家购买生产资料,第Ⅰ部类垫支的 1 000 货币工资重新流回到手中,补偿了可变资本的价值;

D.假定第Ⅱ部类资本家垫支 500 货币向第Ⅰ 部类购买生产资料,第Ⅰ部类剩余价值的一半(500m)得到实现;

E.第Ⅰ部类资本家用实现的 500 货币向第Ⅱ部类资本家购买生活资料,第Ⅱ部类不变资本价值的 1/4(500c)得到补偿;

F.第Ⅱ部类资本家把流回的 500 货币再向第Ⅰ部类资本家购买生产资料,第Ⅰ部类剩余价值的另一半(500m)得到实现;

G.第Ⅰ部类资本家用实现的 500 货币又向第Ⅱ部类资本家购买生活资料,第Ⅱ部类不变资本价值的 1/4(500c)得到补偿,垫支的货币又返回到出发点。

至此,两大部类之间参加交换的 4 000 物质商品即Ⅰ(1 000v+1 000m)、Ⅱ2 000c 全部得到实现。

在社会总资本的流通中,货币时而被当作资本发挥作用,时而被当作普通货币发挥职能。它或者由资本家用来购买各种生产要素,或者被资本家和工人用来购买各种消费资料。社会总资本在流通中所需要的货币量,取决于货币流通速度。充当媒介的货币,最初总是由某一部类资本家投入流通,经过两大部类产品的交换,最后返回到原来的出发点。马克思说,"当再生产(无论是简单的,还是规模扩大的)正常进行时,由资本主义生产者预付到流通中去的货币,必须流回到它的起点(无论这些货币是他们自己的,还是借来的)。这是一个规律"①。

---

① 《马克思恩格斯文集》第 6 卷,人民出版社 2009 年版,第 512 页。

二、简单再生产实现条件的公式

从以上三个交换关系来看,社会总资本简单再生产要能够顺利地进行,关键在于第Ⅰ部类与第Ⅱ部类之间交换的比例关系,即第Ⅰ部类的可变资本与剩余价值之和必须等于第Ⅱ部类的不变资本。因此,简单再生产实现的基本条件,可以用公式表示为:Ⅰ(v+m)=Ⅱc。这一公式体现了社会生产两大部类之间的内在联系。它表明,要使社会总资本的简单再生产和流通得以正常进行,第Ⅰ部类生产资料的生产和第Ⅱ部类对生产资料的需求之间,以及第Ⅱ部类消费资料的生产和第Ⅰ部类对消费资料的需求之间,都必须保持一定的比例关系。如果Ⅰ(v+m)小于Ⅱc,那么,在简单再生产的条件下,第Ⅱ部类所消耗的不变资本就不能得到充分的补偿,同时,第Ⅱ部类所生产的消费资料也就不能全部实现。同样,如果Ⅰ(v+m)大于Ⅱc,第Ⅰ部类就会有一部分的生产资料无法实现;同时,第Ⅰ部类的工人和资本家对消费资料的需求就不能得到充分的满足。在这两种情况下,社会总产品的实现遇到了阻碍,从而,简单再生产的条件遭到了破坏。因此,从中我们可以看出,第Ⅰ部类生产资料的生产与第Ⅱ部类消费资料的生产之间存在着互相依赖、互相制约的关系,即第Ⅰ部类为第Ⅱ部类提供的生产资料供给正好等于第Ⅱ部类对第Ⅰ部类的生产资料的需求,而第Ⅱ部类为第Ⅰ部类提供的消费资料供给正好等于第Ⅰ部类对第Ⅱ部类的消费资料的需求。

Ⅰ(v+m)=Ⅱc是社会资本简单再生产实现条件的基本公式,从这个基本公式出发,分别在等式的两边加上两部类各自的内部交换部分,则可以引出简单再生产的两个派生条件的公式,这就是:

其一,Ⅰ(c+v+m)=Ⅰc+Ⅱc,即第Ⅰ部类全部产品的价值必须等于两大部类不变资本价值的总和。这一公式表明了生产资料的生产同两大部类对生产资料的需求之间的关系,它反映了生产资料的生产同生产消费之间的内在联系。公式左边Ⅰ(c+v+m)是第Ⅰ部类为社会提供的生产资料总供给,而公式右边Ⅰc+Ⅱc是社会总资本对生产资料的总需求,因此,整个公式表明了生产资料的社会总供给与社会总需求之间的平衡。如果Ⅰ(c+v+m)小于Ⅰc+Ⅱc,那么,社会生产中所消耗掉的生产资料就得不到充分的补偿。如果Ⅰ(c+v+m)大于Ⅰc+Ⅱc,那么,就会有一部分生产资料的价值无法实现。在这两种情况下,简单再生产都不能正常地进行。

其二,$\text{II}(c+v+m)=\text{I}(v+m)+\text{II}(v+m)$,即第 II 部类全部产品的价值等于两大部类的可变资本和剩余价值的总和。这一公式表明消费资料的生产同两大部类对消费资料需求之间的关系,它反映了消费资料的生产同个人消费之间的内在联系。公式的左边 $\text{II}(c+v+m)$ 是第 II 部类为社会提供的消费资料总供给,而公式右边 $\text{I}(v+m)+\text{II}(v+m)$ 是两部类的工人和资本家对消费资料的总需求,因此,整个公式表明了消费资料的社会总供给与社会总需求之间的平衡。如果 $\text{II}(c+v+m)$ 小于 $\text{I}(v+m)+\text{II}(v+m)$,那么,两部类的工人和资本家就无法购买到充分的消费资料来实现他们个人的消费。如果 $\text{II}(c+v+m)$ 大于 $\text{I}(v+m)+\text{II}(v+m)$,那么,就会有一部分消费资料找不到销路,不能全部实现价值补偿;同时,第 II 部类因生产这些消费资料所耗费的生产资料也不能全部重新得到补偿,消费资料生产部门就不能保持原有规模的再生产。同样的,在这两种情况下,简单再生产都不能正常地进行。

以上关于简单再生产条件下社会总资本再生产实现条件的公式,从各个不同的方面表明了简单再生产过程中生产和消费的内在联系,表明了简单再生产条件下社会生产两大部类之间所必须遵循的基本比例关系。这是不以人们的主观意志为转移的客观经济规律。必须说明,这个基本比例所强调的只是社会总产品在供需关系上、在实物数量及其所承载的价值数量上必须分别相等,而舍去了在品种、规格要求下的各类实物数量和相应的价值量必须分别相等这一具体因素。只有把这个因素也考虑进去,社会总产品的实现才能真正地成为现实。

三、固定资本的补偿

在前面分析社会总产品的实现问题时,我们把固定资本的补偿问题舍去,而假定不变资本在一个生产周期内,其价值全部转移到新产品中去,同时在交换中进行物质补偿。但实际上,固定资本的价值是按照其磨损程度,逐年地转移到新产品中去的。在固定资本的使用期限内并不需要进行物质补偿,只有到使用期届满时,才进行固定资本的更新。现在,我们就来考虑固定资本的补偿问题。

　　我们以第Ⅱ部类的固定资本补偿为例来说明这个问题。假定第Ⅱ部类的 2 000c 中,有 200c 是当年消耗掉的固定资本价值,1 800c 是转移到新产品中的原材料的价值。由于 200c 固定资本的价值以货币的形式作为折旧基金累积起来,而固定资本在实物形态上并不需要立即得到补偿,因此,与前面所述不同,此时,第Ⅱ部类资本家不需要向第Ⅰ部类资本家购买价值为 2 000 的生产资料,而只需购买价值为 1 800 的生产资料。于是,第Ⅰ部类就有 200 的生产资料在价值上无法实现。这又会反过来使得第Ⅰ部类向第Ⅱ部类购买的消费资料相应地减少,因此,第Ⅱ部类也会有价值为 200 的产品无法销售出去。也即,简单再生产的实现条件无法得到满足。

　　为了解决固定资本的补偿问题,马克思假定,把第Ⅱ部类的资本家阶级分为两个集团:一部分资本家正处于其固定资本的使用限期内,需要提取折旧,积累货币;另一部分资本家正处于进行固定资本更新的时期,把原来积累起来的货币用于购买新的固定资本。这种假定是符合实际的。正如马克思指出的:"第Ⅱ部类是由许多资本家构成的,他们的固定资本处在再生产的完全不同的期限中。对一些资本家来说,固定资本已经到了必须全部用实物更新的期限。对另一些资本家来说,它和这个阶段多少还有些距离。"[①]正是在这种假定前提下,我们发现:那些正处于固定资本使用期限内的资本家,他们对于第Ⅰ部类的生产资料需求的价值总和要小于他们在生产中所消耗的不变资本价值总和,他们只需要提取折旧积累货币,而不会对价值 200c 的固定资本产生购买需求;而那些正处于固定资本实物更新的资本家,他们对于第Ⅰ部类的生产资料需求的价值总和要大于他们在生产中所消耗的不变资本价值总和,他们必须将以前以货币形式积累起来的折旧基金投到市场上购买固定资本的各种要素,实现物质补偿。只要这两部分资本家对第Ⅰ部类的生产资料需求的价值总和仍然等于第Ⅱ部类在生产过程中消耗的不变资本价值总和(在我们的例子中为 2 000c),等于第Ⅰ部类为第Ⅱ部类提供的生产资料价值,那么,两大部类之间的交换关系仍然符合简单再生产条件下社会总产品的实现条件,因而社会资本的简单再生产仍然能够顺利地进行。

　　因此,把固定资本的补偿问题纳入考虑时,社会总资本简单再生产的实

---

　　① 《马克思恩格斯文集》第 6 卷,人民出版社 2009 年版,第 514 页。

现,还需要具备另外一个条件,即当年更新的固定资本总额必须等于当年在货币形态上积累的折旧基金的总额。如果不符合这个条件,即便具备了 $I(v+m)=IIc$ 这个社会总产品实现的基本条件,社会总产品也无法完全得到实现,社会总资本的简单再生产会因此受阻。

第三节　社会总资本的扩大再生产

在简单再生产实现条件的公式的基础上,把剩余价值资本化而形成的积累基金,分解为追加的不变资本和可变资本,分别加入原来的不变资本和可变资本,则出现规模增大的扩大再生产。随着科学技术的不断进步和在生产上的应用,资本积累必然引起资本有机构成的不断提高,致使追加的不变资本所占的比重要大于追加的可变资本,从而两部类对生产资料需求的增长速度加快,导致生产资料的生产有优先增长的趋势。

一、扩大再生产前提条件的公式

所谓扩大再生产,是指在资本积累的基础上,生产过程以扩大的规模进行。资本家在上一次生产过程中获取的剩余价值并不是全部用于个人消费,而是有一部分用于资本的积累,作为追加的不变资本和可变资本与原来的资本结合起来而投入新的生产过程。资本主义的扩大再生产可以分为外延扩大再生产和内涵扩大再生产两种形式。马克思在研究社会总资本的扩大再生产时,把考察的范围限定在外延的扩大再生产。这并不说明马克思无视或忽视内涵的扩大再生产问题;相反,在他的整部经济学著作中,始终都以科学技术的发展、劳动生产率的提高、产品不断增多,作为分析资本主义经济的物质基础。尤其是他在分析商品价值量的决定及相对剩余价值生产时,更是对先进科学技术的决定作用给予了充分的重视并进行了透彻的分析。问题是马克思的由抽象逐步上升到具体的研究方法,决定了必须先探寻价值、剩余价值的源泉以及如何增大对剩余价值量的无偿占有等问题。这显然已经是深刻地探讨了所谓"集约型"的内涵扩大再生产。当叙述的进程上升到资本积累时,对资本积累的源泉,即剩余价值如何通过科技进步、劳动生产率提高,在工作日不延长的情况下不断增多的问题,其实在此之前已经阐述过了,此处无须赘述。在这里,着力于研究这个不断膨胀的剩余价值是如何不断地再转化为资本的,即探讨资本规模不断膨胀的外延扩大再生产问题。

马克思仍然运用抽象方法,假定在扩大再生产过程中生产技术不变,有机构成不变,劳动生产率不变。因此,社会总资本的扩大再生产研究的重点就在于,资本家如何将上一次生产过程中工人创造的剩余价值分为两个部分,一部分用于个人消费,另一部分用于资本积累,追加不变资本和可变资本;同时,这些追加的货币资本如何购买到再生产过程所需的追加的生产要素,转化为生产资本。从这一分析过程中,我们可以揭示扩大再生产的条件和形式,及其运动的规律。在此,我们暂时撇开技术进步和有机构成提高等因素,先弄清扩大再生产时社会总产品的各个组成部分实现所需要的一些基本条件。

为了实现社会资本的扩大再生产,积累起来的剩余价值必须转化为资本。这种追加的资分为两个部分:追加的不变资本($\triangle c$)和追加的可变资本($\triangle v$)。但是,剩余价值要真正地转化为资本,就必须从货币形式这种可能性上的资本变成生产资料和劳动力这种生产形式上的现实的资本。这就取决于社会总产品能否提供扩大再生产所必需的物质要素,因此,必须具备以下两个物质条件:第一,社会总产品中要包含有追加的生产资料;第二,社会总产品中要包含有维持追加劳动力所必需的追加的消费资料。此外,还需要有追加的劳动力。由于在资本主义制度下存在着大量的产业后备军,因此,资本家随时可以购买到追加的劳动力。所以,问题的关键就在于,上一次生产过程生产出来的社会总产品,除了补偿生产过程中已经消耗掉的生产资料和消费资料之外,还能够有剩余产品作为追加的生产资料和消费资料。

扩大再生产所需要的各种物质要素既然要从社会总产品中去取得,那么社会总产品的各个组成部分就不能保持原来在简单再生产条件下的那种比例关系了,而必须按照扩大再生产的要求重新加以组合。马克思在谈到由简单再生产向扩大再生产过渡的前提时指出:"对一定量商品来说,规模扩大的再生产所需要的前提是,既定产品的各种要素已经有了不同的组合,或不同的职能规定。"①那么,为了扩大再生产,社会总产品的各个构成部分应该如何重新进行组合,才能提供扩大再生产所需的追加的生产要素呢?

(1)为了能够提供追加的生产资料,第Ⅰ部类生产的全部产品除了补偿两大部类消耗掉的生产资料外,还能够有剩余产品,为两大部类的扩大再生产提供追加生产资料的可能。即第Ⅰ部类生产的全部生产资料必须大于第Ⅰ部类和第Ⅱ部类在当年消耗掉的生产资料总和,这一前提条件用公式表示就是 Ⅰ(c+v+m)＞Ⅰc+Ⅱc。如果我们把第Ⅰ部类的内部交换扣除掉,上述的公式就简化为 Ⅰ(v+m)＞Ⅱc,它表示第Ⅰ部类的可变资本与剩余价值之和必须大于第Ⅰ部类的不变资本价值,才能使 ⅠΔc 和 ⅡΔc 成为现实的可能。

(2)为了能够提供追加的消费资料,第Ⅱ部类生产的全部产品除了满足当年两大部类的工人和资本家消费之后,还必须有剩余产品用于满足追加的劳动力的消费需求,即第Ⅱ部类生产的全部消费资料必须大于当年第Ⅰ部类和第Ⅱ部类的工人与资本家用于个人消费的消费资料总和。假定用 $\frac{m}{x}$ 代表剩余价值中资本家用于个人消费的部分,$m-\frac{m}{x}$ 代表剩余价值中用于积累的部分,则扩大再生产的另一个物质前提条件,用公式表示就是 Ⅱ(c+v+m)＞Ⅰ$(v+\frac{m}{x})$+Ⅱ$(v+\frac{m}{x})$。如果把第Ⅱ部类的工人与资本家向本部类购买的消费资料扣除掉,则公式就简化为 Ⅱ$(c+m-\frac{m}{x})$＞Ⅰ$(v+\frac{m}{x})$。它表示第Ⅱ部类中不变资本与资本家用于积累的剩余价值之和必须大于第Ⅰ部类的可变资本与资本家用于个人消费的剩余价值之和,才能使 ⅠΔv 和 ⅡΔv 成为现实的可能。

(3)扩大再生产前提条件的不等式,是从简单再生产实现条件的公式推演出来的。因为这时两部类的剩余价值 m 都要分解为资本家个人的消费基金 $\frac{m}{x}$ 和积累基金 $m-\frac{m}{x}$;积累基金 $m-\frac{m}{x}$ 又会分解为 Δc+Δv。为了适应这种需求变化的新情况,第Ⅰ部类的总产品即 Ⅰ(c+v+m)除了满足两

---

① 《马克思恩格斯文集》第6卷,人民出版社2009年版,第471页。

部类更新不变资本即Ⅰc和Ⅱc的需求外,还必须有剩余,以使Ⅰ∆c和Ⅱ∆c的新需求成为可能;第Ⅱ部类的总产品即Ⅱ(c+v+m)除了满足两部类原规模的工人(Ⅰv+Ⅱv)和资本家个人消费($Ⅰ\frac{m}{x}+Ⅱ\frac{m}{x}$)的需求外,也必须有剩余,以使Ⅰ∆v+Ⅱ∆v的新需求成为可能。这些条件加进简单再生产的公式,经过数学的推演和组合,则可得出:

$$Ⅰ(v+m) > Ⅱc$$

$$Ⅱ(c+m-\frac{m}{x}) > Ⅰ(v+\frac{m}{x})$$

二、扩大再生产图式

前面我们分析了社会总资本扩大再生产所需要的前提条件,这些前提条件仅仅表示具备了扩大再生产的可能性,只有当社会总产品都按照扩大再生产的要求获得实现时,这种可能性才会变成现实。

现在我们根据扩大再生产所需的前提条件,运用扩大再生产图式来分析一下社会总资本扩大再生产时社会总产品是怎样实现的。假设社会总产品由下列各个部分组成:

$$Ⅰ\ 4\ 000c+1\ 000v+1\ 000m=6\ 000$$
$$Ⅱ\ 1\ 500c+750v+750m=3\ 000$$

在这个扩大再生产图式中,Ⅰ1 000v+1 000m大于Ⅱ1 500c,所以满足扩大再生产的前提条件。现在,假定第Ⅰ部类的资本家将剩余价值的一半用于个人消费,即$\frac{m}{x}=500$,剩余价值的另一半则用于积累,即$m-\frac{m}{x}=500$。由于假定资本有机构成不变,因此,用于积累的500资本价值必须按照第Ⅰ部类原有的资本有机构成4:1的比例,转化成为追加的400不变资本和100可变资本,即Ⅰ400∆c和Ⅰ100∆v。此时,第Ⅰ部类在第一年生产出来的全部产品,为了扩大再生产,重新组合如下:

$$Ⅰ\ 4\ 000c+400∆c+1\ 000v+100∆v+500\frac{m}{x}=6\ 000。$$

第Ⅰ部类的资本家为了扩大再生产,就必须购买到 4 400c 的生产资料,而不仅仅是更新第一年生产中消耗掉的 4 000c 的生产资料。由于第Ⅰ部类本身提供的产品就是生产资料,所以,这 4 400c(即Ⅰ 4 000c＋400Δc)通过第Ⅰ部类内部交换即可实现。而第Ⅰ部类产品中的 1 000v＋100Δv＋500$\frac{m}{x}$ 的组成部分代表第Ⅰ部类的资本家为扩大再生产而投入在原有的劳动力和追加的劳动力上的可变资本,以及资本家获得的用于个人消费的剩余价值。这一部分的可变资本和剩余价值在物质形态上就表现为工人和资本家为维持个人消费而购买的消费资料。由于第Ⅰ部类提供的产品为生产资料,所以,这一部分即共计Ⅰ 1 600(1 000v＋100Δv＋500$\frac{m}{x}$)必须与第Ⅱ部类交换。

在第Ⅰ部类与第Ⅱ部类的交换过程中,第Ⅰ部类向第Ⅱ部类购买的消费资料的价值总和,也必须等于第Ⅱ部类向第Ⅰ部类购买的生产资料的价值总和。但是,此时第Ⅱ部类需要在物质上补偿的不变资本价值只有1 500c,比第Ⅰ部类向它提供的生产资料价值少了100,因此,决定了第Ⅱ部类的资本家只能将剩余价值 750 中的 100 用于追加不变资本,扩大第Ⅱ部类的不变资本价值。同时第Ⅱ部类也只有这样积累,第Ⅰ部类的全部产品才能得以实现。这种格局就使第Ⅱ部类不变资本价值从1 500c 提高到1 600c,即需要向第Ⅰ部类购买生产资料 1 600c。

第Ⅱ部类在增加不变资本的同时,还必须相应地增加可变资本。在资本有机构成不变的前提下,根据原来的资本有机构成 2∶1 的比例要求,不变资本增加100,可变资本相应地就需要增加50。所以,第Ⅱ部类的资本家就应该从 750 的剩余价值中拿出 150(100Δc＋50Δv)用作追加资本,剩下 600 剩余价值则用作资本家的个人消费。因此,为了扩大再生产,第Ⅱ部类在第一年生产出来的全部产品重新组合如下:

$$Ⅱ\ 1\ 500c＋100Δc＋750v＋50Δv＋600\frac{m}{x}＝3\ 000$$

其中,Ⅱ(750v＋50Δv＋600$\frac{m}{x}$)代表第Ⅱ部类资本家为扩大再生产而投入在原有的劳动力和追加的劳动力上的可变资本价值以及第Ⅱ部类资本家用于个人消费的剩余价值,这一部分的价值在实物形态上表现为消费资料,因此,可以通过第Ⅱ部类的内部交换得以完成。其中的Ⅱ1 600(1 500c＋100Δc)表示第Ⅱ部类为扩大再生产而必须投入的不变资本价值,它在实物形态上表现为第Ⅱ部类资本家向第Ⅰ部类资本家购买的生产资料总和,这正好等于第Ⅰ部类向第Ⅱ部类提供的生产资料。所以,通过第Ⅰ部类与第Ⅱ部类之间的交换,社会资本在第一年内生产的社会总产品的各个部分就全部得到实现。这可以用图式来表示:

$$Ⅰ\ 4\ 400c＋1\ 100v＋500m＝6\ 000$$
$$Ⅱ\ 1\ 600c＋800v＋600m＝3\ 000$$

到了第二年年初,第Ⅰ部类的预付资本就从原来的 5 000 增加到 5 500,第Ⅱ部类的预付资本就从原来的 2 250 增加到 2 400。这样,社会总资本就从原来的 7 250 增加到 7 900,生产在扩大的规模上进行。如果假定剩余价值率仍为 100％,则到了第二年年末,社会总资本生产出来的社会总产品的各个构成部分为:

$$Ⅰ\ 4\ 400c＋1\ 100v＋1\ 100m＝6\ 600$$
$$Ⅱ\ 1\ 600c＋800v＋800m＝3\ 200$$

与第一年相比,第Ⅰ部类的生产增长 10％,第二部类的生产增长 6.67％。第二年产品实现,以及第二年以后各个年度生产扩大和社会总产品实现的状况,都可以按照上面的方法加以类推。假定每一年第Ⅰ部类的资本家总是将剩余价值的一半用于积累,资本有机构成和剩余价值率都不发生变化,则到了第三年年末,生产出来的社会总产品各个构成部分为:

$$Ⅰ\ 4\ 840c＋1\ 210v＋1\ 210m＝72\ 600$$
$$Ⅱ\ 1\ 760c＋880v＋880m＝3\ 520$$

与第二年相比,第Ⅰ部类与第Ⅱ部类的生产均增长了 10％。到了第四年年末,生产出来的社会总产品各个构成部分为:

$$Ⅰ\ 5\ 324c＋1\ 331v＋1\ 331m＝7\ 986$$
$$Ⅱ\ 1\ 936c＋968v＋968m＝3\ 872$$

与上一年相比,两大部类的生产均增长了 10％。到了第五年年末,生产出来的社会总产品各个构成部分为：

$$Ⅰ\ 5\ 856c+1\ 464v+1\ 464m=8\ 784$$
$$Ⅱ\ 2\ 129c+1\ 065v+1\ 065m=4\ 259$$

因此，两大部类的年增长率仍然为10%。如此以往，年复一年。

从上面的分析可以看出，社会总产品实现的关键问题仍然是第Ⅰ部类与第Ⅱ部类之间的交换关系。与简单再生产相似，第Ⅰ部类的工人与资本家用于个人消费的消费资料价值之和必须等于第Ⅱ部类的资本家用于生产消费的生产资料价值之和。只是由于加入了积累的因素，因此，两大部类的不变资本、可变资本及剩余价值都发生了新的变化，即不变资本的价值因为有了追加的不变资本而增加，可变资本的价值因为有了追加的可变资本而增加。而剩余价值则由于其中一部分用于积累，因而用于资本家个人消费的剩余价值减少了。所以，在扩大再生产的前提下，两大部类之间的比例关系就是，第Ⅰ部类原有的可变资本价值，加上追加的可变资本价值以及资本家用于个人消费的剩余价值，三者之和必须等于第Ⅱ部类原有的不变资本价值加上追加的不变资本价值之和。这一实现条件用公式可以表示为：

$$Ⅰ(v+\Delta v+\frac{m}{x})=Ⅱ(c+\Delta c) \tag{1}$$

这是基本的实现条件，它反映了在扩大再生产的条件下，两大部类之间的内在联系和平衡关系，即第Ⅰ部类向第Ⅱ部类提供的生产资料供给正好等于第Ⅱ部类对第Ⅰ部类的生产资料需求，而第Ⅱ部类向第Ⅰ部类工人和资本家提供的消费资料供给正好等于第Ⅰ部类对第Ⅱ部类的消费资料需求。只有符合这一条件，社会总产品的各个部分才能够全部实现，扩大再生产才能够顺利进行。

从扩大再生产情况下社会总产品基本实现条件的公式出发，在公式的两边分别加上两部类各自内部交换的部分，即把$Ⅰ(c+\Delta c)$加在等式的两边，此外，再把$Ⅱ(v+\Delta v+\frac{m}{x})$加在等式的两边，还可以引申出以下两个公式[公式(2)、(3)]：

$$Ⅰ(c+v+m)=Ⅰ(c+\Delta c)+Ⅱ(c+\Delta c) \tag{2}$$

　　这个公式表示第Ⅰ部类全部产品的价值必须等于两大部类原有的不变资本价值,加上两大部类追加的不变资本价值总和。这一公式反映了在扩大再生产情况下生产资料生产同生产消费之间的内在联系,即第Ⅰ部类提供的生产资料不仅能够用于补偿已经消耗掉的生产资料,而且还要满足两大部类资本家为扩大再生产而产生的对追加的生产资料的需求。其实,这也反映了在扩大再生产的情况下,第Ⅰ部类提供的总供给与两部类对Ⅰ部类的总需求必须平衡。

$$Ⅱ(c+v+m) = Ⅰ(v+\Delta v+\frac{m}{x}) + Ⅱ(v+\Delta v+\frac{m}{x}) \qquad (3)$$

　　这个公式表示第Ⅱ部类全部产品的价值必须等于两大部类原有的可变资本价值,加上两大部类追加的可变资本价值以及两大部类的资本家用于个人消费的剩余价值总和。这一公式反映了在扩大再生产条件下,消费资料生产同个人消费之间的内在联系,即第Ⅱ部类提供的消费资料不仅能够用于补偿两大部类工人和资本家所消耗的消费资料,而且还满足两大部类追加的劳动力对消费资料的需求。从总供给与总需求平衡的角度看,也就是第Ⅱ部类提供的总供给必须等于两部类对生活资料的总需求。

　　以上三个实现公式,从不同的侧面反映了扩大再生产过程中社会生产与社会消费之间的内在联系,表明了扩大再生产的情况下社会生产两大部类之间所必须遵循的主要比例关系。只有满足这些主要的比例关系,社会总资本的扩大再生产才能顺利实现。

　　马克思在研究社会总资本的扩大再生产时指出,两大部类的积累和生产的扩大是互为条件、互相依赖的。首先,第Ⅰ部类的扩大再生产对第Ⅱ部类的积累起着决定作用。第Ⅰ部类为第Ⅱ部类的扩大再生产提供追加的生产资料,并且制约着第Ⅱ部类的积累规模。如果没有第Ⅰ部类为第Ⅱ部类提供追加的生产资料,第Ⅱ部类就无法进行扩大再生产。因为第Ⅰ部类若提高积累率,则ⅠΔc自然增大,致使第Ⅰ部类内部交换的数量增多,从而可提供给ⅡΔc的数量自然相应减少。其次,第Ⅱ部类的扩大再生产也对第Ⅰ部类的积累起着制约作用。如果没有第Ⅱ部类因积累而为第Ⅰ部类提供追加的消费资料,则第Ⅰ部类也无法进行扩大再生产。

小结

　　本章以社会总资本为考察对象,研究社会总资本再生产和流通的一般规律,阐明社会总资本实现简单再生产和扩大再生产所需要的基本条件。需要注意的是,马克思在研究扩大再生产时,假定剩余价值率不变和资本有机构成不变,这是资本主义宏观经济正常增长的条件。但实际上,资本有机构成不断提高才是资本主义经济发展的常态,因为资本家为了追求超额剩余价值,必定不断提高劳动生产率,改进生产技术。而资本有机构成是反映资本技术构成的资本价值构成,因而,在劳动生产率提高的前提下,资本的有机构成一定会提高。这是资本主义特殊的分配规律决定的,反映了资本主义生产力与生产关系的矛盾。这一矛盾说明,马克思研究的资本主义扩大再生产的条件不能实现,因此,资本主义再生产一定会出现问题,甚至导致经济危机。

　　马克思关于社会总资本再生产理论表明,社会生产的两大部类之间以及每一部类的各生产部门之间必须保持一定的比例关系。但是资本主义社会由于生产的社会性和资本家私人占有形式之间的矛盾,使社会总资本再生产需要的比例关系经常遭到破坏。在资本主义社会,两大部类之间的比例关系只能通过周期性的经济波动而得以暂时地、强制地实现,但它不能根本性地解决资本主义内在的、固有的矛盾,资本主义的经济危机是无法避免的。撇开资本主义社会的性质,社会主义市场经济的扩大再生产也需要社会总资本实现良性循环,这就要求调节收入差距,在资本技术构成提高的前提下,缩小收入差距,以使资本价值构成保持相对稳定,也即生产资料与消费资料能够成比例地增长;同时还需社会的产业结构合理配置,物质资源与劳动资源合理利用,以及货币政策的适度配合。

关键词

　　社会总资本再生产　社会总产品的实现　第Ⅰ部类　第Ⅱ部类　物质补偿　价值补偿

思考题

1.什么是社会总产品？社会总产品的实现指的是什么？

2.为什么说社会总资本再生产的中心问题是社会总产品的实现问题？

3.社会总资本简单再生产的实现必须具备哪些条件？

4.什么是社会总资本扩大再生产的前提条件与实现条件？

5.简述社会总资本再生产理论的主要内容及现实意义。

6.如何理解社会总资本再生产的核心问题是社会总产品的实现问题？

第七章　平均利润和生产价格

　　前面几章分别考察了资本在物质生产领域运动过程的两个方面:生产过程和流通过程,揭示了资本运动过程的本质及其规律性。根据由抽象逐步上升到具体的方法,从本章起,我们将从物质生产领域扩展到非物质生产领域去考察各种资本的总运动过程,阐述资本的各种具体形式以及与此相适应的剩余价值的各种转化形式,揭示剩余价值分配规律。平均利润和生产价格学说是剩余价值分配的理论基础,因此,本章首先对这一理论进行分析,考察物质生产领域生产的剩余价值如何转化为利润与平均利润,价值如何转化为生产价格等问题。

第一节　成本价格和利润

　　资本是能够带来价值增殖的价值。资本的价值增殖运动上升到社会表面,剩余价值就转化为利润等各种形态。而剩余价值转化为利润则是由成本价格的形成引起的。因此,本节首先对成本价格展开分析。

一、成本价格

　　资本主义企业生产的商品价值(W)是由三部分构成的:生产商品所耗费的不变资本价值(c)、可变资本价值(v)和剩余价值(m),即可用公式 W= c+v+m 表示。商品的价值(W)表示生产该商品时实际耗费的劳动量,或称商品的实际生产费用。但这不是资本家生产该商品时所支付的费用,"商品使资本家耗费的东西和商品生产本身所耗费的东西,是两个完全不同的量"①。资本家只对 c+v 部分支付了费用,但对 m 却是无偿占有的。所以,c+v 就成了资本家的生产费用,或称成本价格(K),代表资本家为生产商品所耗费的资本。于是,商品价值构成的形式也就发生了相应的变化,由原来的 W=c+v+m 转化为 W=K+m,即商品价值=成本价格+剩余价值。

成本价格这个范畴是资本主义生产关系的反映,反映资本主义生产的特殊性质,它在现实经济生活中是一个客观存在的经济范畴,对现实的生产经营活动有着重要的影响。

(1)成本价格是资本家经营企业盈亏的界限。如果商品售价高于成本价格,资本家就能获得剩余价值,超过的越多,资本家盈利越多。如果商品售价低于成本价格,表明该资本家无法收回耗费的资本,也就不能重新购回生产中所需的各种生产要素,从而无法保证再生产的顺利进行。从这个意义上说,成本价格是资本家售卖商品价格的最低界限。

(2)成本价格反映了资本主义的竞争规律。在现实的生产经营活动中,由于各个企业在生产技术水平、经营管理水平等方面存在差异,生产同种商品的企业,成本价格是不同的。成本价格低的企业可以用高于成本价格但低于价值的价格出售商品,获得利润,从而在竞争中处于优势地位。因此,每个资本家都会想方设法采用新技术,改善经营管理,来降低自己商品的成本价格。

不变资本和可变资本转化为成本价格,掩盖了剩余价值与可变资本的直接关系。在价值形成中,所耗费的生产资料是物化劳动的耗费,是旧价值的转移;而劳动力的消耗则是活劳动的耗费,它创造了新价值。但表现为成本价格后,两者的不同作用看不见了,资本的耗费掩盖了劳动的耗费。在价值增殖过程中,资本家投在生产资料上的资本是不变资本,它只能转移原有价值;而投在劳动力上的资本是可变资本,会增加价值。但在成本价格的形态上,这两种不同的资本一律表现为资本的支出,对资本家来说同等重要。在这里,资本家唯一要考虑的是固定资本与流动资本的区别。由于机器、厂房等的价值不能一次性周转回来,所以资本家只计算这些固定资本的磨损部分;由于原材料的价值和工资支出等能够一次性周转回来,所以资本家就

---

① 《马克思恩格斯文集》第 7 卷,人民出版社 2009 年版,第 30 页。

把它们统统归入流动资本支出的项目下。这样,就把支出在劳动力上的可变资本部分和支出在生产资料上的不变资本部分等同起来了,从而抹杀了两种资本的区别及其在价值增殖过程中的不同作用,掩盖了剩余价值的源泉。

二、剩余价值转化为利润

"剩余价值首先是商品价值超过商品成本价格的余额"[①]。商品的价值本来由 c、v、m 三部分构成,剩余价值在本质上是由可变资本产生的。但当不变资本和可变资本独立出来转化为成本价格之后,剩余价值往往被看成是商品价值中成本价格的增加额,是资本家所耗费的全部资本带来的,而不是由可变资本带来的。于是,原来表明剩余价值只是由可变资本产生的公式 $W=c+(v+m)$,也就变成了 $W=(c+v)+m$,即 $W=K+m$。

不仅如此,剩余价值不仅表现为资本家全部所费资本的增加额,而且还表现为全部预付资本的增加额,即全部所用资本的增加额。这是因为,不管是固定资本还是可变资本,全部预付资本都要投入生产过程中使用。那些未曾耗费的资本(即固定资本中未曾磨损的价值部分),虽不构成商品的生产成本,但作为物质要素,它们同样参与了商品的生产过程,从而也参加了剩余价值的形成过程。"总资本虽然只有一部分进入价值增殖过程,但在物质上总是全部进入现实的劳动过程"[②],这样一来,剩余价值就表现为全部预付资本的产物了。

当剩余价值被看作是全部预付资本的产物时,剩余价值便取得了另一个形态——利润。可见,剩余价值和利润本质上是同一种东西,所不同的是剩余价值是对可变资本而言的,而利润是对全部预付资本而言的,剩余价值是利润的本质,利润不过是剩余价值的转化形式。如果以 P 表示利润,则商品价值的公式 $W=c+v+m=K+m$,便进一步转化成 $W=K+P$,也就是商品价值=成本价格+利润。

剩余价值转化为利润后,进一步掩盖了剩余价值的源泉。首先,由于资

---

① 《马克思恩格斯文集》第 7 卷,人民出版社 2009 年版,第 41 页。
② 《马克思恩格斯文集》第 7 卷,人民出版社 2009 年版,第 43 页。

本家预付的不变资本和可变资本采取了生产成本的形态,可变资本作为剩余价值的唯一源泉被模糊了,剩余价值自然地被看作全部预付资本的产物;其次,由于劳动力价值采取了工资形式,似乎工人的全部劳动都通过工资形式而获得了报酬,这样,剩余价值就不再被认为是劳动创造的,而被看作由资本产生的;再次,将商品价值划分为成本价格和利润后,资本家便把成本价格看成商品的内在价值,利润只是超过这个价值的余额。其原因在于,一方面,成本价格是商品销售价格的最低界限,低于这个界限就要亏本;另一方面,成本价格又是资本家购买生产资料和劳动力时所支付的价格。这样,由于资本家以购买价格付出资本,而后又从销售价格获取利润,在他们看来,利润便是商品的销售价格高于其价值的一个余额,是在商品出卖时产生的,来源于流通过程的贱买贵卖。而实际上,剩余价值是在生产过程中被创造出来的,只是在出卖商品时得以实现,其根源并非来自于流通过程。

因此,利润这个剩余价值的特殊转化形式既源于资本主义生产关系本身,同时又反过来掩盖了资本主义的剥削关系。

三、剩余价值率转化为利润率及影响利润率的因素

剩余价值转化为利润的同时,剩余价值率也转化为利润率。资本家把剩余价值看成是所用资本的产物,在衡量企业盈利大小时,则总是将剩余价值和全部预付资本相比较。

利润率就是剩余价值和预付总资本的比率,用 P' 表示。剩余价值率的公式是 $m' = \dfrac{m}{v}$,利润率的公式为 $P' = \dfrac{m}{C}$(大写字母 C 表示预付总资本)。可见,剩余价值率和利润率是同一剩余价值量用不同方法来表示的比率,利润率是剩余价值率的转化形式。但二者有明显的差别。在量上,由于 C=c+v>v,(c>0),因此,$P'<m'$,即利润率总是小于剩余价值率;在质上,两者反映的关系也不同。剩余价值率反映的是资本家对工人的剥削程度,而利润率表示的则是资本家预付总资本的增殖程度,掩盖了资本家对工人的剥削关系。

不同部门、不同企业、不同时期的利润率是不一样的。利润率的高低受以下四个因素的影响:

(1)剩余价值率。在资本有机构成不变的情况下,利润率和剩余价值率按正比例变化。剩余价值率越高,利润率越高;反之亦然。可见,凡是能提高剩余价值率的一切方法,都会相应地提高利润率。

(2)资本有机构成。在剩余价值率一定的条件下,利润率和资本有机构成呈反方向变动。资本有机构成越高,在总资本中可变资本的比重越小,创造的剩余价值越少,利润率越低。反之,资本有机构成越低,利润率越高。但利润率与资本有机构成的反方向变动关系是将一个部门作为整体而言的,不是就个别企业而言的。对个别企业来说,如果它的资本有机构成高,说明它首先改进了生产技术,提高了劳动生产率,其产品的个别价值就会低于社会价值,就会获得超额利润,所以它的利润率不仅不低,反而较高。也就是说,个别企业的资本有机构成与其利润率是呈同方向变动的。

(3)资本周转速度。资本周转速度会影响年利润率的高低。在其他条件不变的情况下,资本周转速度越快,其中可变资本周转的速度也就越快,因而同量资本所带来的剩余价值量也就越大,年利润率就越高;反之亦然。因此,年利润率的高低与资产周转速度成正比。

(4)不变资本的节约。不变资本节省本身不会带来更多利润,但会提高利润率。因为这种节省可以缩小预付总资本。在剩余价值量和剩余价值率一定的情况下,用同量剩余价值和较少量的预付资本相比,利润率就会提高;反之亦然。为了节省不变资本,提高利润率,资本家会利用社会化大生产的优势集中使用生产资料和劳动力,利用科技进步,提高生产要素效能,降低生产资料损耗以及对废弃物进行再利用等。除此之外,资本家往往不顾工人的生命和健康,延长工作日,提高劳动强度,减少劳动条件方面的开支。此外,原材料价格也会影响利润率。因为原材料属于不变资本,其价格波动会使资本有机构成相应地发生变化,原材料价格上升加大了利润率的分母部分,因而使利润率下降;反之亦然。

因此,利润率虽然是剩余价值率的转化形式,但又有自己的运动规律,而这个运动规律又给人们造成了假象:剩余价值的产生不再被看成是同可变资本相联系,而似乎是由多种因素决定的,是与整个资本相联系的。这就进一步掩盖了资本对雇佣劳动的剥削关系。

第二节　利润转化为平均利润

由于资本有机构成不同和资本周转速度不同,各部门、各企业的利润率也有高有低,这必然引起资本家之间的竞争。部门内部竞争使商品的各种不同的个别价值统一为一个相同的市场价值(社会价值),成为市场价格的基础。部门之间的竞争则引起利润率的平均化。

一、部门内部的竞争和市场价值的形成

部门内部竞争的实质是争夺有利的销售市场的竞争,其结果是同类商品中不同的个别价值均衡为相同的市场价值,或称为社会价值。个别价值符合或低于市场价值的商品,在市场上就会占据更多的销售份额;反之则占少量的销售份额。关于市场价值的决定,马克思指出:"市场价值,一方面,应看作一个部门所生产的商品的平均价值,另一方面,又应看作是这个部门在平均条件下生产的并构成该部门的产品很大数量的那种商品的个别价值。"①对每一个生产部门,我们通常可以将部门内部的企业划分为较好、中等和较坏三种生产条件,那些中等条件的企业所生产的商品占据了部门产量的大多数;而较好条件的企业和较坏条件的企业所生产的商品只占少部分。如果这两端分布大致平衡,这样,中等条件的企业所生产的商品的个别价值,就是这种商品的市场价值。在少数情况下,例如当生产条件较好(较坏)的企业所生产的商品占了大多数时,市场价值就由条件较好(较坏)的企业的个别价值决定。应注意的是,市场价值不会完全等于个别价值,而只是与个别价值接近。接近的程度则依其产品在内部的份额而定。

市场价值形成后,同类商品在市场上按市场价值决定的价格出售。市场价格是市场价值的货币表现。此时,生产技术条件好的企业,虽然商品的个别价值低于市场价值,但在市场上却按由市场价值决定的市场价格出卖,从而获得超额利润。资本家为获得超额利润,总是千方百计通过提高生产

---

① 《马克思恩格斯文集》第7卷,人民出版社2009年版,第217页。

技术或扩大生产规模来降低商品的个别价值。但该部门大多数企业提高技术的结果,则引起整个部门平均资本有机构成提高和利润率的下降。

二、部门之间的竞争和平均利润的形成

部门之间的竞争,主要是各个不同部门的资本家为了争夺更有利的投资场所而进行的竞争。部门内竞争是部门间竞争的基础。历史上是先有部门内竞争,然后到了机械大工业时期,才有必要和可能展开资本在部门之间自由转移的部门间竞争。而我们研究部门间竞争,是以部门内竞争已形成商品的市场价值为基础而进行的,虽然现实中两种竞争总是相互交织、相互影响的。

我们已经知道,即使剩余价值率相同,各个部门的利润率也会因资本有机构成或资本周转速度不同而不同。资本有机构成较低或周转速度较快的部门,由于在同一时间内获得的剩余价值多、利润多,因而其利润率比较高;而资本有机构成较高或周转速度较慢的部门,则利润率较低。这样,为了争夺较高的利润率,不同部门的资本家之间便展开了激烈的竞争。这种竞争一般是通过资本的转移而实现的。资本的转移既包括原有资本在各部门间的流入或流出,也包括新资本向利润率较高的部门的投入。部门间竞争的实质是争夺有利的投资场所,其结果是使各部门的不同利润率变成平均的利润率。

假定社会上有三个生产部门,其资本有机构成各不相同,如表 7-1 所示。

表 7-1　生产部门的资本有机构成

生产部门	资本有机构成	剩余价值率	剩余价值	商品价值	利润率
食品部门	100＝70c＋30v	100%	30	130	30%
纺织部门	100＝80c＋20v	100%	20	120	20%
机器制造部门	100＝90c＋10v	100%	10	110	10%

在此假定,资本 c 在一次生产过程中将价值全部转移到新产品中去。如果把 c 中的固定资本考虑进去,即把各个资本由于固定资本磨损程度不同因而加入到新产品中的价值也不同这个因素加进来,也会得到同样的

结果。

表 7-1 显示,当三个生产部门的总资本相同、剩余价值率相同时,但由于其资本有机构成不同,分别为 7∶3,8∶2 和 9∶1,因此,利润率就不同:食品部门利润率最高,为 30%;而机器制造部门利润率最低,为 10%;纺织部门利润率居于中等水平。

这个结果同利润的性质是相互矛盾的。利润表现为总预付资本的产物,只要预付总资本量相同,无论其投入哪一个部门,不管资本有机构成多么不一致,都应该得到相等的利润,即等量资本获得等量利润,这才符合利润的性质。资本主义现实经济生活也是如此,投在资本有机构成不同的各个生产部门中的等量资本,也都应当获得等量利润。投入等量资本如果不能获得等量利润,资本就会涌入利润高的部门,而撤出利润低的部门。

如何解决这个矛盾,从而使等量资本获得等量利润而又不违反商品价值的有关规律呢?总的来说,差别利润率会通过部门之间的竞争而趋向平均化,平均利润率的形成是部门之间竞争的结果。投资于不同生产部门的资本家,为了获得更高的利润率,相互之间必然展开激烈的竞争。这种竞争是围绕着争夺有利的投资场所而展开的。竞争的主要手段是资本在部门之间进行转移。从表 7-1 中可以看出,食品部门的资本有机构成低,利润率高;机器制造部门的资本有机构成高,利润率低。投入同样数量的资本,前者获得的利润多,后者获得的利润少,机器制造部门的资本所有者当然不会甘于吃亏。在这种情况下,资本家就会把自己的资本从机器制造部门中撤出来,转移到利润率高的食品部门。这样,机器制造部门的产量减少,而食品部门的产量增多,从而使商品原有的供求关系发生变化。由于转移到食品部门的资本增加,食品产量必然增加,结果造成商品供过于求,价格下跌,只能按低于其价值的价格出售,从而使利润减少,利润率下降。相反,机器制造部门由于撤走了一部分资本,生产量减少,造成商品供不应求,价格就会上涨,必然会按高于其价值的价格出售,从而使利润增加,利润率提高。这种竞争过程中的资本转移以及随之带来的利润率变化要持续到不同部门的利润率大体平均时才结束,结果是形成了平均利润率,满足了等量资本获得等量利润的要求。

不难看出,在竞争过程中通过资本转移而形成的平均利润率 $\bar{p}'$,就是社会剩余价值总量和社会预付总资本的比率。用公式表示为:

$$\overline{p}' = \frac{\sum\limits_{i=1}^{n} m_i}{\sum\limits_{i=1}^{n} (c+v)_i}$$

而一定量预付资本根据平均利润率获得的利润,就是平均利润$\overline{p}$,即平均利润为预付资本与平均利润率的乘积。用公式表示为:

$$\overline{p} = \overline{p}'(c+v)$$

从表 7-1 中,我们还可以知道,社会总资本为 300 个单位,社会剩余价值总量为 60 个单位,平均利润率=20%;三个部门各投入资本 100 个单位,各自获得 20 个单位的平均利润。如表 7-2 所示。

表 7-2　等量资本获得等量利润

生产部门	资本有机构成	剩余价值	商品价值	商品价格	利润率	平均利润率	平均利润	价格与价值之差	平均利润与剩余价值之差
食品部门	100=70c+30v	30	130	120	30%	20%	20	−10	−10
纺织部门	100=80c+20v	20	120	120	20%	20%	20	0	0
机器制造部门	100=90c+10v	10	110	120	10%	20%	20	+10	+10

从表 7-2 中可以看出,平均利润率形成以后,各部门的商品价格与商品价值不一致了,其剩余价值与平均利润也不相等:资本有机构成低的部门,如食品部门,价格低于价值,平均利润小于剩余价值;资本有机构成高的部门,如机器制造部门,价格高于价值,平均利润大于剩余价值;资本有机构成同社会资本平均有机构成一致的部门,如纺织部门,价格等于价值,平均利润等于剩余价值。从社会资本角度来看,高低相抵,一部门所失正为另一部门所得,价格同价值一致,剩余价值与平均利润相等。可见,平均利润形成的过程是不同部门资本家通过竞争重新分配剩余价值的过程。到此为止,前面提出的矛盾解决了。平均利润率形成后,既实现了等量资本获得等量利润的要求,又没有违反商品价值的有关规律。

平均利润率的高低,主要取决于两个因素:一是部门的利润水平,二是社会总资本在不同部门中所占比重的大小。社会资本投入到有机构成低的部门的比重越大,平均利润率越高;反之亦然。

在此应当注意,平均利润率不是对各部门利润率的简单平均,因为各部门的资本在社会总资本中所占比重有大小之别,简单平均不能反映这种差别。平均利润率也不是各部门按照资本的多少对剩余价值的绝对平均,因为各部门的发展、社会对各种商品的需求是不平衡的,因此,各部门的利润率是以平均利润为中心而发生波动的,利润率的平均化只是一种趋势。此外,我们在考察平均利润率的形成过程中,没有分析资本周转的差别对部门利润率的影响,因为在一般情况下,资本有机构成的高低和资本周转的快慢是相反的,它们对利润率的影响也是相反的,因而只考察资本有机构成的差别是可行的。

三、平均利润率模糊了资本主义经济关系的实质

平均利润率形成,利润转化为平均利润后,剩余价值和利润之间不仅在性质上发生了变化,而且在数量上也存在着差别,从而模糊了资本主义经济关系的实质。前面我们已经说明,剩余价值转化为利润,掩盖了剩余价值的真实来源,使利润表现为预付总资本的产物,而可变资本创造剩余价值的特殊作用却看不见了。但这种转化还只是性质上的转化,整个部门的利润量和剩余价值量仍然是相等的,也就是说还不存在量上的差别。然而,当平均利润率形成,利润转化为平均利润之后,剩余价值与利润之间不仅在性质上而且在数量上也存在了差别。各个部门的利润量都是与本部门的总资本量成比例,而不是与本部门的剩余价值量成比例,只要是等量资本就可以获得等量利润。这样,利润无论是在性质上,还是在数量上,都表现为全部预付资本的产物了,利润的本质和来源被完全掩盖起来了,资本对雇佣劳动的剥削关系看不见了,利润只是表现为资本自身的产物。总之,平均利润率模糊了资本主义经济关系的实质。

第三节　价值转化为生产价格

剩余价值转化为利润,利润转化为平均利润和价值转化为生产价格,是

经济本质到经济现象的逻辑发展过程,是商品经济从低级到高级阶段发展的必然产物,是资本主义商品经济高度社会化、生产部门广泛增多、自由竞争剧烈等因素综合作用的结果。生产价格作为价值的转化形式,理所当然地就成为商品市场价格的实际依据,使价值规律的作用形式发生变化,从而使资本主义经济现象得到科学的、本质的说明。

一、生产价格是价值的转化形式

随着平均利润的形成,利润转化为平均利润,许多部门所得到的利润与本部门生产出来的剩余价值在数量上出现了差别,有些部门获得的利润高于剩余价值,有些部门的利润低于剩余价值。这样,这些部门的商品价格便与其价值不一致了。现在,商品以成本价格加平均利润所构成的价格出售。这种由商品的成本价格和平均利润所构成的价格,被称为生产价格。因此,随着利润转化为平均利润,价值便转化为生产价格,二者是同一个过程,都是由不同部门竞争中的资本转移实现的。价值转化为生产价格的过程见表 7-3。

表 7-3　价值转化为生产价格

生产部门	资本有机构成	剩余价值	平均利润	价值	生产价格	生产价格与价值之差
食品部门	100＝70c＋30v	30	20	130	120	－10
纺织部门	100＝80c＋20v	20	20	120	120	0
机器制造部门	100＝90c＋10v	10	20	110	120	＋10
合计	300＝240c＋60v	60	60	360	360	0

生产价格和价值之间存在一定的差别。在质的方面,生产价格只是同资本有联系,而同活劳动没有直接联系。因为从生产价格的构成来看,成本价格是由耗费的资本构成的,平均利润是按预付资本的比例分得的,所以它只同耗费的资本和预付资本相联系。在量的方面,生产价格和价值经常不一致:资本有机构成高的部门,如表 7-3 中的机器制造部门,其产品的生产价格高于价值;资本有机构成低的部门,如表 7-3 中的食品部门,其产品的生产价格低于价值;只有资本有机构成相当于社会平均资本有机构成的部门,如表 7-3 中的纺织部门,其产品的生产价格和价值才大体相等。但这些

差别并不意味着生产价格脱离了价值,相反,它是以价值为前提,由价值转化而来的。

（1）生产价格是在价值的基础上形成的。价值之所以会转化为生产价格,是由于剩余价值按照资本量的大小在各部门平均分配而成的,简而言之,是由于利润率转化成了平均利润率。平均利润率之所以形成,又是以利润率的存在为前提的。没有各部门的不同利润率,也就没有平均的基础和依据,就不会形成平均利润率,而各部门不同利润率的存在,则又是以商品按价值出售引起的。所以,价值是生产价格的基础,而生产价格是价值的转化形式。进一步分析还可以看出,生产价格的各个构成部分都只能归结为价值。从成本价格上看,它的一部分是在生产资料上消耗的不变资本,即实际上消耗了的生产资料的价值;另一部分是可变资本,即支付给工人的工资,工资是劳动力的价值,归根结底是维持工人生活所必需的生活资料的价值。从平均利润来看,它的形成不过是剩余价值在各个部门之间重新分配的结果,最终只能归结为剩余价值。由此可见,生产价格并未脱离价值,它是以价值为基础形成的。

（2）生产价格的变动最终是以价值的变动为基础的,取决于价值的变动。因为一般来说,平均利润率的变化是缓慢的,所以它是相对稳定的。尽管各个部门的利润率会不断发生变化,但它在不同部门的变动以及在同一部门不同时期的变动有高有低,会相互抵消,因而不致影响平均利润率的变化。在这种情况下,生产价格的变动主要是由价值的变动引起的。不仅如此,平均利润率的变动最终也必然归结为价值的变动。平均利润率的高低取决于社会总资本量和总剩余价值量的大小。在剩余价值量不变时,只有当总资本中的不变资本和可变资本价值量发生变化时,平均利润率才会变化;当总资本量不变时,只有剩余价值量的变动才会引起平均利润率的变动,而剩余价值量的变动不过意味着工人在剩余劳动时间内创造的价值变化,它仍是由价值变动引起的。由此可见,生产价格是在价值的基础上形成和运动的。

（3）从全社会角度看,商品的生产价格总额和价值总额是相同的。个别部门产品的生产价格可以高于或低于价值,其差额就是平均利润同剩余价值的差额。但是,一些部门平均利润多于剩余价值的部分,正是另一些部门平均利润少于剩余价值的部分,平均利润总额和剩余价值总额是相等的。

正因为如此,生产价格总额和价值总额也是相等的。这更加清楚地说明了价值是生产价格的基础,生产价格只是价值的一种转化形式。

二、平均利润和生产价格形成后部门内部的竞争依然存在

在研究部门之间竞争形成平均利润以及价值转化为生产价格时,我们注意到部门内部的竞争,把每个部门作为一个整体看待,该部门的资本有机构成和周转速度实际上是该部门资本的平均有机构成和平均周转速度。从每一部门的内部来看,各个企业在资本有机构成、资本周转速度以及其他一些方面是不尽相同的,从而它们的利润率必然高低不等。因此,部门内部的竞争始终是存在的,竞争的实质就是追逐超额利润。但在利润转化为平均利润,价值转化为生产价格后,商品是按部门平均生产条件所决定的社会生产价格即该部门的社会成本价格加平均利润出售的。而各个企业的商品则具有个别生产价格,即个别成本价格加平均利润。其中少数先进企业由于其商品的个别生产价格低于社会生产价格,因而在得到平均利润之外,还能获得超额利润。

但是,超额利润与超额剩余价值一样是暂时的,因为部门内部各企业为获取超额利润,就会通过改进技术、降低消耗和提高劳动生产率等方式,使个别成本价格低于社会成本价格,以争夺超额利润。当大多数企业的个别成本价格都降低时,更低水平的个别成本价格就成为新的社会成本价格,从而该部门的超额利润也就消失了。由于生产价格等于成本价格加平均利润,此时生产价格自然降低。在该部门的生产价格如此相应降低的情况下,如果别的生产部门尚未达到这种地步,则各部门共同的社会生产价格仍保留在原水平上,那么这个部门的利润率必然高于其他部门的平均利润率,由此便引发下一步的部门之间的激烈竞争。

三、生产价格形成后价值规律的作用形式

价值转化为生产价格后,商品市场价格的变动就不是以价值而是以生产价格为中心了。受供求关系的影响,市场价格围绕生产价格上下波动。但这绝不是对价值规律的否定,只是其作用的表现形式发生了变化。生产

价格的形成依然是以价值规律为基础的,生产价格的变化最终取决于价值的变化和部门之间的竞争情况。

(1)从个别部门来看,虽然个别资本家所得的平均利润不一定与工人创造的剩余价值一致,但从全社会来看,平均利润的总量与剩余价值的总量是相等的。

(2)从个别部门来看,商品的生产价格与价值可能不一致,但整个社会的生产价格总量与价值总量是相等的。

(3)生产价格的变动归根到底取决于商品价值的变动,而且两者的变动方向是一致的。如果生产商品所耗费的社会必要劳动时间发生变化,商品价值就会发生变化。而商品价值的变化,无论是它的各个组成部分(即 c、v、m)单独变化还是共同变化,都会引起生产价格的相应变化。

上述情况表明,价值是生产价格的基础,生产价格是商品价值的转化形式。

从历史上看,价值并不是一开始就取得生产价格这一形式的。在简单商品经济时期,商品一直是按照价值进行交换的,价值始终是价格运动的中心;在资本主义发展的初期,受当时社会条件和技术条件的限制,生产部门较少,资本的自由转移还比较困难,因此,也只是在同一地区的资本之间形成了平均利润率;只有到了机器大工业阶段,资本主义生产方式在各部门取得了统治地位以后,形成了自由竞争的环境,资本和劳动力可以在各部门间自由转移,在这种情况下,利润才转化为平均利润,从而价值转化为生产价格。由此可见,价值转化为生产价格是资本主义生产发展到一定阶段的产物,是资本主义社会化大生产和发达商品经济条件下价值规律的具体表现形式。

既然生产价格仍然是以价值为基础,只不过是表现形式上的变化,那么简单商品生产条件下价值规律的三点作用也随之发生形式上的变化。商品市场价格围绕生产价格上下波动,是商品供求关系是否平衡的信号,由此形成的超额利润直接诱导资本的自由转移,从而自发调节资本和劳动力在各个生产部门之间的配置,自发调节社会生产的平衡;各企业的个别生产价格低于、等于、高于社会生产价格,关系到各企业是获取超额利润、平均利润还是低于平均利润的问题,它直接诱导企业提高技术装备水平和提高劳动生产率,刺激全社会生产力的发展;随着上述两种作用而转移的是资本家作为商品生产者发生两极分化,上升的资本家吞并下降、没落、破产的资本家,导致资本集中和生产集中过程加快,产生了垄断的萌芽。

四、平均利润和生产价格理论的重大意义

本章所论述的平均利润和生产价格的理论,仅仅是用抽象方法去分析物质生产领域各部门如何把企业生产的剩余价值作为一个整体总量而进行瓜分,却尚未涉及非物质生产领域各行各业如何参与这个剩余价值总量的分配问题。然而,仅此为止,这一理论就已经显示出其十分重大的意义。

(1)这一理论科学地解决了劳动价值论和等量资本获得等量利润之间的矛盾,解决了经济本质和经济现象之间的内在联系问题,证明了生产价格规律只是价值规律作用的具体形式,揭示出等量资本获得等量利润只不过是剩余价值在物质生产领域和各个部门资本家之间的重新分配,从而为分析资本主义的企业利润、利息、地租提供了必要的理论基础。

(2)这一理论阐明了物质生产领域各部门资本家共同瓜分该领域工人阶级创造的剩余价值的关系。在这种分配关系中,整个资本主义经济就好像一个庞大的股份公司,而每一个资本家则是这一公司的大小股东,每个股东都按照他入股的数额即投资的大小来取得相应的利润。所以,在资本主义社会里,生产部门的工人不仅受直接雇佣他们的资本家剥削,而且受整个物质生产领域的资产阶级的剥削;不仅个别资本家和个别工人处于对立的地位,而且在整个物质生产领域内,资产阶级和无产阶级处于对立的地位。

(3)这一理论说明在物质生产领域内,各个资本家尽管为了追逐和瓜分利润而相互竞争,也存在着矛盾,但在剥削无产阶级这一根本问题上,他们有着共同的利益。这说明资本主义生产方式下,社会确实分成两个不同的利益集团。马克思深刻地指出,"资本家在他们的竞争中表现出彼此都是假兄弟,但面对整个工人阶级却结成真正的共济会团体"①。无产阶级为了摆脱资本主义的剥削和压迫,不能只在局部范围内以少数工人的力量来反对个别的资本家,而必须整个阶级团结起来,推翻导致这种阶级对立关系的经济制度。

---

① 《马克思恩格斯文集》第 7 卷,人民出版社 2009 年版,第 220 页。

第四节　平均利润率下降趋势的规律

追求剩余价值的内在动力和竞争的外在压力促使资本家不断扩大生产规模,提高生产技术,结果必然导致社会资本平均有机构成提高,从而引起社会平均利润率的下降。而社会平均利润率的下降又激化了资本主义的一系列矛盾,暴露出资本主义生产方式的局限性和历史过渡性。

一、资本有机构成的提高和平均利润率的下降

部门之间竞争的结果导致了平均利润率的形成。平均利润率形成以后,受多种因素的影响,并不会永远固定在一个水平上,而会继续发生变动。从生产技术不断进步和生产技术资本主义的应用情况看,平均利润呈现出缓慢下降的趋势。

平均利润率下降的基本原因是社会资本平均有机构成的提高。在资本主义社会,资本家在追求剩余价值的内在冲动和竞争的外在压力下,必然要进行资本积累,扩大生产规模,采用先进生产技术,提高劳动生产率从而导致资本有机构成不断提高。随着资本积累的进行,各企业各部门的资本有机构成都不断提高,从而使整个社会资本的平均有机构成提高,可变资本在总资本中的比重下降,资本所推动的劳动力也相应减少。在剩余价值率一定的情况下,由可变资本带来的剩余价值量与总资本的比率即剩余价值率也就随之下降。

同时,从另一角度看,资本有机构成的提高,不变资本所占比重的上升,也会引起不变资本中的固定资本比重增大。由于固定资本的周转速度远远慢于流动资本,因此固定资本比重的增大,就会使全部预付资本的周转速度放慢,从而引起平均利润率的下降。

由此可见,平均利润率下降趋势是社会资本平均有机构成提高的必然结果,也是资本积累的必然结果。

但必须看到,平均利润率下降并不意味着剩余价值率的下降或工人所受剥削程度的减轻。从前面的论述我们已经知道,剩余价值率并非影响利

润率的唯一因素,其他如资本的有机构成和资本的周转速度等也会影响到利润率的高低。因此,平均利润率的下降,完全可以在剩余价值率不变甚至提高的情况下发生。例如,在资本有机构成为60c:40v的情况下,如果剩余价值率为100%,利润率便为40%;如果剩余价值率由100%提高到150%,同时,资本有机构成提高到80c:20v,这时利润率便下降为30%,即剩余价值率提高了,但利润率反而下降了。

同样,平均利润率下降也不意味着利润量的减少,相反,利润的绝对量还会增加。因为决定利润量的因素有两个:一个是利润率,一个是资本量。如果资本总量不变,利润率的下降当然会使利润量减少。但是,在资本积累的过程中,随着资本有机构成的不断提高,资本的总量也在不断增加,在这种情况下,尽管可变资本的相对量在减少,但其绝对量却会增加。因此,尽管平均利润率有下降的趋势,但利润量仍然会增加。事实上,平均利润率的下降和利润量的增大,两者是相伴发生的,是资本积累过程的必然结果。

总之,只要剩余价值率提高的幅度大于可变资本比重下降的幅度,或者预付资本总量的增加幅度大于可变资本相对量减少的幅度,利润量还是绝对增加的。正因为如此,更确切地说,平均利润率下降趋势的规律,应该称之为利润率下降而利润量同时增加的规律。

二、阻碍平均利润率下降的因素

平均利润率下降趋势的规律并不排斥少数年份利润率上涨的现象。不能把平均利润率的下降理解为逐年下降,而应当理解为长时期内表现出的一种缓慢下降的趋势。因为在下降趋势的同时,还有一系列因素在阻碍平均利润率的下降。这些阻碍或延缓的因素是:

(1)剥削程度的提高。资本家通过绝对剩余价值生产和相对剩余价值生产的方法,如延长工作日、提高劳动生产率和加强劳动熟练程度与劳动强度等,不断地提高剩余价值率,增加剩余价值量,从而阻碍利润率的下降。

(2)不变资本各要素变得更便宜。随着科技发展和劳动生产率的提高,生产资料的价值会逐渐下降。这样,虽然不变资本的价值随生产中所耗费的生产资料的数量的增加而增加,但前者增加的程度总是小于后者增加的程度,这便减弱了资本有机构成提高的程度,从而延缓了利润率的下降。

　　(3)相对过剩人口的存在。由于资本积累和资本有机构成的提高导致大量相对过剩人口的形成,资本家便利用在业工人和失业工人之间的竞争,把工资压低到劳动力价值以下,使资本家占有的剩余价值量增加。同时,在工资不下降的情况下,一些企业(特别是劳动密集型的企业)宁可延缓技术改造和使用机器。在这些部门中,可变资本占有相当大的比重,并且劳动力再生产费用低,工资低廉,因而剩余价值率较高,使利润率的下降受到阻碍。

　　(4)对外贸易的发展。发达资本主义国家通过对外贸易,特别是对经济落后国家的贸易,一方面可以输入廉价的原材料和生活资料,减低不变资本价值和劳动力价值;另一方面可高价格输出商品,获取高额利润,从而对本国平均利润率的下降产生阻碍作用。同时,资本家还可以通过对外直接投资,在国外购买廉价劳动力和原材料等就地生产、就地销售或转售其他落后国家,以获取巨额利润,从而阻碍本国平均利润率的下降。

　　(5)股份资本的增加。随资本主义生产而发展起来的是股份公司,通过发行股票把社会上大量资本变成股份资本,集中在股份公司中使用。股份公司一般投资于需要数量巨大的资本和资本有机构成特别高的企业,其效益当然会低于社会平均利润率。这些大量资本一旦投入就不易转移出来,同时,其他企业也因股份公司规模庞大而无力投入,这就阻碍了彼此之间资本的自由转移,使原来已经形成的社会平均利润率得以维持。倘若没有出现股份公司的形式,则这些大量的股份资本仍然会以独立投资的形式投入到原来社会上的各行各业,创办各种企业,参加原有社会总资本的自由竞争,终将会导致社会平均利润率的下降。所以,股份资本的增加会延缓社会平均利润率下降的趋势。

　　顺便提及,股份公司之所以是安于低利润率的企业,这是因为:这类企业预付资本量特别大,尽管因有机构成高和周转较慢而利润率较低,但利润量却非常可观;这类企业是别人无力投资的,使其具有垄断经营的性质,因此,其较高的剩余价值率有可能抵消低利润率的情况,从而可以获得平均利润甚至超额利润。应该指出,如果股份制的企业形式已十分普遍化,上市公司很多,通过控股经营,使资本在股份公司与非股份公司之间自由转移成为可能,那么,股份资本的增加就不可能成为阻碍平均利润率下降的因素。

　　以上因素阻碍、延缓或部分地抵消了平均利润率的下降,但没有消除这一规律,只是减弱其作用。因此,平均利润率下降规律是作为一种趋势而发生作用的,它的作用是在一定情况下并且经过一个长时期才会清楚地显示出来的。

三、平均利润率下降加深了资本主义的矛盾

资本家追求最大利润的结果,反而使平均利润率下降。这个与资本家的主观愿望完全对立的客观趋势,加深了资本主义经济的一系列矛盾。

(1)生产扩大与价值增殖之间的矛盾。资本家为了最大限度地榨取和占有剩余价值,不断改进技术,提高劳动生产率,扩大生产规模。但是,随着生产的扩大和发展,资本有机构成不断提高,引起了平均利润率的下降。同时,生产技术的发展,也使现有生产资料的价值下降,从而使资本贬值。本来资本家的目的是想保存现有资本的价值,并取得最大限度的利润,但在生产扩大过程中却产生了相反的结果:扩大生产的手段与价值增殖的目的发生了矛盾,生产力发展的无限性与价值增殖的有限性发生了冲突。

(2)人口过剩与资本过剩的矛盾。在利润率下降的情况下,资本家便尽量增加积累,扩大生产规模,提高剥削程度,来增大利润量,以补偿由于利润率下降而遭受的损失。这就提高了获得一定量利润和开办新企业所需的最低资本额,使得许多分散的中小资本难以独立经营,因而出现了相对的资本过剩。同时,随着资本积累和资本有机构成的提高,相对过剩人口不断增加。其结果是,一方面是资本的过剩;另一方面是人口的过剩,造成人力和物力的巨大浪费。

(3)生产和消费之间的矛盾。资本家为了增加利润量,不断增加资本积累和扩大生产规模,推动生产的巨大发展,但同时也造成和加深了劳动人民的贫困化。尤其是为了阻碍利润率的下降,资本家更加强了对工人的剥削,使社会有支付能力的需求进一步相对缩小,这使得生产无限扩大的趋势和有支付能力的需求相对缩小的矛盾(即生产和消费的矛盾)日趋加剧。

(4)资产阶级同无产阶级之间、资本主义国家国内和国际资产阶级之间以及资本主义富国同殖民地附属国或落后国之间的矛盾。在利润率下降趋势规律的作用下,资本主义富国的资本家除了加强对本国无产阶级的剥削外,还尽量扩大对殖民地附属国或落后国的掠夺性贸易和资本输出。同时,国内和国际的资本家之间为争夺利润而进行的斗争也会更加尖锐化。

随着平均利润率下降趋势而形成的上述矛盾,反映了资本主义生产力和生产关系之间矛盾的激化,表明了资本主义生产方式的局限性和历史过渡性。

小结

剩余价值在观念上被当作全部预付资本的产物时,就转化为利润。利润率是剩余价值和全部预付资本的比率,它表明预付资本的增殖程度。资本家生产的目的总是力求获得最大限度的利润。

由于各生产部门的资本有机构成等因素的不同,导致利润率高低不等。以资本转移为特征的部门之间的竞争,导致各部门的利润率趋于平均化。平均利润率就是总剩余价值和社会总资本的比率。马克思的平均利润理论揭示了整个无产阶级和整个资产阶级对立的经济根源。随着平均利润率的形成,商品价值就转化为生产价格。生产价格是成本价格加上平均利润。随着价值转化为生产价格,市场价格的变动就不再以价值为中心,而是围绕生产价格这个中心上下波动。这是价值规律在平均利润和生产价格形成后发生作用的具体形式。

部门之间的竞争导致了平均利润率的形成。由于资本有机构成的提高,资本主义平均利润率呈现缓慢下降的趋势。但这并不表示剩余价值率的下降或工人所受剥削程度的减轻,相反,利润的绝对量还会增加。平均利润率下降趋势并不排斥个别年份利润率上涨的现象。剥削程度的提高、不变资本各要素变得便宜、相对过剩人口的存在、对外贸易的发展、股份资本的增加等都是阻碍和延缓平均利润率下降的因素。平均利润率下降趋势的规律与资本家追求最大利润的主观愿望对立,这进一步加深了资本主义经济的矛盾。

关键词

成本价格　利润　利润率　平均利润　平均利润率　生产价格　平均利润率趋向下降的规律

思考题

1.剩余价值如何转化为利润? 利润又如何转化为平均利润?

2.影响利润率高低的因素有哪些?

3.生产价格理论是否违背价值规律? 它有什么重大意义?

4.平均利润率为什么有下降的趋势? 如何理解这一规律?

5.马克思生产价格理论对我国发展经济有何启示?

第八章　商业资本与商业利润

　　研究平均利润和生产价格时,马克思假定产业资本单独完成资本循环的所有阶段,并独占雇佣工人所创造的剩余价值。但是,在资本主义社会中,参加资本循环过程的不仅有产业资本,还有商业资本和其他资本形式。因此,剩余价值不是由产业资本家所独占,而是被参与资本循环过程的各个资本家共同瓜分。本章将研究商业资本的形成、职能和商业利润的来源,揭示商业资本的本质,分析剩余价值怎样在产业资本家和商业资本家之间进行分割,以及商业流通费用及其补偿问题。

第一节　商业资本

一、商业资本的形成

　　商业资本也叫商人资本,是从产业资本中分离出来的,专门从事商品买卖,在流通领域中独立地发挥资本职能,以获取商业利润为目的的资本。商业资本是一种古老的资本形态。早在奴隶社会初期,作为商品交换中间人的商人阶层就已出现。随着商品货币关系的发展,在奴隶社会和封建社会,商业资本得到进一步发展。到了资本主义社会,商业资本获得了更广泛的发展,并成为一种独立的资本形式。

　　商业资本作为一种独立的资本形态在流通领域存在并独立发挥作用,不仅有现实的必要性,而且也有客观上的可能性。

　　这种必要性表现在:商业资本独立发挥职能是资本主义快速发展的客观要求。这是因为在资本主义初期,生产规模不大,市场范围比较狭小,产业资本家一般自己推销商品。但是,随着资本主义的发展,生产规模的不断扩大和市场范围的迅速扩展,流通中商品资本的数量大大增加,商品流通的时间也相应延长。在这种情况下,如果产业资本家仍要自己销售商品,就必须增加流通领域中的资本;否则,他们就要缩小已有的生产规模,这将导致产业资本的利润减少。同时,还有可能由于商业经营不善而影响资本周转,进而影响产业资本家榨取更多的剩余价值。于是,就产生了把商品资本的职能独立出来交给专门的资本家去执行的必要性。

　　这种可能性表现在:第一,商品资本职能具有相对独立性。产业资本的循环要依次经过购买、生产和销售三个阶段。在这三个阶段,产业资本分别采取货币资本、生产资本和商品资本三种职能形式。在产业资本的循环过程中,商品资本的职能不同于生产资本和货币资本的职能。货币资本的职能是购买生产资料和劳动力,为剩余价值的生产准备条件;生产资本的职能是生产剩余价值,使资本增殖;而商品资本的职能是销售商品,实现剩余价值。产业资本的不同形式具有不同的职能,这就在客观上为各种职能资本家之间的分工创造了条件。因此,商品资本的职能就可以从产业资本的职能中独立出来,转化为商业资本的职能。第二,商品资本在资本运动过程中具有相对独立性。在产业资本的循环中,产业资本要连续不断地循环就必须保持货币资本、生产资本和商品资本这三种形式的同时并存。无论从单个资本,还是从社会总资本的角度,都始终要有一部分资本处于流通领域,执行商品买卖的职能。因此,商品资本在资本运动的全过程中,具有相对的独立性,完全有可能从产业资本中分离和独立出来。

　　于是,商业资本就从产业资本运动中独立出来,一部分资本家也独立出来专门从事商品买卖,这样,商业资本与商业资本家就形成了。正如马克思所指出的:"只要处在流通过程中的资本的这种职能独立起来,成为一种特殊资本的特殊职能,商品资本就成为商品经营资本或商业资本。"①

---

① 《马克思恩格斯文集》第 7 卷,人民出版社 2009 年版,第 298 页。

二、商业资本的职能与作用

1.商业资本的职能

商业资本从产业资本运动中独立出来后,执行的仍然是产业资本循环中的商品资本的职能,即销售商品,实现商品的价值与剩余价值,使商品资本转化为货币资本,最终完成产业资本的循环。以前,商品资本的职能由产业资本家自己去完成,是产业资本循环的一个环节;现在它则成为商业资本家的专门业务,使商品资本的职能独立化为商业资本的职能。于是,商业资本便成为一种与产业资本相并列的独立的资本形态。

当产业资本家把商品卖给商业资本家后,对于产业资本家来说,商品资本转化为货币资本的过程已经完成。但是,对于商品本身来说,并没有退出流通领域,只是变更了所有者,商品中所包含的价值与剩余价值并没有最后实现。商品资本实现价值与剩余价值的职能还有待商业资本家去完成。只有当商业资本家把商品卖给消费者,商品退出流通领域进入消费领域时,商品资本到货币资本的转化才算完成,商品资本的职能才算实现。可见,商业资本执行的仍然是商品资本的职能。

商业资本虽然执行商品资本的职能,但商业资本和商品资本是有区别的。商品资本是产业资本在流通领域中采取的一种职能形式,而商业资本则是从产业资本中分离出来的与产业资本并列而独立发挥作用的一种资本形态。具体表现在:第一,在商品资本形态下,推销商品的是产业资本家自己;在商业资本形态下,推销商品的是专门经营商品的商业资本家,从而在商业资本家和产业资本家之间形成了一种特殊的社会分工。第二,商品资本是产业资本家预付总资本的一个组成部分;商业资本则是商业资本家自己的独立投资。

2.商业资本的作用

商业资本作为一种独立的资本形式,对于产业资本的发展和资本主义的发展都具有重要作用。主要表现在:第一,商业资本有利于提高产业资本的经济效益。产业资本家把商品销售业务转交给专门从事商品买卖的商业资本家以后,就能集中力量从事商品生产活动,提高劳动生产率,增加利润总额。第二,商业资本有利于节省流通资本。商业资本和产业资本的分工以及商业事务的专门化,使过去由许多产业资本家分头经营的商业活动能够集中起来进行,节约了社会总资本中用于流通过程的资本,相应增加了生产过程的资本,从而有利于生产的发展与利润的增加。第三,商业资本有利于加速产业资本的周转。产业资本家的商品卖给商业资本家以后,产业资本家的商品资本能够较快地转化为货币资本,重新投入到生产过程,从而加速产业资本的周转。第四,商业资本有利于缩短商品的流通时间。商业资本家专门从事商品买卖活动,比产业资本家更熟悉市场状况,更了解消费者的需求,因而能够加速商品流转,缩短流通时间。第五,有利于社会分工的发展和市场的扩大。商品资本独立为商业资本后,细化了社会分工,进一步促进了商品市场的发展,有利于推动资本主义商品经济的发展。

需要指出的是,商业资本一方面对资本主义再生产起到了积极作用,另一方面也加深了资本主义的固有矛盾。产业资本家把商品卖给商业资本家后,实际上商品并未最终进入消费领域,仍然停留在流通领域。有的商业资本家还将商品囤积居奇或将商品转手倒卖,形成虚假的市场需求,从而促使产业资本家盲目扩大生产规模。一旦流通领域中的商品积压过多,产业资本的运动就会受到影响,从而加深资本主义的固有矛盾。

第二节 商业利润

一、商业利润的来源

商业利润是商业资本家从事商品经营活动所获得的利润,是产业资本家让渡给商业资本家的、由产业工人所创造的剩余价值的一部分。商业资本与产业资本不同,商业资本是在流通领域内进行活动的,除了与生产过程有关的商品保管、包装、运输等属于生产性活动外,单纯的商品买卖活动是不会创造价值和剩余价值的,是不能产生价值增殖的。既然只有生产领域才产生价值增殖,流通领域不产生价值与剩余价值,而商业资本家在流通领域取得了商业利润,那么,商业利润从何而来呢?

从表面看,商业利润源于流通领域的贱买贵卖。但实际上,这只是商业资本家获得商业利润的具体途径,并不能说明商业利润的真正来源。商业利润的真正来源,同产业利润一样,是产业部门的工人所创造的剩余价值。正如马克思所说:"因为商人资本本身不生产剩余价值,所以很清楚,以平均利润形式归商人资本所有的剩余价值,只是总生产资本所生产的剩余价值的一部分。"①

产业资本家之所以将一部分剩余价值让渡给商业资本家,是因为商业资本家为产业资本家提供的服务节省了产业资本家的流通费用,使产业资本家能够获得更多的剩余价值,这对产业资本家是有利的。因此,产业资本家不能独占全部剩余价值,而必须将一部分剩余价值让渡给商业资本家作为商业利润。

除此之外,商业资本家还利用欺诈、不等价交换等办法占有小商品生产者的剩余产品和广大消费者的一部分劳动收入,作为商业利润的一个经常的补充来源。

二、商业利润的本质

商业利润的本质是剩余价值的转化形式,是商业资本家参与瓜分产业资本家所无偿占有的、由产业工人所创造的一部分剩余价值的转化形式,体现着商业资本家与产业资本家共同剥削雇佣工人的关系。

由产业工人所创造的一部分剩余价值是如何转化为商业利润的呢?产业资本家要把多少剩余价值让渡给商业资本家呢?商业资本家运用商业资本专门从事商品买卖活动的目的,是获取商业利润。因此,商业资本作为一种与产业资本并列的独立的资本形式,和产业资本一样,也应该获得平均利润。如果商业利润率低于产业资本的平均利润率,商业资本就会转移到产业部门去。当然,商业利润率也不能高于产业资本的平均利润率,否则,生产部门的资本也会转移到商业部门中去。商业资本与产业资本之间的部门竞争以及资本在商业部门与产业部门之间的自由转移,促使商业利润率与产业利润率趋于平均化,从而形成了商业资本与产业资本统一的平均利润率。这可举例说明如下:

---

① 《马克思恩格斯文集》第7卷,人民出版社2009年版,第314页。

假定社会预付的产业资本是 720c+180v=900,剩余价值率为 100%,一年内生产的商品总价值=720c+180v+180m=1 080(假定不变资本的价值全部转移),社会总产业资本的平均利润率是 20%[180/(720+180)=20%]。为了销售商品,流通领域内还必须垫支一定量的资本。假定由商业资本家预付的总商业资本为 100,这时社会总资本就不是 900,而是 1 000了。现在,180 的剩余价值必须在 1 000 的社会总资本之间平均分配,平均利润率就变为 180/1 000=18%。按照这个平均利润率,产业利润=900×18%=162,商业利润=100×18%=18。在这种情况下,产业资本家就不是按照商品生产价格卖给商业资本家,而是按生产成本加产业利润的价格,即900+162=1 062 的价格把商品卖给商业资本家。商业资本家再加上商业利润,按照 1 062+18=1 080 的价格,即按照商品的生产价格卖给消费者,从而获得产业资本家让渡给商业资本家的那部分剩余价值。由此可见,商品的出厂价格低于市场价格的差额就是商业资本家所获得的商业利润。

从这个例子可以看出:一方面,商业利润是商业资本家通过参与利润的平均化而得到的由产业部门的工人所创造的剩余价值的一部分。这反映了产业资本家和商业资本家共同瓜分和占有剩余价值,共同剥削雇佣工人的关系。另一方面,商业资本家参加了剩余价值的分割,将产业工人所创造的剩余价值的一部分转变为商业利润,降低了社会的平均利润率。从表面上看,这似乎对产业资本家不利。其实不然。这是因为:如果产业资本家自己销售商品,用于商品买卖的资本和费用会更多,流通时间会更长,平均利润率更会下降。相反,商业资本的独立化会加速产业资本周转,实际上提高了平均利润率,这对产业资本家更为有利。

三、商业资本家对商业店员的剥削

商业资本家雇佣的店员从事的商品买卖活动是非生产性劳动,商业店员的劳动本身并不创造价值和剩余价值,但这并不表明商业店员不受商业资本家剥削。其原因在于:商业资本家是依靠店员的劳动实现商品价值,从而占有产业工人所创造的一部分剩余价值的。商业店员和产业工人一样,也是靠出卖劳动力为生的雇佣劳动者,商业店员的全部劳动时间也分为必要劳动时间和剩余劳动时间两部分。在必要劳动时间内实现的剩余价值,补偿资本家支付给他们的工资;在剩余劳动时间内实现的剩余价值,则以商业利润的形式归商业资本家无偿占有,形成商业利润。可见,商业资本家正是通过剥削店员的剩余劳动来实现由产业工人所创造的,由产业资本家所让渡的那部分剩余价值的。商业店员的剩余劳动虽然不是商业利润的源泉,但却是商业资本家取得商业利润的基本条件。

第三节 商业流通费用

一、商业流通费用的分类

商业资本家经营商业,除了需要预付一定的资本购买商品外,还需要支付商品流通过程中的各种费用,即商品流通费用。商品流通费用是用于流通领域并为商品流通服务的各种费用,包括生产性流通费用和纯粹流通费用两大类。

生产性流通费用是与生产过程在流通领域的继续有关的流通费用,包括保管费、运输费和包装费等。这类费用是由商品使用价值的运动引起的,是生产过程在流通领域的继续,所花费的劳动是生产性劳动,会创造价值和剩余价值。

纯粹流通费用是纯粹同商品买卖行为相联系的费用,包括商店的设备费、办公费、广告费以及店员工资等费用。这类费用属于非生产性开支,所花费的劳动是非生产性劳动,不会创造价值和剩余价值。

二、商业流通费用的补偿

商业流通费用不仅要从流通中全部收回,而且还要获得相应的利润,并得到补偿。生产性流通费用和纯粹流通费用的不同性质与特点,决定了两者有不同的补偿方式。

生产性流通费用是由使用价值的运动所引起的,是生产过程在流通领域的继续。因为运输、保管、包装等劳动属于生产性劳动,既消耗物质资料,也消费劳动力。生产性流通费用也可以分为不变资本与可变资本两部分。其中不变资本的价值直接转移到商业资本所要实现的商品中;可变资本转化为劳动力后,在劳动过程中也会创造出大于自身价值的新价值,并将其凝固到商品中,使商业资本所经营的商品的价值量比原来有所增大。增大的部分不仅可以补偿生产流通费用,而且可以为商业资本家带来利润。

纯粹流通费用是由商品的价值形态变化引起的,属于非生产性开支,只同商品买卖有关,不能增加商品价值,更不能使价值增殖,但它也必须得到补偿并取得相应的利润。

所谓纯粹流通费用的补偿,就是每年都要从剩余价值总额中,扣除相当于纯粹流通费用的一部分价值,也就是说,纯粹流通费用要通过从剩余价值总额中的扣除而获得补偿。从现象上看,纯粹流通费用是通过商品售卖价格的加价来实现的,但从源泉上看,它只能从剩余价值的扣除中得到实现。因为,社会总产品的价值是由 c+v+m 三部分构成的,为了保证再生产正常进行,c 必须继续购买生产资料用以补充生产消耗,v 也必须继续购买劳动力进行再生产,两者都不可能作任何扣除用来补偿纯粹流通费用。可见,只有剩余价值才是补偿纯粹流通费用的唯一可能源泉。马克思说,"这种费用必须从剩余产品中得到补偿,对整个资本家阶级来说,是剩余价值或剩余产品的一种扣除"①。也就是说,在社会总剩余价值中,应首先扣除纯粹流通费用,而后产业资本家和商业资本家才能按照各自预付资本的数量按比例进行利润分配。这就使平均利润率进一步下降了。

小结

商业资本也叫商人资本,是从产业资本中分离出来的,专门从事商品买卖,在流通领域中独立地发挥资本职能,以获取商业利润为目的的资本。商业资本执行的仍然是产业资本循环中商品资本的职能。商业资本作为一种独立的资本形式,对于产业资本的发展和资本主义的发展都具有重要作用。

商业利润是商业资本家从事商品经营活动所获得的利润,是产业资本

① 《马克思恩格斯文集》第 6 卷,人民出版社 2009 年版,第 167 页。

家让渡给商业资本家的、由产业工人所创造的剩余价值的一部分。商业利润的本质是剩余价值的转化形式,体现着商业资本家与产业资本家共同剥削雇佣工人的关系。商业资本家通过剥削店员的剩余劳动来实现由产业工人所创造的,由产业资本家让渡给商业资本家的那部分剩余价值。商业店员的剩余劳动不是商业利润的源泉,但却是商业资本家取得商业利润的基本条件。

　　流通费用是用于流通领域并为商品流通服务的各种费用。商品流通费用包括生产性流通费用和纯粹流通费用两大类。生产性流通费用从商品价值中得到补偿,而纯粹流通费用从社会剩余价值中扣除得到补偿。

关键词

商业资本　商业利润　流通费用　纯粹流通费用

思考题

　　1.商业资本是怎样形成的? 它对产业资本和资本主义的发展具有什么作用?

　　2.商业利润是从哪里来的?

　　3.商业流通费用是如何补偿的?

　　4.既然商业工人不直接创造剩余价值,那么商业资本家是否对工人进行剥削? 是如何剥削的?

第九章　借贷资本和利息

剩余价值除了在资本循环过程内的职能资本间进行分配外,还需要进一步在循环过程以外的非职能资本间进行分配。在循环过程之外为职能资本服务的有信贷资本、银行资本和股份资本等,它们在平均利润率规律的支配下,通过资本主义经济运动总过程,分别从剩余价值总量中分得一部分,表现为利息、银行利润和股息等具体收入形式。随着资本主义生产的不断增长与信用制度的日益发达,股份公司得到了广泛的发展,加速了资本的虚拟化,出现了各种形式的虚拟资本。

第一节　借贷资本和借贷利息

在资本主义条件下,适应产业资本和商业资本的需要产生了借贷资本。伴随着资本所有权和使用权的分离,原来的平均利润被分割成利息和企业利润两部分,分别归借贷资本家和职能资本家所有。

一、借贷资本及其特点

借贷资本是生息资本的一种具体形态,它是适应资本主义经济发展的需要,从职能资本中分离出来并为职能资本服务的一种货币资本。它的形成和发展与资本主义的再生产过程有着密切的关系。

1.从借贷资本形成的必要性来看,主要在于经营工商业的职能资本,在它循环和周转的过程中,经常游离出一部分资本在货币形式上暂时闲置起来。借贷资本的来源主要有三种情况：第一，固定资本的折旧费。它用于固定资本的更新，但在设备需要从实物形态上更新之前，这部分资本必然以货币形式暂时闲置着。第二，暂时闲置的流动资本。商品卖出后如果不需要立即购买原材料和支付工资，收回的流动资本也会在货币形式上暂时闲置起来。第三，用于积累而尚未投资的剩余价值。积累的资本必须达到一定的数量，才能用于扩大再生产，在此以前，则以货币形式暂时闲置。

资本只有在运动中才能存在，才能保持自己的生命力。这些暂时闲置的货币资本，既然从职能资本（产业资本和商业资本）中游离出来，也就不能再为它的所有者带来剩余价值。显然，这是和资本的本性相矛盾的。资本家当然不愿意让他的资本处于这种闲置状态。为此，他必须给它们寻找新的出路，以发挥其资本增殖的功能。

2.从借贷资本形成的可能性来看，在社会资本的再生产过程中，各个个别资本的循环是互相交错地进行的。当一部分资本家已经完成了卖的过程，即完成了商品资本到货币资本的转换（$W'—G'$）的时候，另一部分资本家可能正处于买的过程，即实现由货币资本到生产资本的转化（$G—W$）。同理，各资本家更新其固定资本的时间也是先后不一致的。这种情况决定了在同一时期内不同资本家对货币资本具有不同的需要：当一部分资本家由于上述原因而掌握暂时闲置的货币资本时，另一部分资本家则由于相反的原因，如购买原料、设备或发放工资等，而需要临时补充自己的货币资本。

因此，为闲置的货币资本寻找到新的出路是完全可行的。这里，和商品在进入交换过程时的情况一样，凡是物所不能做到的，都由它的所有者以实际行动来补足了：拥有闲置货币资本的资本家，会把闲置的货币资本贷放给那些临时需要补充货币资本的资本家去使用，使其在后者的手里重新发挥职能资本的作用。这样一来，从职能资本中游离出来的货币资本就变成了借贷资本。

职能资本家把借入的资本用于生产或流通，是为了榨取剩余价值，获得利润。当然，职能资本家是不能免费使用借贷资本的，除了要按期归还外，他还必须把运用所借资本而获得的剩余价值的一部分作为报酬支付给借贷资本家。职能资本家支付给借贷资本家的这部分剩余价值，就是利息。所以，借贷资本不外是借贷资本家为了取得一定的利息而暂时贷给职能资本家的货币资本。借贷资本同其他资本一样，体现着资本家和雇佣工人之间的生产关系,也反映着借贷资本家和职能资本家之间共同瓜分剩余价值的经济关系。

虽然借贷资本是从职能资本中分离出来的,但它一经形成,便成为一种独立的资本形态,具有许多不同于职能资本的特点:

第一,借贷资本是一种商品资本。在资本主义条件下,一定数量的货币如果被作为资本来使用,就能够为它的所有者带来剩余价值或平均利润。这样,作为资本的货币就比普通的货币多了一种使用价值:它不仅可以用来充当一般等价物,而且还可以用来生产利润。货币资本家把他的货币资本按照一定的期限贷给职能资本家,实际上就是把货币这种作为资本的使用价值,即生产利润的能力,像商品那样让渡给职能资本家。因此,马克思指出:"资本本身所以表现为商品,是因为资本被提供到市场上来,并且货币的使用价值实际上是作为资本被让渡。"①

不过,这种资本商品是不同于普通商品的一种特殊商品。首先,普通商品一经消费,它的使用价值就会消失,而其价值可能随着使用价值一起消失,也可能转移到别的使用价值上。资本商品则不同,"资本商品有一种属性:由于它的使用价值的消费,它的价值和它的使用价值不仅会保存下来,而且会增加"②。其次,普通商品的交易是买卖关系,只转让使用价值而不转让价值,买卖双方实行等价交换,发生所有权的转移。资本商品的买卖则不是这种转让关系,而是借贷关系,它是使用价值和价值一起被让渡的,这种让渡是以贷放来实现的,所以让渡的不是所有权而是使用权。再次,普通商品的出卖是永久性的转让,而资本商品的贷放不是永久性的转让。借款的职能资本家经过一段时间后,要连同利息一起,把资本商品再归还给借贷资本家。最后,普通商品的价格是价值的货币表现,但利息不是资本商品价值的货币表现,它只不过是资本增殖的一种表现,是资本使用价值的报酬而已。

第二,借贷资本是一种财产资本或称所有权资本。借贷资本只有当它转移到职能资本家手里时,才能发挥资本的职能,而在货币资本家手里时只不过是一种财产资本,还没有实际发挥资本的职能。这也是借贷资本不同

---

① 《马克思恩格斯文集》第7卷,人民出版社2009年版,第397页。
② 《马克思恩格斯文集》第7卷,人民出版社2009年版,第393页。

于职能资本的特点之一。

职能资本家从借贷资本家那里借得货币资本进行资本主义经营,获得平均利润,然后把借入资本连同利息交还给它的贷者。借贷资本家虽然不经营商品生产和商品流通,但他单凭对资本的所有权,就可以定期地从职能资本家那里获得利息收入。这也是资本所有权在经济上的实现。从这里我们看到,同一个资本取得了两重的存在:对于它的所有者(借贷资本家)来说,它是财产资本;对于它的使用者(职能资本家)来说,它是发挥作用的职能资本。借贷资本的这些特性,使得财产资本和职能资本相分离,使得资本所有权和使用权相分离。

第三,借贷资本是具有拜物教性质的资本。借贷资本的运动,表现为贷放出去的货币自行带来更多的货币,其运动公式是 $G—G'$。因此,它的运动公式同产业资本运动公式 $G—W\cdots P\cdots W'—G'$ 和商业资本运动公式 $G—W—G'$ 都不同,在这里,既没有生产过程,也看不见流通过程,资本成了"自行增殖"的价值。利息直接表现为资本的产物,货币生出更多的货币。创造价值,提供利息,成了货币的属性。马克思指出:"资本现在是物,而作为物它是资本。货币现在害了相思病。只要它被贷放出去,或者投到再生产过程中去……那就无论它是睡着,还是醒着,是在家里,还是在旅途中,利息都会日夜长到它身上来。这样,生息的货币资本……实现了货币贮藏者的虔诚愿望。"①借贷资本的这一特点,表明了资本拜物教的观念已经发展到了它的顶点,已经最后完成了。

其实,借贷资本完整的运动公式应该是 $G—G—W\cdots P\cdots W'—G'—G'$。公式的最初阶段 $G—G$,表示借贷资本家贷给产业资本家货币资本;中间阶段 $G—W\cdots P\cdots W'—G'$,表示产业资本家使用所借资本进行生产活动的整个过程,也是借贷资本运动得以实现的媒介;最后阶段 $G'—G'$,表示产业资本家向借贷资本家偿付本金和利息。在运动的最初和最后阶段,货币资本在两个资本家之间转让,价值并没有增殖,而在中间阶段的生产过程却发生了价值增殖。所以,借贷资本的运动公式 $G—G'$ 不过是上述公式的简化而已,骤然看来借贷资本"自行增殖"的秘密就在这里。

---

① 《马克思恩格斯文集》第 7 卷,人民出版社 2009 年版,第 443 页。

二、借贷利息和企业利润

职能资本家向借贷资本家借到货币资本以后,就运用所借资本来经营商品生产或商品流通。不论他经营哪种行业,由于他是使用别人的资本,因而他不能独自占有所借资本获得的全部利润,而必须把利润的一部分以借贷利息的形式交给货币资本的所有者。但是,职能资本家当然也不能把全部利润都交给借贷资本家,因为如果这样,他就不能从运用借入资本当中获得任何好处,他也就不会再去借入别人的资本了。因此,由于资本所有权和资本使用权的这种分离,平均利润必须分割成两个部分:一部分是归借贷资本家所有的利息,一部分是归职能资本家所有的企业利润。只要平均利润的一部分采取利息的形态,它的另一部分,即平均利润和利息间的差额或平均利润超过利息的这一部分,就必然转化为与利息相对立的企业利润的形态。简单地说,企业利润是在存在利息的条件下产业利润和商业利润的统称,从数量上看,它是原产业利润或原商业利润减去借贷利息以后的剩余部分。

进一步来看,总利润随着数量上的分割还转变成了两种性质上不同的东西。其中,利息单纯表现为资本所有权的结果,表现为资本本身的产物;而企业利润则单纯地表现为资本家使用资本进行经营的结果,表现为资本家发挥职能的产物。"总利润的这两部分硬化并且互相独立化了,好像它们出自两个本质上不同的源泉。"①受此影响,在资本主义的现实生活中,资本家即便是运用自有的资本进行经营,也会像使用借入资本经营的资本家那样,把所获得的利润划分为借贷利息和企业利润。因为他在人格上是双重的:既是资本的使用者又是资本的所有者。因为他是资本的所有者,所以要取得利息;因为他是资本的使用者,所以要取得企业利润。

平均利润被分割成借贷利息和企业利润,还使得资本主义生产关系更加神秘化了。在这两种形态上,资本和雇佣劳动的对立一点也看不见了。第一,就借贷利息来说,在质上,它表现为资本所有权的收入,是资本的自然果实;在量上,利息率虽然依存于平均利润率,但它的确定又有自己特殊的方法。它并不表现为生产过程和流通过程的结果,而是作为一个既定的事

---

① 《马克思恩格斯文集》第 7 卷,人民出版社 2009 年版,第 420～421 页。

实预先存在于生产过程之前。第二，就企业利润来说，也是一样。职能资本家与借贷资本家不同，他要指挥生产过程和流通过程，要对工人的劳动进行监督。这样，就仿佛企业利润是职能资本家作为非所有者、作为劳动者发挥职能的结果。

其实，不难看出这些假象背后的本质。事实上，任何资本如果不被用来榨取雇佣工人的剩余劳动，不管它的所有者如何"节俭或悭吝"，也绝不会为他的资本增添一个价值原子。说资本本身会产生利息，这与魔术师说他能够把 1 元钱变成 10 元是一样荒谬的。至于说企业利润是资本家进行指挥、监督劳动的报酬，就更是经不起任何严格的推敲。首先，资本家如果是自己执行指挥监督劳动的任务，他显然不是以劳动者的身份出现的，而是以资本家的身份来执行的；其次，企业利润的数量并不取决于资本家自己进行了多少监督劳动，而是取决于企业的剩余价值率、社会平均利润率和利息率；再次，即使资本家把指挥监督劳动交给经理人员去做，也丝毫不会妨碍他获得企业利润；最后，在现代企业中，如果资本家兼任经理人员，他还要从企业利润之外，获得一份薪资。因此，无论是借贷利息还是企业利润，都不过是资本家无偿占有的工人创造的剩余价值，不过是剩余价值的转化形态罢了。

三、利息率

借贷利息除了质的规定外，还有个量的问题。在借贷资本总额一定的情况下，利息量的多少是由利息率决定的。利息率是以百分数表示的一定时期内（通常按年计算）的利息量和借贷资本量之间的比例。例如，有 1 000 元的借贷资本，每年可得利息 60 元，那么，年利率也就是 60/1 000＝6％，习惯上称为年息 6 厘。

利息率的高低一般取决于两个因素，即平均利润率的大小和借贷资本的供求状况。因为利息只能是平均利润的一部分，所以，利息率不能等于平均利润率，更不能超过平均利润率，平均利润率就构成了利息率的最高界限。但在特殊情况下，比如经济危机时期，银根紧缩，货币奇缺，有的资本家为了偿还债务，会被迫以等于或高于平均利润率的利息率来取得贷款。而从理论上说，利息率的最低界限是无法确定的，我们只能说它无论如何必须在零以上，不能等于零。如果接近于零或者等于零，那就意味着货币资本所有者无利可图,从而不愿意出借货币资本。所以,利息率总是摆动在平均利润率以下、零以上的范围之内。

一般来说,首先,利息率的变动密切依赖于平均利润率的变动。在其他条件不变时,平均利润率提高了,利息率就会相应地提高;反之,就会相应地降低。这说明借贷资本家和职能资本家在剥削工人阶级的剩余劳动这一点上有着共同的阶级利益。其次,在平均利润率已定的情况下,利息率的变动就取决于平均利润分割为利息和企业利润的比例,而这种比例首先又是由金融市场上借贷资本的供求状况决定的。如果借贷资本的供给大于需求,对职能资本家有利,利息率就会下降;如果借贷资本的需求大于供给,对借贷资本家有利,利息率就会上升。这说明借贷资本家和职能资本家虽然在根本利益上一致,但在剩余价值或平均利润的具体瓜分上还是存在着一定的利益冲突。再次,在借贷资本供求平衡的情况下,由于借贷资本本身没有内在的标准可以作为利息率据以摆动的基础,因此,在利息率的确定上,如同马克思指出的,习惯和法律的传统等,也和竞争一样起着作用。

随着资本主义的发展,利息率总的来看有下降的趋势。这首先是因为利息是平均利润的一部分,而平均利润有下降的趋势。除此之外,食利阶层的增长和资本主义信用的发展也起到了一定的作用。第一,食利阶层的人数增加后,他们或者因为资本过小而不能独立经营,或者因为利息收入已经足够维持奢侈生活而不愿组织生产,于是把自己的货币资本变成借贷资本。第二,信用制度的发展,使得社会各个阶层的游资容易集中起来,形成了大量的借贷资本。这两点都导致借贷资本供给的增长速度有可能超过需求的增长速度,从而引起利息率的下降。

利息率下降的趋势,反映了在资本主义制度下有日益增大的资本部分不能用于生产,造成了借贷资本的经常过剩。这是资本主义制度的局限性及其矛盾深刻性的表现。

第二节　资本主义信用及其形式

信用是资本主义市场经济中的一种重要的经济现象,它是与商品经济相联系的范畴,指的是一种借贷行为,是以按期偿还并付息为条件的价值运动的特殊形式,如赊销商品、贷出货币,买方或借方要按约定日期偿还贷款并支付利息。商品经济的产生和发展是信用产生的基础。随着生产力的进步及商品生产和商品交换的发展,出现了商品或货币在空间和时间上分布的不一致。克服这种商品或货币在空间和时间上分布不一致的途径就是对商品进行赊销,或贷款支付,债务人则按规定时间支付货款或偿还借款,并支付一定的利息。这样,信用便产生了。原始形态的信用大多是实物的借贷。随着商品货币关系的发展,信用活动愈来愈多地表现为货币借贷。信用渗透到再生产过程的各个环节。

一、信用的形式

随着市场经济的发展,信用活动日益频繁和深化,信用形式也日趋多样化。信用以其主体的不同,可分为商业信用、银行信用、企业信用、国家信用、消费信用等。

(一)商业信用

商业信用是职能资本家之间在商品交易过程中以延期付款方式提供的信用。在资本主义条件下,商业信用之所以必要,是因为在资本循环和周转的过程中,各企业的生产时间和流通时间经常不一致,有些资本家生产出来的商品正待出售,而需要这些商品的资本家却缺乏货币,如果不采用延期付款方式,就必然会延长商品的销售时间,造成再生产的中断。因此,在商品形态的变化过程中,需要有商业信用来发挥中介的作用。

在商业信用条件下,卖者把商品赊销给买者,从买者那里得到一张延期支付的票据。这实际上就等于卖者以商品形式向买者贷放了资本,结成了贷款者与借款者之间的信用关系,那张票据就是他们这种关系的凭证。赊销商品的价格比用现金支付情况下的价格要高一些,其差额就是买者支付给卖者的利息。

商业信用有自己的特点:其一,这种信用的债权人与债务人都是职能资本家,所以它体现着职能资本家之间的信用关系。其二,双方借贷的对象是商品,它属于产业资本循环一定阶段上的商品资本,所以提供信用的过程同时就是商品的买卖过程。其三,它的运动在经济周期的各个阶段上与产业资本的运动是一致的,繁荣时生产发展,商业信用随之扩大;危机时生产下降,商业信用也随之缩小。

商业信用的工具是商业票据,它是贷者和借者之间的债务凭证,分为期票和汇票两种。期票是债务人向债权人开出的在一定时期后支付现款的保证书。汇票是债权人向债务人开出的在一定时间内向持票者支付现款的命令书。商业票据是特种债务的书面凭证,可以转让和流通。例如,食品厂在赊购食品机械制造厂的机器时开出一张期票,后者就可以用这张期票向钢厂赊购钢材。在期票转手时,债权人必须"背书",即在期票背面作转让签字,收款权随之转到期票新的持有者手中。期票到期后,持有者凭票向食品厂要求付款。在商业信用盛行的情况下,由于许多资本家既是债权人又是债务人,到期的票据通过集中结算,常常大部分可以相互抵消,只有余额才需支付现款,因此,票据流通节省了流通中的现金。

商业信用在简单商品生产条件下就已经产生,到资本主义社会才加速发展。商业信用是整个资本主义信用制度的基础,对于扩大和加速商品周转以及资本主义经济关系的发展,都起着重大的作用。但是,由于商业信用只是职能资本家个人之间的信用关系,因而有很大的局限性。首先,商业信用的规模受到职能资本家个人拥有的资本数量的限制。不论是赊买者或赊卖者都要以自己的资本实力为后盾,赊买者要考虑自己的偿还能力,赊卖者要考虑自己承担风险的能力,因而每次信用在数量上不可能很大,在时限上也不可能持续很久。其次,商业信用的规模还受到个别职能资本家的资本回流快慢的限制。因为以货币形式偿还商业信用是以自己在资本循环中商品资本转化为货币资本为前提条件的,所以如果资本周转速度较快,回流顺畅,商业信用的规模就会扩大;否则,就会缩小。最后,商业信用还受到由商品的物质形态所造成的商品流转方向的限制。这是因为商品流转方向是按商品用途为顺序的,甲企业的产品必须是乙企业的设备或原料,才能发生甲对乙提供商业信用,而二者的产品不能倒向流转。例如,食品工业企业可以向机械制造业企业赊购商品,以食品加工机械的物质形态获得商业信用;但机械制造业企业却不能反过来向食品工业企业取得商业信用,因为食品不能充当制造机器的生产资料,因而,商业信用的渠道是比较狭窄的。

商业信用的局限性表明,它远远满足不了资本主义扩大再生产的需要,必须有其他信用形式来加以补充。于是,在商业信用的基础上,银行信用逐渐产生和发展了起来。

（二）银行信用

银行信用是银行资本家用贷款方式向职能资本家提供的信用。它同商业信用相比较，有自己的特点：其一，银行信用实质上是货币资本家通过银行和职能资本家之间发生的信用关系，而不是职能资本家之间的信用关系。其二，借贷的对象是货币资本，而不是商品资本。其三，银行信用的运动在经济周期的各个阶段上和产业资本的运动不完全一致，有时甚至相反。例如，危机阶段，生产下降，商品流通停止，商业信用缩小，而对于银行信用的需求却大为增加。

由于银行信用具有上述特点，因此它在很大程度上突破了商业信用的种种局限。首先，银行信用的规模不再受个别职能资本家资本数量的限制，因为银行不但集中了许多职能资本家和食利者阶层的大量闲置资本，还通过各种办法把社会各阶层的小额货币也收集起来，变成巨额的借贷资本。这样，银行信用就可以提供期限较长、数额较大的贷款。其次，银行信用的规模不再受个别职能资本家资本回流快慢的限制。因为银行集中了各种来源的不同资本，尽管总有部分资本家的资本因为生产流通周期长或经营不善而回流不畅，但同样也总有另一些资本家的资本因为生产流通周期短或经营有方而回流顺畅。再次，银行信用也不再受商品资本的物质形态造成的商品流转方向的限制。因为银行贷出的不是商品资本，而是货币资本，它在职能资本家手中随时可以转化为生产所需要的各种要素。总之，银行信用比商业信用灵活得多，规模也大得多，更能满足资本主义扩大再生产的需要，更能满足资本家在经营上投机的需要。

（三）国家信用和企业信用

国家信用是指国家直接向公众进行的借贷活动。国家在这信用关系中处于债务人或债权人的地位。资本主义国家信用在国内的基本形式是向人民借债，称为国债。它通常以发行公债和国库券的形式来实现。公债券是由政府发行的一种长期债券，发行公债券筹措的资金，主要用于弥补财政赤字和其他非生产性开支。公债券通常向商业银行、储蓄银行、保险公司、股份公司和个人推销。在国外，资本主义国家通过贷款和投资的方式一方面为过剩资本找出路，攫取利润；另一方面也往往用作实现政治经济扩张的手段。购买政府债券的通常是商业银行、保险公司、股份公司、各类企业和个人。只要政权稳定，国家信用的信用度就是最高的。

企业通过发行债券筹集资金便形成企业信用。企业信用是资本所有者与企业作为资本的使用者之间建立起的直接融资关系。在现代公司制企业中,企业还通过发行股票的形式筹集资本。这种方式也可归入企业信用,但它形成企业股权。它没有归还资本的要求,但要参与企业分红。

（四）消费信用

消费信用是指银行、工商企业及其他金融机构向消费者提供的信用。消费信用的方式主要有赊账、分期付款和发放消费信贷等等。赊账是利用结账信用卡,凭信用卡先购后支付。分期付款是消费者购买商品后,先支付部分现款,然后根据签订的合同,分期加息支付余下的货款。在货款未付清前,商品所有权属于卖者。分期付款多用于耐用消费品的交易。如果说赊账和分期付款属于商业信用的范畴,那么发放消费信贷则属于银行信用的范畴。根据接受贷款的对象不同可将信贷分成两类:一是买方信贷,银行直接对商品消费者发放贷款;二是卖方信贷,由银行根据分期付款协议,以协议中的商品作抵押,对销售商品的企业发放贷款。消费信贷是推销商品、扩大销路、刺激需求的手段。

二、信用在资本主义经济中的作用

（一）信用制度促进了资本主义经济的发展

上述信用体系中,商业信用和银行信用是基本的信用形式。两者互相推进,交错在一起。银行信用在信用体系中居主导地位,商业信用是银行信用乃至整个信用体系的基础。信用制度对资本主义经济的发展起着巨大的促进作用。

（1）信用制度加速了资本的积聚和集中。这主要表现在下述三个方面:第一,信用制度既能把各个资本家暂时闲置的货币资本集中起来,又能把社会上各个阶层的零星小额货币收入动员起来,汇成巨额的货币资本,供职能资本家使用,使个别企业占有资本的规模能以依靠自身积累无法比拟的速度迅速增大,使资本迅速地积累起来。第二,信用是股份公司得以广泛发展的前提条件。股票的很大一部分,要通过银行来发行,而且银行常常就是股票的主要购买者,即股份公司的主要投资者。因此,离开银行,股份公司就不能得到大规模的发展。而信用促进了股份公司的发展,同时也就促进了资本的集中,因为股份公司正好是资本集中的重要形式之一。第三,信用事业的发展,还大大加速了大资本兼并中小资本的过程。这是因为,大资本家一般信誉高、偿还能力强,能够比较容易获得大量的银行贷款,进行追加投资,以改进生产方法和扩大企业规模,因而就大大增强了他的竞争力量,使他能够更快地压倒和吞并中小资本家。

(2)信用制度节省了流通费用,相对增加了生产资本。第一,信用可以大大节省货币流通费用。这是因为:①由于银行非现金结算范围的扩大,信用可以使很大一部分商品交易不用现金支付。②由于存款业务的发展,信用可以使社会上闲置的货币迅速地集中到银行,并重新投入流通,因而就加快了货币流通的速度,从而相应地减少了流通中所需要的货币量。③随着信用事业的发展,银行所发行的信用货币——银行券,逐渐代替了流通中的货币,从而也减少了流通中的货币量。第二,信用也节省了商业流通费用。由于信用事业的发展,商品买卖可以采取赊账的方式,因而大大加快了商品流通和资本周转的速度,从而与商品流通有关的一部分流通费用,如簿记、保管以及为购买生产资料而准备的货币资本等,都可以得到节省。这样,社会总资本中用于非生产资本(货币资本和商品资本)的部分相对减少,而用于生产资本的部分相对增加,资本家获得的利润总额和平均利润率就会提高。

(3)信用制度促进了资本再分配和利润率平均化。平均利润率的形成是部门间竞争和资本自由转移的结果。但是,每个部门的生产资本都有自己特定的自然形态和用途。例如,高炉设备只能用于炼铁,纺织机器只能用于纺织,因而它们都不可能直接由一个生产部门转移到另一个生产部门。只有货币形态上的资本,才能排除这方面的障碍。而信用制度,特别是银行,正是实现货币资本再分配的最灵活的机构。依靠银行的贷款或投资,就能够迅速地把资本由利润率低的部门转移到利润率高的部门,从而促成资本在各个部门的再分配和利润率的平均化。

(二)信用制度也加深了资本主义基本矛盾

(1)信用可能造成虚假繁荣,加深生产与消费的矛盾。信用使生产规模的扩大不再受到资本家自有资本的限制,但与此同时,由于资本主义剥削的加强,广大居民有支付能力的需求却日益相对缩小。这样,信用便加剧了资本主义所固有的生产和消费之间的对抗性矛盾,从而使生产过剩的经济危机更加深刻,同时带有更大的破坏性。

(2)信用还会引发货币信用危机。当信用造成生产与消费的矛盾尖锐化并发生生产过剩危机时,由商业信用引发的债务得不到偿还,商业信用急剧缩减,银行贷款难以收回,就会造成货币流通和信用的严重混乱,发生信用危机。

(3)信用刺激了投机。投机者往往利用信用融通资本的机会,从事投机操作,牟取投机利润,结果引起流通秩序混乱,市场信号失真,生产盲目发展,加剧经济危机。

三、信用制度下的货币流通

(一)信用制度下资本主义国家内部的货币流通

随着资本主义经济的发展,在商业信用和银行信用的基础上,产生了一些信用流通工具,它们在一定的范围内代替货币执行支付手段的职能而成为信用货币。

商业信用是最初的信用货币。在商业信用的基础上,曾经产生了期票和汇票这样的信用流通工具。它节省了流通中的现金,加速了商品流通的速度,促进了资本主义经济的发展。但是,由于这种票据是个别资本家的私人债券,信用能力有限,因而它只能在比较狭小的范围内流通。同时,商业票据有固定的到期日,这对它的流通范围来说,也是一种限制。

为适应资本主义信用范围的扩大,银行资本家开始发行银行券。银行券是银行所发行的信用货币,它以商业票据为基础,是一种用来代替商业票据的银行票据。最初,银行券是由各个银行分散发行的,后来,国家把银行券的发行权集中于国家银行或极少数占垄断地位的大银行。因此,总的来看,银行券的信用比商业票据高,更便于流通。

银行券与纸币有着本质的区别:第一,银行券是由货币作为支付手段的职能引起的,并且是由银行通过票据贴现等信用方式发行的,而纸币却是由货币作为流通手段的职能引起的,并且是由国家强制发行的。第二,银行券是为了代替流通中的商业票据而发行的,而纸币则是国家为了弥补财政赤字而发行的。第三,银行券在债务人(期票或汇票的付款人)向银行偿还债务时,会按期返回到银行,而纸币在发行以后就滞留在流通领域内,不会自动地流回到发行纸币的国库。第四,典型的银行券可以自由兑换金属货币,而纸币一般是不可兑换的。

银行券的币值是否稳定,取决于以下两个方面。第一,银行券的发行数量必须适应商品流通的需要。当商品流通扩大时,无论商业票据总额还是向银行要求贴现的商业票据的数量都会增加,因而银行券的发行量也要有相应的增加。反之,当商品流通缩小时,银行券的发行量也要有相应的缩小。第二,银行券必须能够随时兑现。马克思指出:"只要银行券可以随时兑换货币,发行银行券的银行就决不能任意增加流通的银行券的数目。"①在金属本位货币条件下,流通中所不需要的银行券都会经过兑换金属货币而流回银行。因此,银行券的发行必须具备双重的保证,即信用保证和黄金保证。信用保证是指银行所掌握的、据以发行银行券的商业票据。具备信用保证就意味着发出的银行券是客观需要的。黄金保证则是指发行银行所拥有的黄金准备。具备黄金保证就能够通过银行券的自由兑换来限制它的流通数量。

(二)信用制度下资本主义国家之间的货币流通

随着资本主义的发展,各国间的经济、政治、文化联系日益密切,这使得各国间的货币债权、债务关系日益增多,而这些货币债权和债务又需要在一定时期内结清,于是便产生了国际结算。一个国家对其他国家由于偿付货币债务和收回货币债权所引起的货币收支,反映在该国的国际收支平衡表中。其收入和支出之间的差额,叫作国际收支差额。这些差额通常都不是借助于相互输送作为世界货币的黄金来结算的,由于国与国之间的债权债务关系具有相互抵消的性质,因而它们一般是利用信用工具,如商业票据、银行票据、银行支票和银行委托书等,采取相互抵消的办法来进行结算的。抵消后的差额,也是先借助于信用工具来弥补,如向外国银行取得短期信用,设法吸引外国资本流入本国,以及在国外取得贷款,等等。只有在利用了这些信用措施之后,仍然有差额存在,才最后用黄金加以支付。

而日常的国际结算则一般是通过银行进行的。某一国家的公民、企业、机关、团体等所握有的外币债务凭证,可以卖给他们本国的银行,银行在买进这些外币债务凭证后就委托它在外国的同业往来银行代为收取,并将收

---

① 《马克思恩格斯文集》第7卷,人民出版社2009年版,第593页。

入的外币存入外国的同业往来银行的账户上。银行依靠它在国外的这些存款就可以向本国的公民、企业、机关、团体等出售各种外币支付凭证。凡是该国公民、企业、机关、团体对外国公民、企业、机关、团体负有货币债务时,就可以向银行购买这种外币支付凭证,并用以和国外的债权人结算。这些外币债务凭证和外币支付凭证,包括支票、期票、息票及其他各种可以在国外兑现的凭证,连同外币现钞一起,被称作外汇。

购买外汇时,两国货币之间有一个兑换比例。这种两国货币间的兑换比率或比价,就叫作汇率,亦称汇价或外汇行市。在两国使用同种金属货币的条件下,外汇行市的基础是两国货币单位所含的纯金量或纯银量的比率,这种比率叫作铸币平价。如果两国的铸币使用的不是同一种金属,则需要根据国际市场上的金银比价加以折算。必须注意,铸币平价只是货币汇价的基础,真实的货币汇价并不一定要与铸币平价完全一致,它可以在铸币平价上下一个狭小的范围内波动。这个范围的上限由铸币平价加运金费用构成,称为"黄金输出点";下限由铸币平价减运金费用构成,称为"黄金输入点"。

此外,外汇行市还受外汇供求关系的影响,而外汇的供求又是以一定时期的国际收支状况为转移的。当国际收支处于顺差状态时,对外汇的需求减少,外汇供大于求,外汇行市下跌;当国际收支处于逆差状态时,对外汇的需求增加,外汇求大于供,外汇行市上升。外汇行市反过来又调节着进出口贸易,使国际收支趋向平衡。

在金本位条件下,外汇行市较为稳定,外汇行市大体上等于铸币平价。金本位崩溃以后,纸币流通代替了金币流通。在这种情况下,不兑现的纸币并不能稳定地代表一定数量的黄金,因而外汇行市不能以两国纸币票面价值的比率为基准,而必须以两国纸币在一定时期内所法定代表的黄金量作为基础。

第三节　银行资本和银行利润

银行是经营货币资本业务的一种特殊企业。它经营的是货币。在货币借贷关系中,它充当贷款者与借款者之间的中介;在货币流通中,它经营与货币流通相关的业务,如货币支付结算、货币保管、货币兑换等。所以,银行是充当货币借贷关系中介和货币支付中介的企业。

一、银行的基本特点

银行是商品经济发展到一定阶段,当货币流通中的技术性活动和货币借贷活动需要专门人员和机构来从事时才出现的。在商品流通中,作为商品交换媒介的货币,其流通包括许多技术性活动,如兑换、汇兑、支付结算、保管等等,最初,这类活动都是在商品买者和卖者之间直接进行的。当商品流通发达之后,买卖双方直接进行货币流通的技术性活动就有困难了,需要由专门人员替买卖双方办理各种货币流通的活动,并从中收取一定手续费,从而出现了货币经营业。与此同时,货币借贷关系也发展起来,初期由借贷双方直接进行,后来借贷关系扩大与深化,贷款量也增大,借贷人员复杂,借贷双方直接借贷活动遇到期限、借贷量等等方面的矛盾,需要有中间人充当媒介,调节借贷活动。货币经营者就兼职这种信用中介。他们在经营货币支付中介的业务中,积聚了一定的货币,兼办贷款、存款业务,这样,货币经营业就转化为银行。可见,银行本身的性质是商品经济中货币流通的支付中介和货币借贷中介的结合体。资本主义社会中的银行,参与剥削劳动者的剩余价值。经营银行的人是银行资本家,用于经营银行的货币是银行资本。总之,银行本身既是商品经济的支付中介和信用中介组织,同时又成为与其相联系的社会经济制度的经济组织。

银行的职能包括三个方面:(1)充当信用中介。银行通过存款形式把社会闲置的货币集中起来,再以贷款形式把货币贷给职能资本家,作为货币资本的贷者和借者之间的中介体。银行作为信用中介的职能,克服了资本家之间直接贷款的局限性。资本家之间直接贷款,受货币资本供求双方对借款数量和期限要求不一致的限制,使借贷关系的结合难以实现。银行经营货币信用业务的联系面广,信誉较高,能了解借贷双方的实际情况,便于集中分散的货币后再分别贷给各个职能资本家。社会各阶层的货币收入,是购买个人消费品的货币,其积蓄也是满足意外开支和未来消费的准备金,都不是用于生产投资的资本。银行起了把社会各阶层的货币收入和积蓄转化为职能资本的作用。(2)充当支付中介。银行在办理与货币资本运动有关的技术性业务时,执行支付中介的职能。如根据资本家的委托办理货币的收付与转账结算、贵金属的保管、货币兑换等等。(3)发行代替铸币的信用流通工具。银行在票据流通的基础上,发行代替现实货币的信用工具,如银行券、支票、信用卡等信用工具,发挥信用货币的功能。

资本主义银行对国民经济运行和发展起着多重作用,主要体现为三方面:(1)银行成为社会的公共簿记和政府、企业、个人的总账房;(2)银行成为生产资料和消费资料的分配中心和社会经济的调节机构;(3)银行成为社会经济的信息中心之一,是国民经济的神经中枢。

二、银行利润

(一)银行资本及其构成

所谓银行资本是指资本家为经营银行获取利润投入的自有资本和通过各种途径集中到银行的货币资本。从资本所有权看,银行资本由两部分构成:一部分是银行资本家投入银行的自有资本,在银行资本中占有很小比例;另一部分是借入资本,是从银行外部吸收的存款,在银行资本中占很大比例。发行银行券的银行,其借入资本还包括银行券。从资本表现形态看,银行资本构成包括两部分:一是现金(货币和银行券);二是有价证券。有价证券又包括两部分:一部分是商业票据(汇票);另一部分是公债券、国库券、各种股票和不动产抵押票据等。

资本家经营银行所得的利润称为银行利润。银行利润的来源主要在于贷款利息和存款利息之间的差额,扣除经营银行业务的费用之后,便构成银行利润。产业资本家和商业资本家利用贷款作为资本,从事剩余价值生产和剩余价值实现的经营,将剩余价值的一部分,以利息形式支付给银行家,就成为银行利润的来源。所以,银行资本的利润,本质上来源于产业工人创造的剩余价值。银行利润是通过剥削银行雇员的剩余劳动而实现的。银行雇员的劳动同商业雇员的劳动一样,不能创造价值和剩余价值,但是,银行雇员的劳动,作为货币支付和货币借贷的中介活动,是剩余价值生产和实现所必要的活动。银行雇员以自己的中介服务活动实现产业工人所创造的剩余价值的一部分,而银行资本家则无偿占有了银行雇员在剩余劳动时间内实现的剩余价值。

（二）银行资本获取平均利润的特点

银行资本家用于经营银行的资本,要求获取平均利润。银行贷出的资本,对借入资本的职能资本家来说,它是借贷资本,只能获取利息。但是,银行资本家为经营银行而预付的自有资本,不同于借贷资本家的闲置货币资本,而是独立投资并独立发挥作用的资本,同投资于其他部门的资本一样,要求获取平均利润,否则,银行资本家就不愿意经营银行业,而把资本转到工商部门去。在资本主义自由竞争中通过资本在部门间的转移,使银行获得的利润接近于平均利润。银行资本家虽然只能从存款利息率与贷款利息率的差额中获取利润,但他以自有资本与借入资本共同参与利息的获取,而利润率仅是利息差额与自有资本之比,这就必然使银行自有资本的利润率高于利息率,趋于社会的平均利润率。

三、金融机构体系

（一）银行体系

随着资本主义市场经济的发展,出现了多种类型的银行,按其经济功能可以划分为中央银行、商业银行和其他专业银行三大类。

中央银行是资本主义银行体系中的中心环节,处于领导地位,享有发行货币的垄断权。它代表国家领导和管理全国的银行,规范全国的金融市场,制定并执行国家的金融政策。它是从商业银行中独立出来的一种承担特殊职能的银行。在银行发展初期,发行银行券是所有商业银行的共同业务,后来为了克服商业银行分散发行的缺点,就将发行权集中于作为中央银行的大商业银行。中央银行放弃了对企业的信用业务,主要与商业银行和国家往来,吸收国库存款,对商业银行和国家办理贷款。中央银行的基本任务是:发行货币;代理国库存款;拨付和结算;代理政府证券的发行;保管各商业银行存款准备金;对商业银行贷款;制定利息率;调节货币供应量;监督商业银行和其他金融机构;调节金融及控制信用等。

商业银行是以办理工商企业存款、贷款为主要业务的银行。它的特点是:直接与工商业者发生联系,吸收客户可随时签发支票的活期存款,办理贴现和汇兑业务,发行信用流通工具。从资本主义发展历史看,商业银行的组织形式在发生改变。现代资本主义商业银行按组成形式划分,有私人银行(独资或合伙经营)和股份银行。按管理制度划分,商业银行又分为单元制、分支制、集团制和连锁银行制四类。单元制是指不设任何分支行的制度。分支制是指在城市设立总行,又在本市及国内外设立分支行的制度。集团制是由某一集团成立一个股份公司(又称持股公司),由该公司控制和收买两家以上的银行。连锁银行是由两家以上的独立公司组成的银行,通过互相持有股份而构成。商业银行的业务归纳起来分为三类:负债业务、资产业务和中间业务,前两种称信用业务。负债业务是银行吸收资金的业务,包括募集股金和吸收存款。资产业务是银行贷出资金的业务,一般包括:(1)票据业务,如票据贴现和抵押贷款等;(2)商品抵押贷款;(3)证券业务,以有价证券为抵押的贷款和投资;(4)信用贷款业务,贷款不以有价证券抵押为条件,仅以借款人出具本人签字的票据为凭证。借款的资本家一般凭借自己可靠的偿付能力和信誉取得贷款。中间业务是银行代替客户办理收付和其他委托事项从中收取手续费的业务。

其他专业银行包括:(1)投资银行,专门办理对工商企业的投资和长期信贷业务,满足企业增加固定资产的需要。(2)不动产抵押银行,经营以不动产为抵押的长期贷款,主要业务是发行不动产抵押证券,吸收长期资金,办理以土地、房屋等不动产为抵押的长期抵押贷款。(3)储蓄银行,是吸收居民闲置小额货币的信用机构。(4)开发银行,包括国际性开发银行(简称世界银行)、区域性开发银行(如欧洲投资银行、亚洲开发银行、非洲开发银行、泛美开发银行等)、本国性开发银行(亦称建设银行或开发投资公司)、工商信贷银行、农业信贷银行、对外贸易专业银行等。

(二)非银行金融机构

非银行金融机构是指不经营银行的信用中介、支付中介和发行信用货币等业务,而吸收社会资金,并以某种方式运用资金获取利润的金融机构。这类金融机构有保险公司、证券公司、证券交易所、金融租赁公司、投资基金组织、担保公司、信用合作社、信托投资公司、消费信用机构等。这里我们主要介绍三种类型。(1)保险公司。保险公司从被保险者那里收取一定的保险费,集中起来建立保险基金,当个别被保险人遭受损失时,根据合同予以赔偿。(2)信用合作社。它是吸收城乡小生产者为社员的一种信用组织,办理合作社员存款、放款业务。它以交纳股金和存款方式吸收资金,对参加组织的成员发放贷款。(3)消费信用机构。它是对商业企业以分期付款的方式实行贷款和对居民直接贷款的信用组织。消费信用公司和典当行就是这类组织。在现代资本主义市场经济中,非银行金融机构在资本融通活动中的作用越来越大。

四、金融资本

到了现代资本主义阶段,随着工商业资本从自由竞争引起资本集中、生产集中进而导致垄断的过程,银行业也经历了由集中到垄断的过程,形成银行垄断资本。它还和工业垄断资本、商业垄断资本融合起来,形成了一个三位一体的新型资本,即金融资本。金融资本形成的主要途径是:首先,银行和工商业互相购买对方的股票,并互相直接投资,即银行家办企业,企业家办银行。由于银行的集中与垄断,统治着整个信贷系统的少数大银行,为了获取垄断高额利润,除了用贷款来控制工商业企业外,更重要的是购买工商业企业的股票,或创办新的工商业企业,把资本渗入到工商业中去,使自己同时成为工商业资本的所有者。同时,工商业垄断组织为了分享银行利润、确保货币资本的来源、充分利用银行为本企业服务以巩固自己的垄断地位,也必然把自己的触角伸进银行界,即购买银行股票,或创办自己的银行,使自己同时成为银行资本的所有者。其次,通过人事结合,双方互向对方派出自己的代理人,在对方企业中任要职。不但银行垄断组织派自己的人去兼任工业企业的监事、董事等等,工业垄断组织也派自己的人去兼任银行的监事、董事等等。可见,银行垄断资本和工业垄断资本通过金融关系、资本渗透、人事结合日益融合生长,既支配着工商业企业,也控制着银行业,操纵着国家的经济命脉,具有至高无上的权力,是处于最高的垄断统治地位的万能垄断者。

第四节　股份公司和虚拟资本

在资本主义生产不断增长和信用制度日益发展的基础上,股份公司得到了广泛的发展。而股份公司的资本,则是通过发行股票集中起来的,股东可以凭它向公司领取股息,也可以拿它到市场上以一定的价格出售。

一、股份公司

股份公司不是由个别资本家独资经营的企业,而是由许多资本家通过发行和购买股票,将许多个别资本集中成为集团资本的一种形式。简单地说,股票是它的持有者向股份公司投资入股并借以取得收入的凭证。股票的持有者就是公司的股东。每个股东都根据他投资的多少握有相应数量的股票,并且有权根据他的股票数量定期地从股份公司获得相应的收入。

股份公司在 17 世纪初期就已经出现,到 19 世纪下半叶以后才广泛地发展起来。在现代资本主义各国,绝大多数企业都采取了股份公司的形式。股份公司是在资本主义大工业和信用制度的基础上产生的。首先,出于生产技术的进步和资本有机构成的提高,企业规模不断扩大,而建立大型企业需要巨额资本,个别资本家有限的资本无法适应这种需要。因此客观上要求资本家联合起来,合资经营企业。其次,资本主义信用制度的发展,为股份公司的建立提供了条件。因为,第一,股票的大量发行,一般都是通过银行来进行的。第二,股份公司本身也是一种特殊的信用形式,股票购买者把他的资本交给公司去使用,而自己只凭股票所有权从公司取得相应的股息,它也是以资本所有权和使用权的分离为前提的一种特殊信用形式。

股份公司作为社会化大生产的重要企业组织形式,具有以下特点:第一,股份公司的资本实行两权分离。这一特点集中体现在股份公司的组织结构和治理结构上。投资者即股东是股份公司资本的所有者,拥有公司资本的所有权,股东的权利通过股东大会体现。股份公司的这种组织结构和治理结构,实现了资本所有权和经营权的相对分离,体现了在股份资本所有权和经营权相分离的条件下,所有权对经营权的控制关系,使经营权的运用既能服从所有者的利益,又相对独立。同时,股东大会与董事会之间以及董事会与高层管理人员之间的信任托管和委托代理关系,不仅责、权、利明确,而且各权力机构之间形成相互制衡,从而使其公司制度有效运行,保证了资本所有者的权益。第二,股份公司是大资本控制和利用中小资本的形式,是大资本家实现资本集中的工具。一般来说,大资本要掌握股票数额的一半以上才能控制股份公司,但由于持股人数众多,大股东往往只需占有 10%、5%甚至更低比例的股票额,就足以控制整个公司。股东大会闭会期间,股份公司的业务由董事会、董事长聘用的经理人员进行经营；监事会执行监督职能。股份公司的发展，表明大资本支配权的加强。如果说，以前资本家可以占有别人的劳动，那么，现在除此之外，资本家还可以占有别人的资本。第三，股份公司实现了资本和生产的社会化。股份公司通过发行股票进行集资，把社会的单个资本和分散的资本汇集起来，形成统一的社会资本进行生产。此时，公司内部的财产不再是各个相互分离的生产者的私有财产，而是联合起来的生产者的共有财产，使单个资本具有了社会资本的性质，此时的生产已不再是分散地各自为政地进行，而是用现代化的手段组织和管理生产，实现了生产的社会化。

　　股份公司对资本主义经济的发展起到了重要的促进作用。它加速了资本的集中，使资本主义生产规模迅速扩大。马克思指出："假如必须等待积累去使某些单个资本增长到能够修建铁路的程度，那末恐怕直到今天世界上还没有铁路。但是，集中通过股份公司转瞬之间就把这件事完成了。"①在资本主义制度下，股份公司的形成，虽然没有改变资本主义私有制的性质，但对财产占有的形式却从个人资本发展到社会资本。这是作为私人财产的资本在资本主义生产本身范围内的扬弃，是资本主义生产关系内部的一种调整。这种调整既推动了资本主义生产的发展，又加深了资本主义的矛盾。

二、股息和股票价格

　　股票持有者凭股票获得的收入，叫作股息。股息是按照股票票面额分得的公司的一部分利润。股份公司把募集到的大量股份资本，投入公司经营，在正常的情况下，获得平均利润，因此其发出的股息其实就是所得平均利润的一个扣除。不过股息率往往要高于利息率。这是因为股票不能退股，且要比银行存款冒更大的风险。股份公司的平均利润的来源是剩余价值，因此股息实质上也是工人创造的剩余价值。股票一般分为优先股和普通股两种。优先股的股息是预先规定、固定不变的，在企业盈利中要优先支付。普通股的股息则随公司盈利的多少而增减。

---

① 《马克思恩格斯文集》第5卷，人民出版社2009年版，第724页。

　　股东只能凭股票领取股息,而不能把股票退还给公司,抽回自己的投资。如果他想把资本收回,就只能按一定价格把股票转让给别人。股票是一种特殊的商品,本身没有价值,它之所以能按一定的价格出卖,是因为它能带来一定的收入。股票价格也叫股票行市,它不等于股票票面额。股票票面额是代表股票持有者投入企业的实际资本价值,而股票价格是股息收入的资本化。也就是说,股票价格等于这样一笔货币资本,它存入银行得到的利息,和凭这张股票领取的股息相等。出卖股票者将所得到的货币存入银行,其利息要不低于原来的股息;购买股票者凭股票所得到的股息,也不能低于其所付出的货币存入银行所能得到的利息。因此,这张股票和这笔存款对资本家来说具有同样的意义,他既可以把这笔钱存入银行,也可以选择用它去购买股票。比如一张票面额 100 元的股票,年股息率 10%,每年可得股息 10 元。而将 100 元存入银行,年利息率 5%,每年可得利息 5 元。那么,这张 100 元的股票,就可卖得 200 元的价格。因为,把这 200 元作为借贷资本存入银行,其所得利息同这张股票所得股息一样多。从这个例子可知,该股票的价格其实就是 20 年的股息的资本化;或者说就是 20 年的股息一次性支付,作为该股票的购买价格,以便拥有这张 100 元票面值的股票所有权,并永久取得每年 10 元的股息领取权。用公式表示就是:

$$股票价格 = \frac{股息}{利息率}$$

　　从股票价格计算公式中可以看出,直接影响股票价格的因素有两个,即股息和利息率。在利息率不变的情况下,股份公司的盈利越多,股息越高,股票价格就越高;股份公司盈利越少,股息越低,股票价格就越低。而在股息不变的情况下,利息率越高,存款的收入越多,股票价格就越低;利率越低,存款的收入越少,股票价格就越高。因此,股票价格与股息成正比,与利息率成反比。社会上一切影响企业股息和银行利率的因素都会影响股票价格的涨落,致使股票行市经常变动,特别是,股票的供求关系,对股票价格可能会产生很大的影响。

三、有价证券与证券市场

　　股份公司除了发行股票之外,还发行一种公司债券。它与股票不同,其区别在于：第一，股票的股息是随着企业利润的高低而变化的，而债券的债息则是事先规定不变的；第二，股票既无期限也不能退回，而债券要到期赎回，将本金退还给债券购买者；第三，股票的持有者是股份公司的股东，有权参与企业管理，而债券的持有者则只是公司的普通债权人，无权参与企业管理。债券与股票一样可以买卖，它的价格也是债息收入的资本化，其高低取决于债券利息量和银行存款利息率。由于债息是事先规定的，所以债券价格的波动主要以银行存款利息率的变动为转移。股票、公司债券、国家公债和一切不动产抵押证券等，因为它们有一定的票面金额，是资本所有权或债权的凭证，所以统称为有价证券。

在资本主义国家里，股票、债券等各种有价证券都可以当作商品买卖。进行有价证券交易的场所就是证券市场。这一市场根据其不同的职能，可以分为：证券发行市场，即初级市场（一级市场）；证券流通市场，即二级市场。证券发行市场是由新证券发行而形成的市场。它的发行方式有两种：一是直接发行，即证券发行者向投资者直接推销出售证券；二是间接发行，就是由发行者委托银行或信托投资公司等中介机构代理推销出售证券。初级市场发行新证券，可以扩大投资者的投资，是筹集社会资金的重要形式。证券流通市场是对已经发行的证券进行交易的市场，包括证券交易所和场外交易市场。证券交易所是专门为股票、国家公债、公司债券的交易而设立的固定场所。证券交易所按组织形式可分为会员制证券交易所和公司制证券交易所。交易所本身不从事证券买卖，它是有组织的、公开的、为买卖有价证券服务的中介机构。交易所里每日（节假日除外）连续公布证券行情的变化，买卖双方都聚集在这里议价、成交和结算。这里公布的证券行市，即二级市场的交易价格，会随着供求的变化而剧烈地波动，但其波动仍以一级市场上的平均价格为基础。至于场外交易市场，是指分散的无组织的证券交易市场，没有固定的场所，买卖双方往往通过电信联络，商议成交。而且买卖的对象以未在交易所上市的证券为主。证券流通市场的证券买卖，虽然不能增加新投资，但它使证券具有流动性，有利于证券的发行。

正常的证券市场的经济意义在于通过各种有价证券的买卖，把各阶层的大量货币资本自发分配到资本主义经济各部门，用作长期投资。但与此同时，证券市场又是证券投机的中心。因为有价证券的行市，随着企业经营状况、国家财政收支状况和国内外政治经济形势的变化，经常暴涨或暴跌，这就为进行有价证券的投机提供了机会。证券投机的特征是,购买有价证券不是为了长期投资,而是为了经过一个短时期再转卖出去,以便获得行市差价(即证券买价和卖价之间的差额)形式的利润。证券市场上的证券投资主要是通过定期交易来进行的。这种交易的特点是:有价证券的买卖双方在成交后,过一定时期再按照成交时的行市进行交割和结算。由于证券行市在成交时和交割时的不一致,就会使买者赚钱(行市上涨时),或者使卖者赚钱(行市下跌时)。值得注意的是,证券投机交易的一种形式是"期权"交易,在期权交易中,买者通常并不是真的要买有价证券,而卖者也不一定要真的握有有价证券;双方都是在赌证券行市的涨落,结算时也只是其中某一方向另一方支付行市涨落的差额。显然,赔或赚,取决于证券行市的变化与投机者的估计是否一致。因此,在证券市场这个大赌博场所,能占上风的往往只是那些控制着经济命脉,资力雄厚,并且熟悉内幕的少数大资本家,他们甚至可以依据手中掌握的大量证券和货币资本,故意制造行情,营造供求关系,人为造成证券行市的起落,以便从中牟利。而参与这种冒险勾当的中小资本家,则往往会在一转瞬间弄得倾家荡产。马克思指出:"在这种赌博中,小鱼为鲨鱼所吞掉,羊为交易所的狼所吞掉。"[1]证券市场的投机活动加速了资本集中,加速了大资本对中小资本的吞噬。

四、虚拟资本

所谓虚拟资本,是指能定期带来收入、以有价证券形式存在的资本所有权证书。虚拟资本包括资本市场上的金融工具如股票、债券及其衍生品。而在货币市场上的信用工具如商业票据(期票和汇票)、银行承兑汇票、大额可转让存单等各种有价证券或债权债务凭证是不是虚拟资本,关键要看它们是否进行交易并给持有者带来资本化的收入。虚拟资本之所以被称为虚拟的,在于它们毕竟不是发挥现实作用的真实资本,而不过是由于股票等有价证券收入的资本化而虚拟出来的资本。这类有价证券所以成为资本,在于它们是现实资本(以实物形式出现的资本)的所有权和收益权的证书,证明一定数量的现实资本归持券者所有,持券者凭证券可以取得定期收入,持

---

① 《马克思恩格斯文集》第 7 卷,人民出版社 2009 年版,第 498 页。

券者出让证券可换取现实的货币资本。

虚拟资本导致了大量金融衍生品的产生和发展。金融衍生品,也可称为金融衍生商品、金融衍生工具等,是指以货币、外汇、股票、债券等传统金融工具为基础衍生出来的,作为买卖对象的金融商品,如利率期货、股票指数期货、股票期权等。这些金融衍生品具有双重的虚拟性:一方面是实物资产价值在传统金融衍生工具上的虚拟,如股票、债券等;另一方面是已虚拟的传统金融工具对金融衍生证券的进一步虚拟。如果说传统的虚拟资本如股票持有者的收入除了证券市场交易收入外,还在很大程度上取决于投资于生产的利润分配的话,那么衍生证券的利润则与实业投资没有什么关系,而是源于衍生证券市场上的利润再分配。

虚拟资本和实际资本无论在质上还是在量上都是不同的。从质上看,实际资本本身具有价值,并在生产过程中实际发挥作用,无论它表现为商品还是表现为货币或生产要素都是这样;而虚拟资本不过是资本所有权证书和收益权证书,本身除一张纸外,并无任何价值,也不能在再生产过程中发挥资本的作用。从量上看,虚拟资本的数量变化,在有的情况下可以反映实际资本数量的变化。如由于实际资本增加而发行新的股票和债券,或由于企业停业或倒闭引起股票价格下跌乃至废弃时,就是这样。但在通常情况下,虚拟资本的量总要大于实际资本量。由于有价证券价格涨落而引起的虚拟资本量的变化,并不反映实际资本量的变化,对于实际资本来说,利润收入的多少取决于资本数量的大小,而对于虚拟资本来说,其资本数量的大小在很大程度上取决了它能带来的收入的多少。虚拟资本与实际资本这种数量上的差异,是由虚拟资本运动脱离了实际资本运动而具有自身的独立性所引起的。也正由于虚拟资本运动的这种独立性,随着信用制度的发展和平均利息率的下降,虚拟资本的增长速度往往快于实际资本的增长速度。

虚拟资本是市场经济和信用制度的产物,它有着十分重要的作用。第一,虚拟资本的运动有利于提高社会经济的运行效率。虚拟资本的价格变动自发地调节着货币资本在社会生产各部门中的流动,拓宽了企业的融资渠道,分散了企业经营风险,导致货币资本向市场前景和经营效益好的行业和企业流动,有利于企业利用资本市场实现资产重组,优化资源配置,提高整个社会的经济效益。第二,虚拟资本加快了新的社会经济部门的形成和发展。随着有价证券及其他衍生证券交易规模的扩大,围绕着金融市场、资本市场、证券市场的各种服务部门和经营部门迅速发展起来,形成了新的行业,创造了更多的社会财富与就业机会。第三,虚拟资本的膨胀引起了"泡沫经济"等新经济问题。虚拟资本导致财富虚拟化。同时,资本市场上存在的广泛的投机行为,不断地增加着虚拟资本的泡沫。当虚拟资本过度膨胀,价格上涨预期逆转,就容易导致泡沫经济破灭,引发严重的信用危机,造成经济衰退。

小结

在资本主义条件下,适应产业和商业资本发展的需要,借贷资本从商业资本中分离出来。借贷资本是从职能资本再生产过程中游离出来的、暂时闲置的、独特的资本形态,萌芽于产业资本运动的"货币资本"。货币资本分工独立化就成了借贷资本。职能资本家借入资本从事生产经营,在这个过程结束后,必须把剩余价值通过平均利润扣除一部分作为使用借贷资本的代价——利息——让渡给借贷资本家,同时自己得到企业利润的部分。借贷资本作为商业资本发展的一个高级形态,它本身不创造剩余价值,但一样要按照平均利润分配利润。分配的方式就是利息。利息不仅有质上的规定,也有量上的规定。

信用是资本主义市场经济中的一种重要的经济现象,指的是一种借贷行为,是以按期偿还并付息为条件的价值运动的特殊形式。随着市场经济的发展,信用形式也日趋多样化。信用按其主体的不同,可分为商业信用、银行信用、企业信用、国家信用、消费信用等。其中,商业信用和银行信用是基本的信用形式。银行信用在信用体系中居主导地位,商业信用是银行信用乃至整个信用体系的基础。信用对资本主义经济的发展起着巨大的促进作用,同时也促进了资本主义基本矛盾的发展。

银行是充当货币借贷关系中介和货币支付中介的企业。银行主要具有充当信用中介、充当支付中介、发行代替铸币的信用流通工具等职能。银行资本是指银行资本所有者经营银行所使用的全部资本。银行的业务分为三种:一是负债业务,即吸收存款的业务;二是资产业务,即投放或贷出资金的业务;三是中间业务,是银行代替客户办理收付和其他委托事项从中收取手续费的业务。银行利润由贷款利息和存款利息之间的差额减去银行业务的费用构成,来源于工人生产的剩余价值。银行按其经济功能可以划分为中央银行、商业银行和其他专业银行三大类。资本主义银行对国民经济运行和发展起着多重作用,主要体现为三方面:(1)银行成为社会的公共簿记和政府、企业、个人的总账房;(2)银行成为生产资料和消费资料的分配中心和社会经济的调节机构;(3)银行成为社会经济的信息中心之一,是国民经济的神经中枢。

股份公司是在资本主义大工业和信用制度的基础上产生的。它作为社会化大生产的重要组织形式,具有三个特点:股份公司的资本实行两权分离;股份公司是大资本控制和利用中小资本的形式,是大资本家实现资本集中的工具;股份公司实现了资本和生产的社会化。股份公司对资本主义经济的发展起到了重要的促进作用。它加速了资本的集中,使资本主义生产规模迅速扩大。在资本主义制度下,股份公司的形成,虽然没有改变资本主义私有制的性质,但对财产占有的形式却从个人资本发展到社会资本。

资本主义信用的扩大和发展,加速了自由竞争、资本集中、生产集中到垄断的进程,借贷资本发展为金融资本,进而发展为虚拟资本。股份公司加速了虚拟资本的发展。虚拟资本,就是指能定期带来收入、以有价证券形式存在的资本。虚拟资本和实际资本无论是在质上还是在量上都是不同的。虚拟资本作为市场经济和信用制度的产物,如果在合理的范围内,它在市场经济的运行中有着积极的作用。但虚拟资本泛滥必然带来"泡沫经济"的产生,甚至引起新型的经济危机——虚拟经济危机。

思考题

1.借贷资本的来源、本质和特点是什么?

2.借贷利息的本质是什么?利率与平均利润有什么关系?

3.资本主义信用具有哪些形式?各有何不同?各种形式的信用在资本主义市场经济中有什么作用?

4.银行利润的来源是什么?它为什么会等于平均利润?

5.股份公司是如何形成的？股份公司具有什么特点？

6.怎样理解股票价格是股息收入的资本化？

7.虚拟资本与货币资本、借贷资本是什么关系？

第十章　资本主义地租

在前面的分析中,我们说明了平均利润率的形成和平均利润如何在产业资本家、商业资本家和借贷资本家之间分割为产业利润、商业利润和利息。本章将阐述资本主义土地所有权和地租理论,分析在市场经济条件下农产品价格的决定机制,以及地主如何以地租的形式同农业资本家瓜分农业中的剩余价值,揭示资本主义地租和资本主义农业的生产关系,说明土地私有制的历史局限性。

第一节　资本主义的土地所有权和地租

地租是土地所有权在经济上的实现形式,资本主义地租是由土地所有权、土地的资本主义租赁经营所引起的,并由土地的自然条件垄断所形成的农业中的超额利润转化而来,其根源是农业工人劳动创造的剩余价值。

一、资本主义土地所有权的形成和特点

土地制度是指人们在占有、支配和使用土地过程中所结成的各种经济关系的总和,土地所有权是土地所有者对其土地享有的占有、使用、处分和收益的权利。一切形式的地租都是以土地所有权的存在为前提的。不同形式的土地所有权产生了与之相适应的地租形式。

资本主义的土地所有权仅是"一个独特的历史形式"①,它是从封建的土地所有制或小农的土地所有制等演变而来的。在封建社会后期,随着商品经济的发展,小商品生产者产生了分化,农业中出现了资本主义的萌芽。随着资本主义的不断发展,资本主义生产方式不仅在工商业中占据统治地位,也在农业中确立和发展起来。根据各国不同的历史条件,资本主义土地所有制的形成,有各自不同的路径。

英国在 15 世纪末开始资本原始积累,经过长达三个世纪的"圈地运动",以暴力驱赶农民离开土地,在逼迫失去土地的农民进城务工的同时,农业中的资本主义土地所有制和资本主义农业经营方式逐步建立起来。资本主义土地所有制的形成,除英国的资本原始积累道路外,其他国家主要通过普鲁士式道路和美国式道路。

普鲁士式道路是指通过某些改良的方法,在农业中逐步用资本主义经营方式取代封建农奴制的经营方式。封建地主在农奴缴纳赎金的条件下免除其封建义务,使农奴转变为自由劳动者,地主则逐渐用资本主义经营改造封建农庄,雇佣劳动力,组建资本主义农场。这种改良方式不可避免地保留着农奴制的残余,发展较为缓慢,使农民长期承受着封建地主和资本家双重剥削的痛苦。这条道路中以当时欧洲的普鲁士表现得最为典型,故称"普鲁士式道路",德国、沙皇俄国、意大利、日本等也是通过这一道路实行农业资本主义化的。

美国式道路是指以革命的手段摧毁封建土地所有制和封建地主经济,使小农经济成为农业经营形式,而后在小农经济两极分化的基础上,形成资本主义土地所有制和农业雇佣工人。这种农业资本主义化方式在美国表现得较为典型,故称"美国式道路",法国等国也是通过类似方法实现农业的资本主义土地所有制的。

尽管各国的社会历史条件不同,资本主义土地所有制的形成方式不同,各国农业的资本主义经营具体形式也有所差异,但资本主义土地所有制还是表现出两个基本特点:一是土地所有权和劳动者的人身依附关系相分离,资本主义土地所有制排除了封建人身依附等超经济强制,农民失去土地后也就成为一无所有、自由的雇佣劳动者;二是土地所有权和经营权分离,出

---

① 《马克思恩格斯文集》第 7 卷,人民出版社 2009 年版,第 693 页。

现了大量占有土地,但不从事农业经营,把土地租给农业资本家经营的土地所有者。进而,在资本主义农业中存在着三个相互依存又相互对立的阶级:土地所有者、农业资本家和农业雇佣工人。

二、资本主义地租的实质

地租是租用土地而向土地所有者支付的经济代价。土地是有限的自然资源,由于土地所有权垄断的存在,要在他人土地上从事经营,必须向地主缴纳地租,以换取土地的经营权。地租是土地所有权在经济上的实现。但不同社会制度下土地所有权的性质不同,地租的性质、内容和反映的经济关系也不相同。从历史上看,有封建地租和资本主义地租等不同的地租形态。

封建地租以封建土地所有制为前提,并赋有不同程度的地主和农民的人身依附关系。无论是劳役地租、实物地租还是货币地租,在数量上通常包括了农民全部的剩余劳动(或剩余劳动产品),有时甚至包括了农民部分的必要劳动(或必要劳动产品)。封建地租反映着封建地主对农民的剥削关系。

资本主义地租以资本主义土地所有制为前提,建立在资本对劳动的雇佣关系基础上,雇佣劳动者有人身自由,摆脱了对地主的人身依附关系。租地农业资本家向地主租用土地,雇佣农业工人从事资本主义农业经营,农业资本家获取平均利润,而超过平均利润以上的那部分剩余价值(超额利润),则作为地租交给地主。和封建地租不同,资本主义地租在数量上只是工人剩余劳动的一部分。资本主义地租的实质是土地所有者凭借着土地所有权从租地农场主那里获取的超额利润,它是农业工人创造的超过平均利润的那部分剩余价值。资本主义地租反映着农业资本家、土地所有者共同剥削农业工人的经济关系。

三、地租和租金

科学意义上的地租是单纯为使用土地本身而支付的经济代价,它和现实经济中的租金是有区别的。就资本主义地租而言,习惯上说的土地租金是指农业资本家租用地主的土地而应缴纳的全部货币额,除了科学意义上

的地租外,通常还包括以下三个方面的内容:

第一,土地上固定资本的折旧费和利息。地主通常是连同土地上附属的灌溉设施、仓库等农用建筑物一并租给农业资本家,在租金中一般包括了这些设施的折旧费和利息。

第二,租金有时可能包括租佃农业资本家的一部分平均利润。一些中小资本无力在其他行业经营而转向进入农业时被地主索要较高的租金;土地租约签订后,租金在租期内往往不会改变,当租佃农场主经营不善或遇不利气候环境等,出售农产品所获超额利润不足以支付地租时,租佃农场主只能让渡部分平均利润。

第三,租金有时可能包括农业工人的部分工资。为支付较高额的土地租金,租佃农场主往往通过压低工人的工资等手段,将其变为租金的一部分。

资本主义地租按其产生的原因和条件的不同,可以分为级差地租和绝对地租两种基本形式。

第二节　级差地租

级差地租是经营较优土地的农业资本家获得的、作为地租交给地主的超额利润。级差地租产生的原因是土地的资本主义经营垄断,形成的条件是各个地块的自然条件不同,来源是农业工人创造的剩余价值。级差地租又有级差地租Ⅰ和级差地租Ⅱ两种形式。

一、级差地租产生的原因和条件

土地是农业生产最重要的生产资料。但大自然中的土地客观上总存在着优、中、劣不同的等级,同量资本投资于面积相同但优劣程度(如土壤的肥沃程度)不同的土地,会有不同的收益,优等地的生产力高,产量多,单位产品的个别生产价格低;劣等地生产力低,产量少,单位产品的个别生产价格高。租种优等地、中等地的农业资本家可以获得超额利润,这个超额利润将会转化为级差地租。在优劣等级不同的土地上,地租呈现出级差性,随着土地的优劣程度递减。

级差地租产生的原因是土地稀缺性及农业的资本主义经营垄断。首先我们假定农产品和工业品一样,都是按社会生产价格出售的,也只有这样,经营农业的资本家才能获得平均利润,才愿意投资于农业。但由于农业的资本主义经营垄断,农产品的社会生产价格形成机制,有同工业制成品明显不同的两个特点:

第一,农产品的社会生产价格由能够满足社会需要的劣等地的个别生产价格决定。如果农产品的社会生产价格也和工业品一样通常由中等生产条件决定的话,劣等地产量低,单位产品个别生产价格高于平均水平,经营劣等地的资本家将因无法获得平均利润而退出农业经营。由于优、中等地数量有限,又已被人占据经营,劣等地的退出势必造成农产品产量减少,供不应求,进而引发农产品价格上涨,直到经营劣等地的农业资本家也能获得平均利润,农产品供求平衡为止。在农业经营的土地面积相同时,农业资本家把等量资本投资于优等地和中等地,会比投资在劣等地上获取更高的产量,进而他们的农产品的个别生产价格低于由劣等地个别生产条件决定的农产品的社会生产价格,当他们生产的农产品按社会生产价格出售时,就能获得超额利润,这个超额利润在量上等于农产品社会生产价格和优、中等地个别生产价格的差额。

第二,农业中的超额利润是经常的和稳定的。工业中的超额利润往往是暂时的,一旦新技术被推广,超额利润就会消失;而农业生产和自然条件相联系,当它们被人经营时,优等和中等的农业生产条件也就被这些农业资本家垄断,排除了他人利用这些较好土地的可能性。土地的数量有限,优、中等地数量更是有限,在一段时间内无法改变,它们不可能像工业生产采用新技术那样被人学习模仿,使新技术得到普及。农业的资本主义经营垄断在一定程度上阻碍了农业内部的竞争,优、中等地生产力高于劣等地,当农产品社会生产价格由劣等地个别生产价格决定时,经营优、中等地的农业资本家会因其产品的个别生产价格低于社会生产价格而获得经常的、稳定的超额利润,这些超额利润会因土地所有权垄断转为级差地租。

级差地租的源泉是农业工人创造的剩余价值。土地的质量差别是产生级差地租的自然基础,而不是原因。土地虽然是农业生产最重要的生产条件,但价值是由劳动创造的。较好的土地条件只是为农业中的超额利润的产生提供自然基础。马克思指出,"自然力不是超额利润的源泉,而只是超额利润的一种自然基础,因为它是特别高的劳动生产力的自然基础"①,地租不是来自土地本身,而是来自农产品的价值,来自投入土地的劳动。构成级差地租的超额利润同农业中的全部剩余价值一样,其唯一的源泉只能是农业工人创造的剩余价值,只是由于农业的资本主义经营,农产品有特殊的社会生产价格形成机制,使经营优、中等地的资本家可以获得这部分超额利润,而地主又凭借着土地所有权的垄断,把它转化为级差地租而据为己有。

二、级差地租第一形态

根据不同的形成条件,级差地租可分为级差地租的第一形态,即级差地租Ⅰ,和级差地租的第二形态,即级差地租Ⅱ。级差地租Ⅰ是同量资本投在面积相等的不同地块上,具有不同生产率而形成的级差地租,土地的肥沃程度(丰度)不同和位置不同是造成同量资本生产率差别,进而地租级差性的主要因素。如表 10-1 所示,假定有 A、B、C 三块面积相同但肥沃程度不同的劣等地、中等地、优等地,每块地上的投资都是 1 000 元且当年回收,平均利润率为 20%,三块地的收获量分别为 1 000 公斤、1 200 公斤和 1 500 公斤,农产品社会生产价格由劣等地 A 的个别生产价格决定。

表 10-1　土地肥沃程度不同形成的级差地租Ⅰ

单位:元

土地等级	投入资本	平均利润	产量(公斤)	个别生产价格		社会生产价格		级差地租Ⅰ
				全部产品	每公斤	全部产品	每公斤	
A(劣)	1 000	200	1 000	1 200	1.2	1 200	1.2	0
B(中)	1 000	200	1 200	1 200	1.0	1 440	1.2	240
C(优)	1 000	200	1 500	1 200	0.8	1 800	1.2	600

从表 10-1 中,我们可以看出,当三块地的投资均为 1 000 元,平均利润率为 20%时,它们全部产品的个别生产价格均为 1 200 元(1 000 元+1 000元×20%),但由于产量不同,A、B、C 三块地的单位个别生产价格分别为

---

① 《马克思恩格斯文集》第 7 卷,人民出版社 2009 年版,第 728 页。

1.2元/公斤、1元/公斤、0.8元/公斤。农产品是按劣等地 A 的个别生产价格即 1.2 元/公斤出售的,A 地没有超额利润,B、C 地分别可得 240 元和 600元的超额利润,转交给土地所有者,形成级差地租Ⅰ。

土地位置差异也会形成级差地租Ⅰ。不同的地块距离市场、车站、港口等的远近不同,在经营过程中消耗在农产品、生产资料运输上的费用各不相同。即使土壤的肥力相同,农产品产量相同,因距离远近不同而产生的运输费用也有所不同。运费是成本价格的一部分,它的高低也将影响各农业资本家的个别生产价格。和土壤肥沃程度差异影响农产品社会生产价格决定一样,农产品的社会生产价格是由耕种地理位置或交通条件最差的土地来决定的。这样,地处有利位置的租佃农场主会因为耗费的运输费用少,其个别生产价格低于社会生产价格而获得构成级差地租Ⅰ的超额利润。

如表 10-2 所示,假定平均利润率为 20%,有 A、B、C 三块肥沃程度和面积均相同的土地,农业资本家在生产中的投资相同,均为 1 000 元,但三地距离市场的远近不同,生产和销售中形成的运费 A、B、C 三地分别为 200元、100 元和 40 元,导致三地农产品的个别生产价格不同,A 为 1 440 元[1 000+200+(1 000+200)×20%],B 为 1 320 元、C 为 1 248元(B、C 的个别生产价格计算方法同 A),在农产品社会生产价格由劣等地 A 决定时,B、C 两地将分别产生 120 元和 192 元构成级差地租Ⅰ的超额利润。

表 10-2 位置不同形成的级差地租Ⅰ

单位:元

土地等级	产量(公斤)	与市场的距离(公里)	耗费资本			平均利润	个别生产价格	社会生产价格	级差地租Ⅰ
			生产中的费用	运费	合计				
A(劣)	1 000	100	1 000	200	1 200	240	1 440	1 440	0
B(中)	1 000	50	1 000	100	1 100	220	1 320	1 440	120
C(优)	1 000	20	1 000	40	1 040	208	1 248	1 440	192

形成级差地租Ⅰ的土壤肥沃程度和位置差异因素往往是结合在一起发生作用的,农产品的社会生产价格由劣等地的个别生产价格决定,在现实经济中,这个劣等地是指在满足市场需求的前提下,土壤肥沃程度和地理位置综合条件最差的土地。

三、级差地租第二形态

级差地租Ⅱ是对同一土地连续投资而生产率不同所产生的超额利润所转化的地租。它通常是在农业集约化生产条件下，即资本连续在同一土地上追加投资，采用新技术新设备，以提高单位面积产量而产生的。只要追加投资的生产率高于劣等地的生产率，就有级差地租Ⅱ。我们在表10-1的基础上说明级差地租Ⅱ的形成。如表10-3所示，假定经营A、B、C三地的资本家分别各追加了500元的投资，用于增加新农具、完善灌溉条件、追施肥料等，使三地产量分别增长了600公斤、750公斤和800公斤，增产部分仍按原来A地1.2元/公斤的社会生产价格出售，这样，A、B、C三地的资本家分别可获得120元、300元、360元的超额利润，即级差地租Ⅱ。

表10-3 连续投资生产率差异形成的级差地租Ⅱ

单位:元

土地等级	投入资本	平均利润	产量(公斤)	个别生产价格 全部产品	个别生产价格 每公斤	社会生产价格 全部产品	社会生产价格 每公斤	级差地租 Ⅰ	级差地租 Ⅱ	级差地租 合计
A(劣)	1 000	200	1 000	1 200	1.20	1 200	1.2	0		120
	追加 500	100	600	600	1.00	720	1.2		120	
B(中)	1 000	200	1 200	1 200	1.00	1 440	1.2	240		540
	追加 500	100	750	600	0.80	900	1.2		300	
C(优)	1 000	200	1 500	1 200	0.80	1 800	1.2	600		960
	追加 500	100	800	600	0.75	960	1.2		360	

在一般情况下，土地租约一经签订则若干年不变，在租约有效期内，追加投资带来的超额利润归农业资本家所有，这会调动农业资本家投资的积极性。租约期满后，地主往往利用资本家的连续投资使土地条件改善的事实，提高租金，部分或全部地把级差地租Ⅱ也收归囊中。在土地租约期问题上，土地所有者和农业资本家往往存在着尖锐的矛盾，农业资本家一般要求长期租约，而土地所有者则希望缩短租期。

四、级差地租第一形态和第二形态的相互关系

级差地租Ⅰ和级差地租Ⅱ是级差地租的两种表现形式,二者之间有着密切的联系:(1)两种级差地租产生的原因都是对土地的经营垄断;(2)两种级差地租的实质都是超额利润,在量上都是农产品个别生产价格和社会生产价格的差额,其来源都是农业工人创造的剩余价值;(3)不论从历史还是逻辑上看,级差地租Ⅰ先于级差地租Ⅱ,级差地租Ⅰ是级差地租Ⅱ的基础和出发点。一方面,在资本主义农业发展的初期,农业生产主要是粗放经营,农业生产主要靠耕地面积的不断扩大,由此产生的地租多属于级差地租Ⅰ。随着工业化、城市化进程的发展,对农产品的需求不断增加,可垦荒地减少,资本主义农业生产逐步转变为以集约经营为主,通过对现有耕地的追加投资,如采用农业机械、施用化肥、改良土壤、实行农业专业化生产等,以提高单位面积产量和收益,这样,级差地租Ⅱ不断发展起来。就某个农业资本家来说,他也是首先租下土地,和土地所有者确定租约期地租的量(即级差地租Ⅰ),然后才有可能在这一土地上从事农业经营,追加投资。另一方面,级差地租Ⅱ的形成,以肥力和位置不同的土地已被耕作为前提,只有追加投资的生产率高于劣等地的生产率时,才会形成级差地租Ⅱ。

但级差地租Ⅰ和级差地租Ⅱ毕竟是两种不同的级差地租形式,二者的不同在于:(1)形成的条件不同,级差地租Ⅰ是等量资本投资于面积相同但肥沃程度或位置不同的土地上,有不同的生产率的结果,而级差地租Ⅱ是等量资本在同一土地上连续投资有不同生产率的结果;(2)级差地租Ⅰ在缔结土地租约时就已确定归地主所有,而级差地租Ⅱ在土地租约有效期内一般归农业资本家所有,只有在租约期满,重新签订土地租约时才会转归地主所有。

第三节　绝 对 地 租

绝对地租产生的原因是土地所有权的垄断,形成的一般条件是农业资本有机构成低于工业,来源是农业工人创造的剩余价值。级差地租和绝对地租之

和是资本主义总地租,在量上等于农产品市场价值和个别生产价格的差额。

一、绝对地租产生的原因和条件

在考察级差地租问题时,我们假定耕种劣等地的农业资本家只获得平均利润,不支付级差地租。但这并不等于租种劣等地的农业资本家不需要支付任何地租。地租是土地所有权在经济上的实现,农业资本家不论租种什么样的土地,都要缴纳地租,否则土地所有者宁可让其土地荒芜。这种租种任何土地都要缴纳的地租,称为绝对地租。

产生绝对地租的原因是土地所有权的垄断。在资本主义发展相当长的历史时期内,农业的发展落后于工业,农业资本有机构成低于工业,农业工人创造的剩余价值大于社会上的平均利润。在其他条件相同下,同量的投资在农业中形成的剩余价值多于工业。由于土地所有权垄断的存在,阻碍了资本在工业和农业之间的自由转移,使农业中的剩余价值不参加社会资本利润平均化的过程而留在农业内部,农产品按高于生产价格的价值出售。这样,不仅使农业资本家能够参照社会资本的平均利润率获取平均利润,有投资于农业的意愿,而且农产品价值和生产价格的差额,作为绝对地租的来源交给土地所有者。

如表 10-4 所示,假定在剩余价值率为 100% 时,工业资本的平均构成是 80c+20v,平均利润率为 20%,每百元资本的平均利润是 20 元,工业品的价值和生产价格都是 120 元。农业资本的有机构成低于工业,为 65c+35v,每百元资本的剩余价值是 35 元,当农产品按其价值 135 元出售后,农业资本家参照工业的平均利润率 20%,获取 20 元的平均利润,农产品价值和生产价格的差额 15 元作为绝对地租归地主所有。

表 10-4 农业资本有机构成低于工业时的绝对地租

单位:元

生产部门	资本有机构成	剩余价值 $m'=100\%$	平均利润 $P'=20\%$	产品价值	生产价格	绝对地租
工业	80c+20v	20	20	120	120	
农业	65c+35v	35	20	135	120	15

农业资本有机构成低于工业,是绝对地租形成的条件,而不是其原因。农业耕地有限,并有土地所有权的垄断,限制了资本向农业的自由转移,导致农业部门生产的剩余价值不参加社会资本利润平均化的过程,农产品可以按价值而不是生产价格出售,这样由农业资本有机构成低而获取的剩余价值和平均利润的差额留在农业中,构成绝对地租的实体。

随着科学技术的发展,农业生产的技术水平和装备程度有了极大的提高,出现了农业资本有机构成赶上或超过工业的趋势,农产品价值和生产价格之间的差额缩小,甚至消失。在这种情况下,绝对地租是否也随之消失呢?答案是否定的。因为土地所有权是形成绝对地租的原因,只要土地所有权垄断存在,租用他人土地就应支付绝对地租,不同的是形成绝对地租的来源发生了变化。

解释当代发达国家绝对地租的来源,是有关地租理论与现实问题研究的重要课题。目前主要有两种观点。一是来自农产品的垄断价格。其事实依据是战后垄断资本已经控制农业,通过国家财政等手段,对农业实行价格支持政策,发放大量各种形式的农业补贴。二是来自对平均利润和工资的扣除,土地所有者在租金的名义下,将租佃者的一部分利润和农业工人的工资刮走。其事实依据是战后发达国家农场主的利润和农业工人的工资均低于工业。

二、级差地租和绝对地租的关系

级差地租和绝对地租构成资本主义总地租。这两种地租的共同点主要有:(1)都是土地所有权在经济上的实现形式,均以土地所有权作为其存在的前提条件;(2)来源都是农业工人创造的剩余价值的一部分,即由平均利润以上的超额利润转化形成。

这两种地租形式的区别主要有:(1)形成的条件不同。级差地租Ⅰ以土地的肥沃程度不同和位置差异为条件,级差地租Ⅱ以追加投资有不同的生产率为条件,归根到底都以投资于相等面积耕地上的等量资本有不同的生产率为条件。而绝对地租则以农业资本有机构成低于工业为条件。(2)产生的原因不同。级差地租由土地的资本主义经营垄断产生,而绝对地租则由土地的所有权垄断所带来。(3)地租的构成不同。级差地租由农产品的社会价值与个别价值(或社会生产价格与个别生产价格)的差额构成,劣等地一般没有级差地租;而绝对地租在量上等于农产品社会价值减社会生产价格,所有租佃土地都存在绝对地租。(4)土地所有权在地租形成中的作用不同。在级差地租中,土地所有权是超额利润以级差地租形式转归土地所有者的原因,而不是级差地租形成的原因;在绝对地租中,土地所有权是绝对地租产生的原因。(5)地租与农产品价格上涨的关系不同。级差地租是农产品价格上涨的结果,而绝对地租是农产品价格上涨的原因。

第四节　其他地租和土地价格

级差地租和绝对地租是资本主义地租的基本形式,此外还存在着垄断地租。社会上的各行各业都需要使用土地,进而也存在着地租的问题。本节将以农业地租理论为基础,分析垄断地租、矿山地租、建筑地段地租等社会上存在的主要的地租形式,以及有关的土地价格问题。

一、垄断地租

垄断地租是由垄断价格带来的超额利润所形成的地租。由于某些地块具有特别优越的自然条件,能够生产出某种名贵而稀少的农产品,如质量特别好的茶叶、水果等,这种土地及其产品的数量极为有限,而社会对这些名贵农产品的需求较大,使得这些农产品可以按大大超过产品价值或生产价格的垄断价格出售,这种垄断价格不由产品的价值或生产价格决定,而由购买者的购买欲和支付能力决定。为此,经营这些名贵农产品的农业资本家可以获得远高于平均利润的垄断利润,但土地所有权垄断的存在,又将使这部分超额利润转化为垄断地租,转归地主所有。

应注意的是,这里说的垄断价格和垄断地租是以对特殊土地的经营垄断为前提的。这种垄断地租形成的原因和级差地租类似,是资本主义的经营垄断,农业资本家占据了这些特别好的土地,排斥了他人经营的可能性,进而有按垄断价格出售名贵农产品的条件。这种垄断价格和垄断地租不同于垄断资本主义时期的垄断价格,它不以垄断资本的存在为前提。

二、矿山地租

矿山地租是采掘业资本家租用矿山开采矿产而向土地所有者支付的地租。真正的矿山地租的决定方法,和农业地租是完全一样的。矿山地租同样存在级差地租和绝对地租两种基本形式,一些稀有的矿产还存在着垄断地租。

各个矿山矿产的蕴藏丰度不同,开采的难易程度不同,距离消费地点的远近不同,连续投资所形成的生产率也不同,这些差异将使用同量资本开采出来的同种矿产的个别生产价格各不相同,由于矿山有限,好矿、富矿更有限,资本主义的经营垄断,使矿产品的社会生产价格由劣等矿山生产条件决定。这样,经营优、中等矿山的资本家,会因其个别生产价格低于社会生产价格而获得超额利润,矿山所有者则以级差地租的形式将这些超额利润占为己有。

矿山所有权是矿山绝对地租产生的原因。采掘业的生产和自然条件相联系,限制了社会资本在采掘业的自由投资和竞争,当矿业资本有机构成低于工业平均水平时,矿产品和农产品的价格决定机制一样,是按其价值出售的,矿产品价值和生产价格的差额构成矿山绝对地租的来源;当矿业资本有机构成高于工业平均水平时,各种矿产的生产和销售大多已被垄断资本掌控,垄断资本可以按垄断价格出售矿产品,并从其所获垄断利润中分出一部分,以绝对地租形式交给矿山所有者。

三、建筑地段地租

建筑地段地租是资本家租地建造住宅、工厂、商店等各类建筑物而向土地所有者支付的地租。建筑地段地租通常就是城市或城镇地租,同样可以分为级差地租、绝对地租、垄断地租几种形式。但和农业地租相比,建筑地段地租具有以下特点:

(1)在农业和矿业部门,土地的自然物质直接参与产品的形成,农业和矿业地租是为获取土地产品而支付的,其中的级差地租还与土地产品的生产率相关。土地是各行各业存在和发展的自然载体,在城市或城镇中,除农业和矿业外的绝大部分行业以及居民生活都需要土地,但不提供土地产品。而建筑地段地租来源渠道是多方面的,城市工业用地的地租应从工业品的剩余价值中扣除,商业和服务业地租表面上是从其利润中扣除,但因它们不生产物质产品,其地租的最终来源还是产业部门生产的剩余价值。城市住宅的地租是由消费者支付的,即从资本家的剩余价值和工人的工资中扣除。

(2)位置因素在级差地租中起决定性作用。城市(城镇)地理位置的好坏,直接关系到其聚集效益的大小和生产生活的便利,占据有利地段的资本家往往能因此获得他人无法实现的超额利润。比如中心商业区或商业繁荣地段,比零星散落的商店更吸引消费者等等。各不同地段效益和便利程度的差异,直接影响着建筑地段地租的多寡。

(3)包含明显的垄断地租因素。这种垄断地租完全由一些稀有地段建筑物的购买者的购买欲和支付能力决定。在城市中位置特别有利的地段往往供不应求,供求关系使地价和租金大幅上涨。许多城市高楼林立、地价和房价飞涨的重要原因之一就是这种垄断地租的存在。位置因素和垄断因素的结合,容易产生城市的土地投机。建筑地块是否能够成为经济上较为有利的地段,是和各种政治经济因素相联系的,也有许多的不确定性。但有利位置条件形成后,会带来级差地租和垄断地租量的巨大变化,有土地投机的条件和可能,一些土地经营者和房地产商往往利用同一地块在不同时期可能出现的地租差价,开展土地投机,以牟取暴利。

四、土地价格

土地和自然力一样不是劳动产品,没有价值。但在市场经济中,由于土地所有权的存在,地主能够凭借着对地权的占有,定期获得较为稳定的地租收入,土地因此可以作为商品进行交易,有了价格。土地所有者出卖或出租土地,实际上是将其获取地租的权利出卖或出租。土地价格不是土地自身的价格,而是土地使用中能够长期提供地租的价格,是地租的资本化。

土地能够给其所有者带来地租收入,土地所有者要把这个获取地租的权利让渡给他人时,必然要索取一定的经济代价。和股票价格相似,土地价格等于能够获取的相应的地租收入的货币资本,或者说,买卖土地获得的收益如果存入银行,这笔存款每年得到的利息和地租收入大体相当。因此,土地价格＝地租/利息率,土地价格也就是按一定利息率计算的地租价格。例如,某块土地每年可获 10 万元的地租收入,银行一年期定期存款利息率为 5%,那么,这块土地的价格＝10 万元/5%＝200 万元。地价的高低取决于地租和利息率,它和地租成正比,和利息率成反比。

如前所述,随着资本主义的发展,地租有上涨的趋势,同时平均利润率下降的趋势和社会上闲置资本增加等原因,导致利息率有下降的趋势,从而,土地价格有不断上涨的趋势。

小结

通过对资本主义土地所有权和地租问题的考察,可以认识资本主义条件下土地所有权和地租的发展变化规律,把握地租的本质,尤其是级差地租和绝对地租形成的条件、原因、构成、来源,了解土地价格的实质和变化趋势,认识资本主义社会地主、资本家、工人三大阶级的相互关系。

地租是土地所有权在经济上的实现形式,地租的性质、形式和内容是由一定的生产关系所决定的,农业中的资本主义地租是剩余价值超过平均利润以上的超额利润。它包括级差地租和绝对地租两种基本形式。

级差地租产生的原因是土地的资本主义经营垄断,形成的条件是土地的肥沃程度、位置差异和在同一土地上连续投资有不同的生产率。因为土地有限,致使农产品的社会生产价格由参加耕种的劣等地生产条件决定,经营优、中等地的资本家会因其个别生产价格低于社会生产价格而获得超额利润,这一超额利润因土地所有权而转归土地所有者占有。

绝对地租产生的原因是土地所有权的垄断,形成的条件是农业资本有机构成低于工业,农业中的剩余价值大于平均利润。土地所有权垄断使农产品按价值而不是生产价格销售,二者的差额构成绝对地租。

在市场经济中还存在着垄断地租、矿山地租、建筑地段地租等地租形式。

土地没有价值,但有价格,土地价格是资本化的地租。

关键词

资本主义土地所有权　地租　级差地租　级差地租Ⅰ　级差地租Ⅱ
绝对地租　垄断地租　土地价格

思考题

1.简述资本主义地租和封建地租的区别。

2.为什么说资本主义土地经营权的垄断是产生级差地租的原因？

3.什么是级差地租？它有哪些具体形式？试述这些形式的级差地租产生的原因、形成的条件和源泉。

4.试述绝对地租产生的原因、形成的条件和源泉。

5.为什么说土地价格是地租的资本化？

第十一章 资本主义经济危机

经济危机是指资本主义社会每隔一定时期就爆发一次的生产过剩的危机。资本主义社会在进入大机器工业时期以后,从19世纪初开始,每隔若干年就爆发一次经济危机,成为资本主义的顽疾。经济危机既是资本主义矛盾的集中表现,又是解决矛盾的强制方式。经济危机破坏了生产力,使资本主义各种矛盾尖锐化。经济危机预示着资本主义必然灭亡。周期性经济危机是资本主义制度固有的现象,它给社会经济带来了严重的后果。它充分说明资本主义生产方式的历史暂时性。

第一节 资本主义经济危机的实质和根源

本节分析资本主义经济危机的特征、本质和产生的原因。

一、经济危机的特征与实质

经济危机爆发时,经济和社会生活就突然陷入瘫痪和混乱的状态。其表现是大量商品找不到销路,只能积压在仓库,甚至人为地销毁掉;工厂停工、减产或者倒闭,生产猛烈下降;银行纷纷倒闭,信用关系遭到严重破坏,现金奇缺,利息率猛涨,有价证券价格暴跌;大批工人失业,工人和其他劳动人民的收入显著下降。

资本主义的经济危机与在资本主义社会产生以前的各种社会制度下,由于战争、瘟疫、天灾等各种原因而发生的或长或短的时期内的社会生产危机是完全不同的。资本主义经济危机表现出如下特征：

1.资本主义社会以前的生产危机主要表现为生产严重不足，无法满足社会需要；而资本主义危机则恰恰相反，其特征是生产相对过剩。

2.资本主义社会以前的经济危机不具有周期性的特点，而资本主义经济危机却是一种周期性现象。

3.虽然不同国家和同一个国家不同的发展时期经济危机的表现形式和具体的进程有所不同，但都是生产过剩的危机。必须指出的是，这种生产过剩并不是生产的绝对过剩，而是生产的相对过剩，即只是相对于劳动人民有支付能力的需求而言的过剩。

4.在资本主义经济危机中，一方面有大量过剩的商品堆在仓库里找不到消费者；另一方面，广大的劳动人民却非常缺乏必需的消费品。

5.不同历史阶段经济危机有不同的特征。在自由资本主义时期，一般是通货紧缩，物价下跌，银根吃紧，利率上升，银行挤兑并大批倒闭；在国家垄断资本主义时期，由于采取凯恩斯主义宏观调控措施及其他原因，出现了经济停滞和通货膨胀同时存在的反常现象，称为"滞胀"，即"停滞膨胀"。在金融垄断资本主义时期，表现为"虚拟经济危机"。

资本主义经济危机的实质，是根源于资本主义基本矛盾的、周期性爆发的生产相对过剩的危机。资本主义基本矛盾就是生产社会化与资本主义生产资料私有制之间的矛盾。只要资本主义私有制还存在，这个基本矛盾就不可能自动消除，因而经济危机是资本主义体制的必然结果。自 1825 年英国第一次爆发普遍的经济危机以来，资本主义经济从未摆脱过经济危机的冲击。虽然国家垄断资本主义对危机进行了干预，但经济危机非但没有消除，反而更加复杂难治。

经济危机的可能性早在简单商品经济条件下就已经存在了，这是同货币作为流通手段和支付手段相联系的。但只有在资本主义生产方式占统治地位以后，危机的可能性才变成了现实性。随着简单商品经济的矛盾——私人劳动与社会劳动之间的矛盾发展成为资本主义的基本矛盾，经济危机的发生不可避免，虽然在表现形式上可能发生变化。

二、经济危机的根源

经济危机的一般表现就是商品的买和卖的脱节。在简单商品经济条件下,货币作为流通手段和支付手段时,就已经蕴藏着危机的可能性了。但是,在简单商品经济条件下,危机的可能性并没有变成现实性,只是一般的、抽象的可能性。随着简单商品经济向资本主义经济过渡,当商品生产成了占统治地位的社会生产形式,商品和信用关系获得了普遍的发展时,危机的可能性就进一步增强了,但这些仍然只是危机的形式上的可能性。那么危机的可能性如何发展成为现实性呢?这要从资本主义社会经济危机爆发的根源入手来认识。

要分析经济危机产生的根本原因,就必须从资本主义生产方式本身入手去揭示其中的规律。我们知道,经济危机的根源在于资本主义的基本矛盾,即生产社会化和资本主义私人占有之间的矛盾。资本主义基本矛盾表现在以下两个方面:

1.单个企业生产的有组织性同整个社会生产的无政府状态之间的矛盾。资本主义生产方式是建立在以机器劳动为特征的社会化大生产的基础上的。一方面,社会的生产力获得了巨大的发展,生产达到高度的社会化,表现为生产资料使用的社会化、生产过程的社会化以及产品的社会化。生产的社会化要求由社会共同占有生产资料和产品,以便按照社会需要对生产进行统一的计划和管理,使国民经济各部门之间、生产和消费之间自觉地保持一定的比例,以保证社会再生产得以顺利地进行。但另一方面,由于生产资料和生产成果日益集中地掌握在少数的资本家手中,如何生产、生产多少完全由资本家自己判断,由于信息不完全、判断失误及生产信息"时滞"等原因,导致私人生产的混乱状态。

(2)资本主义生产能力的巨大增长同劳动群众有支付能力的需求相对缩小之间的矛盾,即生产与市场需求之间的矛盾或生产与消费之间的矛盾。资本主义企业客观上成为社会化大生产这个复杂体系中的一个环节。它在客观上要求服务于整个社会,满足社会需要。但由于生产资料私有制的统治,生产完全从属于资本家的利益,生产成果都被他们所占有。而资本家生产的唯一目的是生产并占有剩余价值,其生产的扩大或缩小,不是取决于生产和社会需要,而是取决于无酬劳动的占有以及这个无酬劳动和物化劳动之比,即一定水平的利润率。资本主义生产不是在需要的满足要求停顿时停顿,而是在利润的生产和实现要求停顿时停顿。在追逐高额利润的驱使下,所有资本家都拼命发展生产,加强对工人的剥削,结果是劳动者有支付能力的需求落后于整个社会生产的增长,商品卖不出去,造成生产的相对过剩。这是引起经济危机的最直接的原因。

生产与消费的矛盾以及生产的无政府状态,作为资本主义基本矛盾的具体表现是紧密联系在一起的。正是它们的结合,才不可避免地使资本主义社会再生产周期性地遭到破坏,引起生产过剩的经济危机。在资本主义制度存在的整个历史时期内,资本主义的基本矛盾以及由这一矛盾所引起和制约的一系列社会矛盾是经常存在的,它贯穿于资本主义社会发展的始终,并具有不断加深的趋势。但是,这并不意味着资本主义时刻处于危机之中。经济危机往往是每隔若干年就爆发一次,呈现出周期性的特征。

三、经济危机的必然性

由于经济危机根源于资本主义制度本身,只要资本主义制度存在,经济危机就会存在。周期性经济危机成为资本主义不可抗拒、不可逃脱、不可避免的必然规律。随着经济危机一次次加深,资本主义制度最终会在无法医治的顽疾折磨下走向灭亡。

我们从资本主义经济危机的形成机制和对付危机的手段来分析这种必然性和顽固性。

资本主义经济危机的形成起始于资本家对剩余价值最大化追求的手段。无论哪种剩余价值生产方法,都是增加剩余劳动时间,相对缩小必要劳动时间所占比例。尤其是相对剩余价值生产方法,通过改进技术、科技和管理创新提高劳动生产率,推动资本有机构成不断提高,从而促使一般利润率下降。个别资本家为了维持其个别利润率,只好率先再次提高劳动生产率,以获取超额剩余价值。当整个资本家阶级都这样做的时候,社会劳动生产率被拉高,超额剩余价值消失,而社会资本有机构成再次被拉得更高,一般利润率比上次降得更低。当大家都没有利润的时候,大多数资本家就会突然停产停工,解雇工人,经济危机爆发。当经济危机爆发后,为了走出危机,个别实力强的资本家开始大规模更新技术和设备,从而推动劳动生产率更大提高,也推动资本有机构成更大提高,为下一次危机的爆发积蓄了"能量"。这个机制周而复始,经济危机也就周而复始。

危机的产生机制归纳如下:

资本有机构成提高→一般利润率下降→个别资本家为维持利润率而提高劳动生产率→大家提高劳动生产率→资本有机构成更加提高→一般利润率下降,但资本供给过剩,变得更便宜,资本替换劳动→人口过剩,同时资本有机构成提高→一般利润率下降→量的扩张以保证利润量→竞争加剧,垄断,资本集中→资本有机构成再提高→一般利润率再下降→价值规律强制解决矛盾:经济危机爆发→危机调整了资本有机构成比率,经济复苏。如此循环,再到下一个周期。

可见,资本家解决危机的办法本身与危机构成一个死循环,危机爆发当然就不可避免了。在垄断资本这一阶段,资本主义采取了国家干预措施,实行宏观调控。那是不是这样就可以避免经济危机了呢?

宏观调控的主要措施是根据凯恩斯主义实行货币政策和财政政策。财政政策的具体手段有:财政赤字政策,税收政策,用大量增加财政支出的手段,比如财政投资、政府购买、增加军费等手段,弥补市场投资的不足和消费的不足,以提高有效需求,实现充分就业。货币政策的具体手段主要是通过控制货币供给以及调控利率的各项措施,在经济危机时实行宽松的货币政策,增加货币供应量,推高物价,致使通货膨胀。

这些措施如果运用得当,在短期有一定效果,对刺激经济增长,甚至延缓危机可以起到一定作用。但是长期来看,这些措施非但不起作用,还扭曲经济运行机制,使资本主义矛盾复杂化,导致更加难治的顽症。历史也证明,国家干预非但没有根治经济危机,反而导致了 20 世纪 70 年代的"停滞膨胀",诱发了新型的经济危机。凯恩斯主义的失效使自由主义卷土重来。从 20 世纪 80 年代至今,新自由主义在全球泛滥,终于爆发了 2007 年开始的全球性经济大危机。

第二节　资本主义经济危机的周期性

资本主义再生产的周期性源于经济危机的周期性出现。在资本主义制度下,经济危机每隔若干年就爆发一次,是一种周期性重演的经济现象。从一次经济危机开始到另一次经济危机开始,构成资本主义再生产的一个周期。资本主义再生产循着危机—萧条—复苏—高涨这样几个阶段周而复始地不断运动,叫作资本主义再生产的周期性。

一、资本主义再生产与经济周期

经济危机根源于资本主义所固有的矛盾。危机是资本主义经济内部对抗性矛盾的外部表现,资本主义的各种矛盾只有当它们发展到极其尖锐的程度,使再生产的比例发生严重失调的时候,才会爆发经济危机。在危机期间,大批工厂关闭,生产猛烈下降,社会生产力遭到巨大的破坏,从而与有支付能力的需求暂时相适应,使社会再生产所需要的比例关系得以建立起来,从而保证了资本主义再生产的进行。资本主义内部的各种对抗性矛盾通过危机而得以暂时的、强制性解决。但这是以社会生产力的巨大浪费和破坏为代价的。

虽然经济危机能够暂时地、强制地使资本主义再生产过程中的各种矛盾得到一定的缓解,但却不能根本地消除这种矛盾。随着危机过后资本主义经济的恢复和发展,这些矛盾又会重新发展和激化,爆发危机的因素再一次逐步积累起来,再生产过程的比例关系再次严重失调,这就导致另一次危机的爆发。因此,经济危机具有周期性的特点。经济危机的周期性爆发,使资本主义再生产具有了周期性。而从一次危机爆发到另一次危机爆发之间的时期,构成了资本主义再生产的一个周期。在各个不同的资本主义国家,或者同一个资本主义国家的不同历史时期,由于具体的历史条件不同,周期的整个进程会有各种各样的特点,但一般说来,一个周期包括危机、萧条、复苏、高涨这样四个不同的阶段。

（一）危机阶段

危机往往在资本主义经济发展最繁荣时爆发，各种矛盾这时达到最尖锐的程度。危机首先在商品流通的某一环节出现，然后迅速波及各个部门，形成整体性危机。危机是经济周期的决定性阶段，是上一个经济周期的终点，也是下一个经济周期的起点。在危机阶段，大量的商品堆积在仓库中，价格剧烈下跌；利润率急剧下降；资金周转困难，利息率大大提高，信用制度遭到严重损害；企业纷纷倒闭，生产大幅度下降；工人大批失业，工资水平下降，劳动人民购买力进一步缩减。总之，经济危机时期，资本主义国家的整体经济陷于一片混乱之中。

（二）萧条阶段

萧条阶段是经济周期的谷底。在这一阶段，由于社会生产已经大体上与社会消费水平以及缩小了的市场容量相适应，资本家也就不再进一步缩减生产，企业倒闭暂时停止，失业人数不再增加，商品价格也停止下跌，商品供给超过有支付能力需求的现象有所缓和。但是，此时过剩商品的堆积还未消散，大批的失业工人还没有就业，社会购买力仍然十分低下，销售困难，商业萎缩，社会生产处于停滞状态，整个经济生活呈现出一片萧条的景象。此时，资本家逐渐开始恢复生产并更新机器设备。这在客观上降低了商品的价值，较能适应仍然低迷的市场价格。固定资本的更新推动了生产资料部门的发展，并带动了消费资料部门的发展，从而使整个社会生产恢复和发展起来，萧条阶段便过渡到了复苏阶段。

（三）复苏阶段

在这一阶段，投资继续增长，对生产资料的需求日益增加，工人的就业人数也逐渐增多。社会购买力开始提高，物价缓慢回升，市场容量逐渐扩大。工商企业的活跃，增加了对借贷资本的需求，从而推动了信用事业的扩展。市场容量扩大，资本周转加快和企业利润增加又推动资本家进一步扩大生产。这样，社会生产就逐渐恢复到危机以前的水平。随着生产的不断扩大，资本主义经济发展的逐渐加快，社会生产超过危机前的最高点，复苏阶段就过渡到高涨阶段。

（四）高涨阶段

在高涨阶段，生产迅速扩大，市场容量不断扩充，物价稳步上涨，利润急剧增长。由于利润丰厚，资本家便努力增加投资，原有的企业不断地扩大生产规模,新的企业纷纷建立,生产发展迅速,商业活跃,信用关系扩展,整个资本主义经济又呈现出一片繁荣景象。但是,高涨时期由信用膨胀和商业投机所造成的虚假繁荣只是暂时的,此时生产在更大程度上超出了有支付能力需求的范围,进一步扩大了生产过剩的规模。繁荣包含了新的危机的先兆。随着社会生产的不断扩大,资本主义经济的各种矛盾发展到尖锐程度时,危机必将再次爆发。资本主义经济进入了下一个周期。

资本主义的经济危机是在 18 世纪后半期开始出现的。早期爆发的经济危机只是局部性的。到了 19 世纪初,英国发生了资本主义历史上第一次普遍性的生产过剩危机。此后,1836—1837 年,英、法、德等国都在不同程度上发生过周期性的生产过剩危机,并且波及美国。1847—1848 年的经济危机再次席卷英国和欧洲其他许多国家,成为资本主义历史上第一次世界性的经济危机。可以看出,在资本主义自由竞争阶段,危机与危机之间的间隔表现出了一定的规律性,经济危机大约每隔十年左右爆发一次。自 1825 年英国第一次发生普遍的生产过剩的经济危机以来,随后发生危机的年份是 1836 年、1847 年、1857 年、1866 年、1873 年、1882 年、1890 年和 1900 年。进入 20 世纪,在 1900 年危机之后,至第二次世界大战以前,又发生了 1907 年、1914 年、1921 年、1929—1933 年、1937—1938 年的经济危机,差不多每隔七八年就发生一次危机。随着资本主义发展到垄断资本主义阶段,经济危机更加频繁,周期性开始出现了一些新变化。

二、经济周期的物质基础

马克思指出,"虽然资本投下的时期是极不相同和极不一致的,但危机总是大规模新投资的起点。因此,就整个社会考察,危机又或多或少地是下一个周转周期的新的物质基础"①。可见,固定资本的更新是资本主义经济周期的物质基础。

大规模固定资本更新发生在危机过后的萧条阶段的后期。正是大规模的固定资本更新预示着复苏阶段的到来,为复苏和繁荣阶段的到来提供了物质条件。但它又为下一次生产过剩危机的到来创造着物质基础。在萧条

---

① 《马克思恩格斯文集》第 6 卷,人民出版社 2009 年版,第 207 页。

阶段,社会生产虽然不再继续下降,但是仍然处于停滞状态。此时,资本家为了摆脱困境,并在激烈的市场竞争中站得住脚,必须设法提高劳动生产率,降低企业的生产成本。除了加强工人的劳动强度及劳动熟练程度之外,资本家往往还进行大规模的投资来更新固定资本,采用先进的机器设备,这就引起了对生产资料大规模的需求,从而推动了生产资料部门的发展。而生产资料部门就业人数的增加,扩大了消费资料的市场,进而推动了消费资料部门生产的发展。所以固定资本的大规模更新,为整个社会生产的恢复和发展提供了物质条件。同时,它又会引起新一轮的生产过剩,为下一次经济危机提供物质基础。在资本主义的自由竞争阶段,把物质磨损和精神磨损合起来看,大工业中最有决定意义的部门的固定资本,平均大约 10 年左右就需要实行更新,固定资本的这个平均的生命周期,是决定资本主义经济周期的一个重要因素,为周期性的经济危机的间隔时间创造了物质基础。

　　固定资本的大规模更新为下一轮经济周期创造着物质基础,是因为固定资本的大规模更新,意味着采用先进技术,提高资本有机构成,在这个新的物质技术基础上,生产更加迅速地扩大。同时,由于资本对劳动力需求的相对减少和剩余价值率的提高,又导致劳动人民有支付能力的需求相对缩小。而在高涨阶段,商业信用扩展,投机活跃,这种虚假繁荣现象又暂时掩盖着本来已经出现的生产过剩,资本家仍然盲目扩大生产,致使生产和消费的脱节更加严重,最终再次不可避免地爆发经济危机。

　　值得注意的是,不要把固定资本更新理解为经济危机的原因,它是资本主义再生产周期的物质基础。危机只是经济周期的一个环节。固定资本更新是任何生产方式都需要的,但只有资本主义的固定资本更新才会与经济周期有关。这是因为,一般的固定资本更新,个别生产者是分别在不同时间进行的,不会大多数生产者同时大规模进行更新,因而不会形成明显的波动。资本主义生产则不然。虽然也存在"资本投下的时期是极不相同和极不一致的"的情况,但经济危机的爆发必然导致集中大规模的固定资产更新,因为只有技术更新换代才能走出危机,过渡到复苏和繁荣阶段。一般的固定资产更新只是由于有形磨损,而资本主义固定资本更新则是有形磨损与无形磨损的结合,且无形磨损越来越成为主因。西方经济学家总是把固定资产投资或者技术的变动说成经济周期的原因,比如熊彼特的经济周期理论。宏观经济学把经济的周期性波动,完全归咎于收入和投资二者之间

"加速数"和"乘数"相互作用的结果,实际上就是把固定资产投资这个物质基础当成资本主义周期性经济危机的原因,从而掩盖了资本主义周期性经济波动的根源在于资本主义制度本身,在于资本主义所固有的基本矛盾——社会化生产和私人资本主义占有之间的矛盾。

三、经济周期和危机的类型

(一)经济周期的类型

马克思之后,由于经济危机反复出现,且愈演愈烈,西方学者不得不承认经济危机的存在。西方著名经济学家熊彼特系统研究了经济周期的类型。他把经济周期分为三种类型:长周期、中周期和短周期。这种从形式上对经济周期进行的分类对我们认识经济周期的多样性有一定的参考意义。

1.长周期

又称"长波",或称"康德拉季耶夫周期"。1912年,一位名不见经传的荷兰社会主义者范·盖尔德伦,以笔名在一份荷兰社会主义杂志上发表了题为《春潮:对工业发展和价格运动的反思》的文章,提出了"长周期"理论。范·盖尔德伦以大量统计材料确证,在1850—1873年间、1896—1911年间,西欧和北美的主要资本主义国家出现了两次资本积累的长期扩张,他把这种长期扩张称之为资本积累的"春潮"。范·盖尔德伦力图为这两次长期经济扩张的出现提出理论上的解释,他特别强调了重大产品创新的作用。他认为,一个或几个迅速成长的新部门,推动形成了长波的上升期。就1850—1873年这一期间而言,主导部门是铁路建设,它所产生的连带效应是金属、钢、煤的生产的扩张。就1896年以后的上升期而言,电力和汽车工业扮演了主导部门的角色,它们带动了金属(特别是铜)、绝缘材料和煤的生产。而十几年后的1926年,俄国经济学家尼古拉·D.康德拉季耶夫(Nikolai D.Kondratieff)再次提出了"长波理论"。他被公认为经济学中"长波理论"的创立者,并以他的名字命名。每一个长周期历时50年或略长一点。在这里,熊彼特沿袭了康德拉季耶夫的说法,把近百余年来资本主义的经济发展过程进一步分为三个"长波",而且用"创新理论"作为基础,以各个时期的主要技术发明和它们的应用,以及生产技术的突出发展,作为各个"长波"的标志。

"长波"Ⅰ:从大约 1783 年到 1842 年,即所谓的"产业革命时期"。值得注意的是,这是专指第一次"产业革命"。

"长波"Ⅱ:从 1842 年到 1897 年,即所谓的"蒸汽和钢铁时代"。同样值得注意的是,这里所提到的蒸汽是与上一时期的技术发明有连贯性的。

"长波"Ⅲ:从 1897 年到 20 世纪 20 年代末首次提出"长波"理论为止(当时这个"长波"尚未最后结束),即所谓的"电气、化学和汽车时代"。

如果我们把 20 世纪 20 年代末的世界经济大危机当成是新的长波的开始,则长波Ⅳ从 20 世纪 20 年代末起至 70 年代的"石油危机",长波Ⅴ则从 20 世纪 70 年代起至 21 世纪的"次贷危机"。次贷危机引起的全球经济危机至今还未结束。到其结束止,这个"长波"也大致历时 50 年。

需要说明的是,熊彼特纯粹用"技术创新"这个物质基础来解释经济周期是不对的。虽然技术创新作为生产力发展的标志,是生产关系的决定因素之一,但技术创新的周期性本身是资本主义制度引起的,因而它不是周期的原因。

2.中周期

中周期平均大约 9 年到 10 年的资本主义经济周期,又称"尤格拉周期",由法国的克莱门·尤格拉于 1860 年提出。在三种周期中,这一种是提出最早的。该周期是以国民收入、失业率和大多数经济部门的生产、利润和价格的波动为标志加以划分的。

3.短周期

短周期平均大约 40 个月(将近三年半)的所谓"短周期"或"短波",又称"基钦周期",由美国的约瑟夫·基钦于 1923 年提出。熊彼特用存货投资的周期变动和创新的小起伏,特别是能很快生产出来的设备的变化来说明基钦周期。他认为 3 个基钦周期构成一个尤格拉周期,18 个基钦周期构成一个康德拉季耶夫周期。

(二)经济危机的类型

经济危机是一个总称概念,它是由一系列的"危机"组成的。这一系列的危机有一定的内在联系,多数情况下是相继发生的一个危机链条,它们都是生产过剩危机的表现形式。根据危机蔓延的领域,可分为:金融危机、商业危机和工业危机。

1.金融危机

金融危机是货币危机、信用危机、银行危机、债务危机和股市危机等的总称。一般指一国金融领域中出现异常剧烈的动荡和混乱,并对经济运行产生破坏性影响的一种经济现象。其主要表现为金融领域所有的或者大部分的金融指标的急剧恶化,如信用遭到破坏,银行发生挤兑,金融机构大量破产倒闭,股市暴跌,资本外逃,银根奇缺,官方储备减少,货币大幅度贬值,出现偿债困难等。(1)货币危机,是商品难以转化为货币的危机,是商品对于货币的贬值。货币危机发生在支付链条断裂或者支付制度被打乱时。(2)债务危机。金融国际化条件下,在国际债权债务关系中,债务国因经济困难或其他原因,不能按照债务契约规定按时偿还债权国的债务本金和利息,从而导致国际金融业陷入金融危机。(3)银行危机。银行危机指银行因信用危机而发生挤兑、倒闭的危机。由于危机的恐慌或者相关影响,客户同时到银行提取现金,使银行陷入流动性危机,进而破产倒闭。资本主义信用制度创造出一种拿他人的、社会的财产进行冒险赚钱的赌博欺诈制度。银行不但创造信用,还创造虚拟资本,进行虚拟信贷,使金融证券过度膨胀。资本主义大银行不仅能创造虚拟资本,而且能牟取暴利。虚拟化的金融证券过度膨胀,必然会造成货币危机,最终也波及银行自己,发生银行危机。

2.商业危机

生产过剩的经济危机在商品流通领域中的集中反映,主要表现为商品销售极端困难、商品价格下跌、商店纷纷倒闭等等。作为生产过剩经济危机的一个组成部分,其早期表现为一定的独立性,马克思和恩格斯在《共产党宣言》中最初把经济危机称为商业危机。早期的危机还没有同社会生产进程直接联系起来,通常局限于流通领域,并且与国际贸易和投机买卖有着密切的联系,不致引起全社会再生产过程的震荡和混乱。可是,在普遍性的生产过剩危机的条件成熟以后,特别是1825年英国发生第一次周期性的经济危机以来,商业危机的性质已经发生了变化,它们跟社会再生产周期变化的联系日益紧密,其规模和破坏力也相应地不断扩大。

3.工业危机

工业危机是指资本主义国家工业部门发生的生产过剩危机。其主要表现是:商品滞销,工厂倒闭,失业工人剧增,股票价格暴跌等。在以机器大工业为其物质技术基础的资本主义经济中,工业占有主导地位,工业危机必然危及整个社会经济。在马克思和恩格斯的著作中,往往把19世纪资本主义国家爆发的经济危机直接称为工业危机。

第三节　资本主义经济周期的新特点

周期性经济危机虽然是资本主义生产方式的必然产物,其发生的根本原因也一直没有改变,但其运行机制和表现形式随着资本主义的发展而改变,在不同发展阶段和资本运行的不同环节有不同的表现。

一、资本主义的发展与经济周期性危机的演化

资本主义是商品经济发展的一个阶段。资本主义商品经济也经历了自由资本主义、私人垄断资本主义、国家垄断资本主义、金融垄断资本主义几个阶段。各阶段的经济危机有不同的运行机制和表现形式。

（一）商品的内在矛盾

资本主义的矛盾自然蕴含在商品经济之中,因此,资本主义经济危机萌芽于前资本主义的简单商品经济之中。商品经济的逻辑起点和历史起点是商品。商品的内在矛盾——使用价值和价值的矛盾——包含了包括资本主义在内的商品经济一切矛盾的"基因",自然也种下了资本主义经济危机的种子。

（二）商品与货币的对立

商品变为货币后,直接的商品交换变成了以货币为中介的间接交换,使用价值与价值这一商品的内在矛盾转化为商品与货币的外在对立;货币的流通手段职能使商品的买卖在时空上发生了分离与对立;货币的支付手段职能形成了蕴含货币危机的债务链条,催生危机种子生根发芽。马克思把商品到货币的转化称为"商品的惊险的跳跃","这个跳跃如果不成功,摔坏的不是商品,但一定是商品的占有者"。[①]

（三）货币资本回流的困难

货币变成资本,资本主义生产方式产生。资本主义基本矛盾使使用价

---

① 《马克思恩格斯文集》第五卷,人民出版社2009年版,第127页。

值与价值的矛盾这棵幼苗成长为周期性经济危机的大树。产业资本分为货币资本、生产资本和商品资本三个部分循环,要求货币资本回到它的起点,形成"货币资本回流规律"。货币资本的"虚假回流"可能引发经济危机。所谓货币资本的"虚假回流",是指货币资本没有把商品媒介到最终消费者手中而是从中途的商业资本或者借贷资本内部"回流"。我们可以用资本循环模型即 G—W…P…W…G′ 来说明。这个模型是省略了许多中间环节的一般模型,商品生产出来后并非直接卖给消费者,而是卖给商业部门,商业部门还有批发与零售之分,以及相应的其他中间环节。我们用 G1—G2—G3…来表示这些中间环节的货币资本运动。则马克思的资本循环模型可以扩展为:G—W…P…W—G1—G2—G3—…G′。其中,G1—G2—G3 为流通的中间环节,或者通过信用交易的环节。从 G 到 G′ 的全过程,才是货币资本的真实回流。G—W…P…W—G1,或者 G—W…P…W—G1—G2,或者 G—W…P…W—G1—G2—G3 等,虽然也有货币资本回流,但商品没有最终到达消费者手中,是"虚假回流"。在"虚假回流"中,对于生产者而言,他的货币资本及其利润已经回流,可以继续生产了;但商品仍然处于流通状态;或者商品已经到达最终消费者手中,但由于其货币资本的支付依赖于其他环节的支付,在没有货币资本的情况下,他用借贷资本支付;或者用别人支付给他的"信用票据"支付,收到票据者在银行兑换回货币资本。在银行的相应债权收回之前,生产者得到的货币资本,都是虚假回流。

(四)扩大再生产的条件难具备

从扩大再生产模型考察,存在两大部类不均衡的矛盾,导致总供求失衡以及生产资料与消费资料的结构失衡。社会资本再生产要顺利进行必须满足一定的条件。马克思在论证市场均衡的条件时,假定剩余价值率和资本有机构成不变。而在实际的经济运行中,资本有机构成不断提高,因而再生产的条件不能达到。这个条件经常不满足,就会出现总供给与总需求的不相等和两大部类失衡,爆发经济危机。

(五)平均利润率下降酿造危机

当平均利润的条件形成后,由于资本有机构成提高,一般利润率会趋向下降。由于资本主义生产的目的是利润,因此利润率下降到一定程度时,资本家就会减少甚至停止生产,从而爆发经济危机。危机后通过技术革新和大规模固定资产更新,再次提高资本有机构成,为下一次危机打下基础,形成了再生产周期。

(六)信用制度推波助澜

当属于企业内部分工的产业资本三种形态——货币资本、生产资本、商品资本——转化为属于社会分工的产业资本、商业资本和借贷资本,服务于市场交换的资本主义货币制度、银行制度、汇兑制度、信用制度等时,为市场交换领域矛盾的激化、潜在危机的现实化提供了制度结构条件,在某种意义上说,这些制度安排的不协调与相互碰撞,给经济危机的爆发起到了推波助澜的作用。从生产领域的制度看,以资本主义商品经济制度为基础的剩余价值规律、资本占有规律和市场竞争规律,为资本主义大工业生产能力的跳跃扩展,提供了强大的利益刺激和外在压力;以私有产权为基础的工厂制度、股份公司制度,则为生产能力的扩展、资本能力的扩展提供了制度条件;生产的无政府状态则为社会生产的盲目扩展提供了"宽松"的外部环境或宏观制度结构。

(七)垄断资本催生世界大灾难

20世纪初,资本主义进入垄断阶段,生产高度集中,借贷资本进一步发展成金融资本,出现金融寡头;资本主义由商品输出为主发展为资本输出为主;国际垄断同盟从经济上瓜分世界,帝国主义列强瓜分和重新瓜分世界,进行内部斗争。垄断资本主义加深了资本主义国家之间的矛盾,一国内部的生产过剩变成了具有世界性质的生产过剩,终于积累成1929—1933年的世界经济大危机。这次危机不但造成经济大灾难:资本主义世界经济下降40%以上,对外贸易萎缩60%以上;还造成政治灾难:很多国家在经济和政治上普遍加强了国家干预和专横统治,美国实施罗斯福新政,日本开始实行武力扩张,德国则建立了法西斯统治。第二次世界大战因此拉开帷幕,造成数千万人伤亡的人道主义灾难。

(八)国家垄断资本主义扭曲的"滞胀"

二战后,随着凯恩斯主义产生,各资本主义国家普遍采取了以国家宏观调控为手段的反危机措施。但这些措施非但没有消除经济危机,反而使危机扭曲发展,由原来的"停滞"危机,变为"停滞膨胀"。最突出的1973—1975年的危机和1980—1982年世界性经济危机都属"停滞膨胀"。最值得注意的是,1980—1982年的危机有很大的曲折性,这是资本主义危机史上所罕见的。在同一次危机中,有些国家出现"下降—回升—再下降—再回升"的 W 型,即 3 年内发生两次下降,如美国、加拿大、联邦德国和日本;有的国家,如法国和意大利,则发生数度下降,呈现锯齿型。之所以出现这样的扭曲,从根本上说,是由于在国家垄断资本主义占统治地位的条件下,国家对经济加强了干预,或者说这是采取反周期措施的结果。这种干预使危机的发展受到阻挠,但经过几个回合的搏斗,危机终于按照自己的规律继续展开。

(九)新自由主义背景下的"金融海啸"

反危机失败,凯恩斯主义退潮,自由主义重新登上历史舞台,是谓新自由主义。资本主义国家在国内纷纷放松管制,但帝国主义之核心美国却通过"美元霸权"控制世界经济,开始了所谓的经济全球化和金融自由化;通过向不发达国家灌输新自由主义经济学,诱使其按"比较优势原理"参与发达国家主导的国际分工产业链,并推动私有化运动,控制他国经济,攫取他国利润,转移生产过剩危机,引爆了 20 世纪 90 年代的四次国际局部金融危机:1994—1995 年的墨西哥金融危机、1997—1998 年的亚洲金融危机、1999—2000 年的巴西金融危机和 1998—1999 年的俄罗斯金融危机。这些危机当时都在以美国为首的发达资本主义国家之外发生,给他国造成了灾难性后果,而美国等国家却从中获益。不过这几次危机最后积累成了 2007 年始于美国、迅速扩散至全球的、堪比 20 世纪 30 年代大危机的"金融海啸"。金融海啸又演变为经济危机。这次危机比 20 世纪 30 年代那次持续时间更长,影响可能更加深远。这是一次标志性的"虚拟经济危机",标志着资本主义经济危机又进入了一个新阶段。

二、实体经济危机与虚拟经济危机

(一)实体经济与虚拟经济

实体经济是与虚拟经济相对的概念,是职能资本和金融资本除虚拟资本之外的资本运动形式。实体经济一般包括物质的、精神的和服务产品的生产、流通等,既包括农业、工业、交通通信业、商业服务业、直接为生产流通服务的金融业、建筑业等物质生产和服务部门,也包括商业化部分的教育、文化、知识、信息、艺术、体育等精神产品的生产和服务部门。实体经济始终是人类社会赖以生存和发展的基础。

　　虚拟经济是虚拟资本的运动形式。虚拟经济是金融资本运动的一种派生形式,是金融资本暂时摆脱实体经济独立运行的一种经济形式。虚拟资本是金融工具的一种派生形式。虚拟经济产生于金融,但不同于金融,因为虚拟经济与金融有不同的功能和运行规律。"虚拟经济"一词是我国经济学者根据马克思《资本论》中"虚拟资本"概念创造的范畴,用以说明资本主义经济中日益"虚拟化"的经济现象。虚拟资本是未来收益的索取凭证,虚拟经济是对未来收益的提前索取。但是,未来收益实际上是不可能提前索取的。因而虚拟经济最终受实体经济规律制约。当虚拟资本回到实体经济时,虚拟经济破灭,引起一场"虚拟经济危机"。

　　虚拟经济其实是实体经济危机发展到一个新阶段的必然产物,也是资本主义转移和解决危机的一种形式。资本主义经济危机的周期性爆发严重威胁着资本主义统治,为治理引起经济危机的、一直困扰着资本主义国家的生产与消费的矛盾,他们绞尽脑汁,想出了各种办法。凯恩斯主义就是为此而诞生的。凯恩斯主义失败后,新自由主义者推动了经济全球化,尤其是金融自由化和金融全球化,同时进行大规模的所谓"金融创新"。所谓金融创新,就是创造虚拟资本,就是创造虚拟经济。20 世纪 80 年代开始升温的金融自由化和金融全球化是国际垄断资本为寻求更广阔的利润空间而将其力量拓展到金融领域的结果。当在全世界范围内掀起金融自由化风潮时,国际垄断资本获得了前所未有的巨大的活动领域。它们可以在全球范围内寻找获利机会。这便是 20 世纪 90 年代世界范围内频繁爆发金融危机的根源。或者换个角度来说,日本、墨西哥等国发生金融危机本质上是美国等发达国家将本国矛盾转嫁过去的结果。这几次金融危机是酝酿 2007 年全面虚拟经济危机的局部危机。

　　(二)实体经济危机

　　实体经济危机是相对于虚拟经济危机而言的。它有两层含义。一是在虚拟经济危机没有出现之前的所有经济危机都属于实体经济危机;虚拟经济泛滥之前的货币危机、商业危机、银行危机、工业危机等经济危机都属于实体经济危机。实体经济危机直接由生产相对过剩引发,而虚拟经济危机则由"消费过度"直接引发,虽然二者的最终根源都是资本主义基本矛盾导致的生产相对过剩。二是作为虚拟经济危机一个发展阶段的实体经济危机。虚拟经济危机从虚拟经济领域爆发,最后波及实体经济。

(三)虚拟经济危机

虚拟经济危机是指由虚拟经济引起的经济危机。2007 年发端于美国的世界经济大危机,就是虚拟经济危机。经济危机是资本主义市场经济的一个特有的、不可根治的现象。经济危机伴随着资本的产生而产生;也可以预言,其将伴随着资本的消亡而消亡。但资本主义又是商品经济的一个必然产物,在资本主义产生的数千年前就出现了商品经济。经济危机就蕴含在作为商品经济细胞的矛盾之中。随着商品经济内在矛盾的产生和解决,新的矛盾又产生,新的矛盾又解决,更新的矛盾产生……如此循环往复,既推动商品经济的发展,又促进商品经济的灭亡。作为商品经济矛盾集中体现的经济危机,在不同的历史时期有不同的表现。以 2007 年发生的、发端于美国的所谓"次贷危机"为先导的世界性经济大危机,标志着经济危机的一个"新时代"的开始——虚拟经济时代的经济危机,或者称虚拟经济引导的经济危机时代。

虚拟经济本质上是一种虚拟商品的交易行为,它是资本权证的再资本化,并相对独立于实体经济之外,遵循其自身的运行规律单纯流通。但虚拟经济是整个经济体系的一部分,它最终要受制于整个经济系统的基本经济规律。因而作为资本运行的基本规律之一,货币资本回流规律就成为实体经济与虚拟经济联系的纽带和共同规律。站在货币资本回流的角度分析,虚拟经济不外乎是货币资本在流通领域"超正常滞留"。"滞留"超过一定限度时,这个规律就把滞留于虚拟经济的货币资本强行带回,从而完成资本的回流过程。

上面讲到过,虚拟经济的产生是解决实体经济危机的一个新手段。一方面,通过金融自由化、全球化,发达国家暂时将经济危机转移到他国。另一方面,发达国家将实体经济的过剩资本投入虚拟经济领域。一是通过各种"金融创新"可以发展成一个新的服务行业,从而增加就业,增加低收入者的收入,拉动部分实体经济的需求;二是实体经济中的过剩资本由于有了新的去处,减轻了资本供给的压力,有利于利润率提升,从而使实体经济继续增长。所以,我们可以把虚拟经济发展看成是解决经济危机的权宜之计。比如,美国由于劳动者消费能力下降导致对住房有效需求不足,从而住房资本过剩。通过发行"次贷"及其衍生品,形成虚拟经济,使没有消费能力的人可以消费住房,从而带动住房及相关产业继续发展。这虽然缓解了经济危机,但并未真正解决问题,无异于饮鸩止渴。

虚拟经济暂时解决或者转移了实体经济的危机。但随着所谓"金融深化",虚拟资本泛滥,虚拟经济最终发展为泡沫经济,泡沫经济必然破灭,即是虚拟经济危机的开始。

(四)虚拟经济危机与实体经济危机的区别

(1)实体经济生产过剩的危机表现为有效需求不足,而虚拟经济危机则表现为消费过度。在生产过剩的条件下,采取政府赤字消费、个人负债消费的方式消化过剩商品。政府大量发行国债、个人信贷消费,再把债务包装成"金融投资工具"出售,将债务放大。

(2)一般实体经济危机其第一个阶段是金融危机,第二个阶段是工商业危机;虚拟经济危机在发达国家表现为金融危机,而不发达国家表现为工商业危机。发达国家受打击的核心不在生产层面,而是金融、地产和消费;过剩产能并不表现在本国,而是通过贸易逆差表现在全球生产体系的生产端。也就是说,发达国家爆发消费过剩的金融危机,引发不发达国家的生产过剩危机。

在虚拟经济全球化时代,各国之间已不仅仅是商品相互交换那么简单的关系,生产全球化使各国依据本国的经济实力而承担了不同的分工角色,而日益加深的金融全球化将各国的金融机构和金融市场融合为一体。在美国本土,危机根源于虚拟经济部门,因而是金融危机。但在全球范围内,美国的金融危机不仅仅局限于本国,它还波及其他国家,尤其是一些与美国的贸易往来密切的发展中国家,受到美国金融危机的影响而出现出口订单的减少,进而导致本国制造业部门出现生产能力过剩,企业倒闭,工人失业率攀升。这种种现象表明,一些国家正经历着生产过剩的危机。

(五)虚拟经济危机与实体经济危机的关系

虚拟经济时代的经济危机由前期金融危机和后期的实体经济危机构成。于是与经济危机时代相比较,由于虚拟经济本质上是从实体经济中派生出来的,它的运行并不能创造价值,社会的价值基础依旧是实体经济部门,因此,无论虚拟经济如何膨胀,都无法完全脱离实体经济部门而独立运行。在全球化的经济格局下,只有少数几个发达国家可以在本国的制造业萎缩的条件下,通过国际贸易不断输入所需要的工业产品,来维持经济的正常运转。少数发达国家之所以在较长时期内能维持虚拟经济的膨胀式发展,并非虚拟经济真的脱离了实体经济,而是依靠国际分工链和国际贸易,将其他国家的实体经济部门作为支撑本国虚拟经济发展的物质基础的缘故。因此,资本主义国家的矛盾运动也从实体经济部门转移到了虚拟经济部门,再从虚拟经济部门转回实体经济部门。这样经济危机就先发生于虚拟经济部门,再发生在实体经济部门。

虚拟经济之前的经济危机也是从流通、信用等环节引发的,最后波及工业生产部门,发展为全面的经济危机。虚拟经济危机不外是把这种生产过剩危机延后爆发,并把不同的危机环节分配到不同的国家而已,并没有本质的不同。

三、周期性经济危机与资本主义矛盾的发展

资本主义经济危机表明,资本主义社会生产力和生产关系之间存在着不可调和的矛盾。经济危机是资本主义矛盾激化的产物,反过来它又促进资本主义基本矛盾在起伏波动中继续向前发展。经济危机具有客观必然性。在当代,经济危机加剧了资本主义国家内部无产阶级和广大人民群众同垄断资产阶级之间的矛盾,加剧了发达资本主义国家同发展中国家之间转嫁危机与反转嫁危机的矛盾,加剧了帝国主义国家相互之间争夺商品市场和输出危机的矛盾。总之,经济危机加剧了资本主义世界的各种矛盾,它是世界动乱的重要经济根源之一。危机和经济周期是同资本主义制度共存亡的,只有用社会主义制度去代替资本主义制度,才能最终消灭周期性生产过剩的经济危机。

(一)加深了社会生产与生态环境之间的矛盾

资本主义生产以利润为目的,具有无限扩张的冲动和内生机制,但分配上又严重两极分化;不但导致经济危机,还导致生态危机,为了生产而生产,致使资源破坏、环境恶化、大气污染、水土流失、物种灭绝、资源短缺、生态失去平衡、沙漠化、雾霾化,导致疫病流行,健康滑坡,严重威胁人类可持续发展。

(二)造成了社会财富的巨大浪费,对资本主义社会生产力造成严重的破坏

资本主义生产方式是个怪胎,它一方面极大地促进了财富的增长,另一

方面又造成财富的巨大浪费。这表现在三个方面。一是创造了一些有利于剩余价值增加但无益甚至有害于人类生活的生活方式和消费品,乃至假冒伪劣,导致财富浪费;二是生产中过度包装、过度宣传导致纯流通费用增加,浪费社会资源和财富;三是经济危机时将生产出来的财富大量销毁导致对财富的直接浪费。为了利润,资本主义生产不惜破坏自然环境,尤其是经济危机还严重地破坏了社会生产力,每次危机都使生产倒退几年甚至几十年,为世界带来了莫大的灾难。当千百万人饱受失业痛苦的时候,当广大人民仍在贫困线上挣扎的时候,资产阶级却在销毁商品、砸毁机器、浪费劳动者辛勤创造的社会财富。

(三)进一步加深了资本主义基本矛盾

资本主义的基本矛盾就是生产社会化与资本主义生产资料私有制之间的矛盾。随着经济全球化和金融自由化,发达国家通过转移生产与消费的矛盾,在一定时间内缓解了发达国家内部的矛盾,但自由化又造成国内更大的贫富差距;更重要的是,经济全球化既是资本主义基本矛盾向全球扩张的必然结果,又在全球范围内积累和加深了资本主义的基本矛盾,从而导致以金融体系崩溃为特征的世界性经济危机的频繁爆发。随着这一基本矛盾的转移和深化,资本主义生产全球产业链的分工方式及其新自由主义意识形态的全球扩张,还导致了发达资本主义国家之间、发达国家与发展中国家之间、跨国垄断资本与全球劳工之间矛盾的激化和加深,从而促使资本主义在各种危机中走向衰退和灭亡。同时,当代资本主义自我调节的措施和经济全球化,已经提出了解决资本主义基本矛盾冲突的形式上的手段和线索,为资本主义全球化过渡到共产主义全球化准备着社会历史条件。

(四)进一步激化了资本主义社会的阶级矛盾

有研究显示,[①]目前世界上最富有的 85 人,掌握着全球将近一半的财富。这 85 人拥有的财富,相当于全球底层 35 亿人财产相加的总和。在过去 30 年间,有 70% 的人生活在贫富差距不断扩大的国家。自 20 世纪 70 年代末起,在有统计数据的 30 个国家中,有 29 个国家对最富有人的征税一直在下降,也就是说,富人们不但得到更多的财富,而且还对这些财富缴纳

---

① 据英国广播公司 2014 年 1 月 21 日报道的英国慈善组织乐施会在一份名为《为少数人打工》的最新报告中详细列举的最新贫富差距数据。

更少应缴的税。

自2007年经济危机以来,美国经济持续疲软,失业率仍维持在9%以上,导致贫困人口大量增加。美国人口普查局发布的报告显示,2013年美国贫困率为15.1%,贫困人口达到4 650万人,为55年来最高。社会财富高度向以华尔街为代表的少数富有的美国人集中。最富有的5%的美国人拥有全国72%的财富;1%的富人拥有40%的财富。贫富差距进一步拉大,导致社会矛盾激化,爆发了"占领华尔街运动"。2011年9月17日,上千名示威者聚集在美国纽约曼哈顿,试图占领华尔街,喊出"99%对抗1%"(99%的大众对抗1%的富人)的口号。他们通过互联网组织起来,反对美国政治的权钱交易、两党政治以及社会不公正。运动发展成为席卷全美的群众性社会运动,120多个城市卷入到抗议活动中,在波士顿、亚特兰大、丹佛、芝加哥、洛杉矶、旧金山和匹兹堡金融区,都出现了占领华尔街行动的模仿者。运动还波及加拿大,抗议活动已经席卷了温哥华;布拉格、法兰克福、多伦多、墨尔本、东京和爱尔兰科克,也组织了支持活动。同年11月15日凌晨美国纽约警方展开突击行动,对"占领华尔街"活动进行彻底清场,约200名抗议者被警方逮捕。占领华尔街的示威者当地时间2012年10月5日晚间再次举行大规模抗议行动。这次游行可能是"占领华尔街"行动发起以来规模最大的一次,人数或达上万人。

(五)加剧了发达资本主义国家之间的矛盾

资本攫取剩余价值的本性决定着当面对弱小国家和劳动者阶级时,全世界的垄断资产阶级会抱成一团;当为了超额利润争夺世界有限的资源、市场、原材料基地和廉价劳动力时,他们又互相残酷内斗。历史上的几次世界大战都是因此而发生的,现在这种争斗手法更多。美国打着"人权"、"反恐"的旗号,对不听自己支配、看不顺眼的国家扣上"无赖国家"、"邪恶国家"、"失败国家"、"专制国家"的帽子,对其发起一系列侵略战争;有些看似针对弱小国家的或弱小国家之间的争斗,其背后无不隐藏着大国的利益博弈,有些实为"代理人战争"。

虚拟经济本来是发达国家获取超额利润,转移和延缓经济危机的手段。但猛烈的世界性虚拟经济危机的爆发打乱了它们的部署,宣告了新自由主义的失败,而新的对付经济危机的理论和对策并未出现。可以预测,发达国家为了从这次经济危机中走出来,必然使出新招,变换新的花样。这些花样难免会伤及发达国家的"哥们"，从而爆发新的内斗方式，就像为了走出上次世界经济危机而不惜发动世界大战一样。

（六）发达国家与后发展国家的矛盾

新形势下，发达资本主义国家通过控制话语霸权，推销新自由主义，试图消灭世界多元文化，进行精神文化侵略，在政治上培植亲西方的反对势力，发动街头政治，制造动乱，甚至赤裸裸地武装占领。在经济上推行一体化，控制不发达国家的产业链，攫取利润，转移危机；利用发达国家控制的国际组织制定国际经济规则，强制不发达国家遵守；通过金融自由化控制他国金融主权。又通过"和平演变"战略和"封锁"、"制裁"等手段瓦解社会主义国家，使社会主义运动遇到困难，进入低谷。资本主义对付社会主义的战略之所以取得一定效果，在于已有社会主义国家都是在非常落后的条件下建立起来的；尽管历史证明社会主义有巨大优越性，但由于基础差，又遭到强大的垄断资本联合绞杀，发达资本主义国家控制核心技术和金融市场、价值分工链，使发展中的社会主义国家不得不一定程度上依赖于发达国家。加上几千年根深蒂固的私有观念和封建思想，使一些社会主义国家的人，包括部分共产党员，自动成为资本主义的俘虏，资本主义就从社会主义内部寻找代理人，里应外合。当然这其中也有社会主义国家战略失误的原因。不过，事实已经教育了社会主义国家或者曾经的社会主义国家的广大人民和其他发展中国家的人民，资本主义的实践和国际资本的压迫使他们深受其害；他们中会有更多的人觉醒，与资本主义斗争，与霸权国家斗争。

新自由主义泛滥以来，西方国家的一些未来学家和社会学家，大肆宣扬所谓的"后工业社会"、"信息社会"、"第三次浪潮"、"历史终结于资本主义"等理论，企图论证现代资本主义已经"变形"，它将成为与资本主义本质不同的所谓"后工业社会"、"信息社会"，竭力掩盖资本主义的历史暂时性，把它看成是永久繁荣的社会制度，当然也不会再有经济周期和经济危机了。2007年的金融危机——虚拟经济危机——的爆发使这些论调不驳自倒。历史事实再次证明，马克思100多年前的预言再次应验。从西方经济理论对世界经济大危机缄口不言、束手无策的窘态看，从经济危机爆发后马克思的《资本论》再次走俏资本主义国家的事实看，马克思经济学不但过去是，现在也是，将来仍然是分析资本主义生产方式的有力工具，是透析资本主义经济危机的利器，也是指导社会主义市场经济的法宝。这些事实说明，马克思经济学的科学性毋庸置疑。

小结

　　经济危机是指资本主义社会每隔一定时期就爆发一次的生产过剩的危机,它造成资本主义经济运行的剧烈波动和混乱。经济危机的根源是资本主义基本矛盾,即生产社会化和资本主义私人占有之间的矛盾。资本主义基本矛盾表现在两个方面:单个企业生产的有组织性同整个社会生产的无政府状态之间的矛盾;资本主义生产能力的巨大增长同劳动群众有支付能力的需求相对缩小之间的矛盾,即生产与市场需求之间的矛盾或生产与消费之间的矛盾。

　　资本主义经济危机周期性爆发,使资本主义再生产呈现出周期性,一个经济周期一般由前后相继的四个阶段构成,循着危机—萧条—复苏—高涨这样几个阶段周而复始地不断运动。经济周期的物质基础是固定资产投资。危机引起的同时的大规模的技术设备更新,为下一次危机创造了物质基础,但固定资产投资不是经济危机的原因。

　　经济周期有长短不同的几种类型:短周期、中周期和长周期。经济危机在不同历史阶段和发生的不同时段有不同的类型,一般分为金融危机、商业危机和工业危机。其中,金融危机又由货币危机、银行危机和债务危机、信用危机等组成。虚拟经济条件下,金融危机发展为"虚拟经济危机",从而与实体经济危机相对立。

　　经济危机虽然是资本主义经济的特有现象,但它却萌芽于商品的内在矛盾——使用价值和价值的矛盾,货币的出现及资本的特殊循环方式、资本主义信用制度等,都为危机变成现实准备了条件。中国特色的社会主义市场经济由于与资本主义经济有类似的运行机制,又与资本主义处于同一个国际市场,因而也不免受到经济危机的冲击。

　　资本主义社会生产力和生产关系之间存在着不可调和的矛盾,这就使经济危机具有了必然性。经济危机是资本主义矛盾激化的产物,反过来它又促进资本主义基本矛盾在起伏波动中继续向前发展。在当代,经济危机的形式发生了一些新变化,但实质并未改变;资本主义反危机措施也宣告失败。经济危机加剧了资本主义国家内外各种矛盾,说明了资本主义制度的历史性、社会主义取代资本主义的历史必然性、马克思主义的科学性。

关键词

　经济危机　经济周期　萧条　复苏　高涨　货币危机　金融危机　实体经济危机　虚拟经济危机　次贷危机　滞胀　长波

思考题

1.经济危机与经济周期是什么关系?

2.为什么说经济周期的物质基础不是经济危机的原因?

3.经济危机为什么是资本主义的不治之症? 宏观调控能否根治经济危机? 为什么?

4.经济危机与商品有无关系? 什么关系?

5.虚拟经济危机与实体经济危机有什么联系?

6.既然马克思认为经济危机是生产相对过剩的危机——生产过剩对应的是消费需求不足,但虚拟经济危机却发生在美国消费过度之时,那么是否可以认为马克思经济危机理论已过时了? 为什么?

7.经济危机对资本主义产生了什么影响?

8.应该如何看待资本主义经济危机?

图书在版编目(CIP)数据

政治经济学:马克思经济学原理/杨继国主编.—厦门:厦门大学出版社,
2014.8
(高等院校经济管理类主干课系列教材)
ISBN 978-7-5615-5182-0

Ⅰ.①政…　Ⅱ.①杨…　Ⅲ.①马克思主义政治经济学-高等学校-教材
Ⅳ.①F0-0

中国版本图书馆 CIP 数据核字(2014)第 171477 号

厦门大学出版社出版发行
(地址:厦门市软件园二期望海路 39 号　邮编:361008)
http://www.xmupress.com
xmup @ xmupress.com
南平市武夷美彩印中心印刷
2014 年 8 月第 1 版　2014 年 8 月第 1 次印刷
开本:720×970　1/16　印张:17.5
字数:320 千字　印数:1~5 000 册
定价:28.00 元
如有印装质量问题请寄本社营销中心调换